사회복지 프로그램 개발과 평가

강병노

KNOWLEDGE COMMUNITY 공동체

이 저서는 2021학년도 서울한영대학교 학술연구비 지원에 의하여 이루어진 것임

머리말

"사회복지 프로그램은 과학적인가?"

사회복지 프로그램 개발과 평가는 사회문제의 해결과 욕구충족을 위한 과학적인 개입 방법입니다.

본 졸고를 통해서 사회복지 프로그램과 관련된 배경, 동향, 이론, 개념, 유형을 학습하고 프로그램 개발을 위한 방법과 내용을 학습할 수 있습니다. 실천적으로 프로그램 개발과 평가의 실무현장 사례와 적용을 논의합니다. 궁극적으로 지속가능한 패러다임에 기반한 사회복지 프로그램 개발과 평가의 전략과 과제를 제안하고자 합니다. 본 책은 사회복지 프로그램에서 필요한 문제확인, 설계, 실행, 평가의 내용으로 구성되어 있습니다. 본 책을 통해 사회복지의 문제해결이나 정책을 실현하기 위한 도구로서의 사회복지 프로그램 기획, 실행, 평가의 일련과정을 이해하고 학습하게 됩니다. 이를 통해 사회복지사가 사회문제 해결의 적절한 도구로서 사회복지 프로그램을 활용할 수 있는 능력을 갖추도록 하여 전문성을 강화할 수 있습니다.

구체적인 구성은 총 13장으로 구성되어 있습니다. 전반부에는 사회복지 프로그램의 배경과 이해, 사회복지 프로그램의 개념과 체계, 사회복지 프로그램 개발의 이론과 유형, 프로그램 개발의 원리와 설계 등에 대한 설명을 제시하였습니다. 여기에서는 프로그램 개발과 평가의 필요성에 따라서 구체적인 프로그램의 개념과 이론, 프로그램 개발의 원리와 실제 우수사례 및 설계의 구성을 설명하였습니다.

그리고 프로그램 구성별로 사회문제 분석과 욕구사정에서는 프로그램에 참여하는 대상자의 욕구나 문제를 분석하는 방법과 프로그램 개발에서 적용할 수 있는 주요 사례와 기법들을 소개하였습니다. 목적 및 목표 설정에서는 목적과 목표의 개념과 대상자의 선정방법을 설명하였습니다. 예산수립에서는 예산의 개념, 모델, 유형을 비교 분석하고 예산수립의 구체적인 과정을 제시하였습니다. 프로그램 실행 계획과 자원개발에서는 실제 프로그램의 실행 계획을 구성하는 법, 인력, 자원, 정보관리의 기법과 실제를 안내하였습니다. 후반부에서는 특히 프로그램 평가의 기초를 위해서 평가의 배경, 목적, 유형과 과정을 설명하였습니다. 그리고 프로그램 평가의 설계와 실제 수행에서의 원칙과 기준을 제시하였습니다. 특히 성과평가의 세부적인 구성과 실행에 대한 구체적인 설명을 보완하였습니다. 그리고 현장에서 가장 많이 사용하는 이용자 만족도 조사의 방법과 내용에 대해서 제시하여 프로그램 개발과 평가의 현장 적용을 강조하였습니다.

본 졸고는 사회복지 프로그램 개발과 평가를 교육하고 실천하면서 축적했던 이론과 실제의 사례로 구성하였습니다. 현장에서 실제 프로그램을 기획하면서 들었던 고민들을 지금 다시 꺼내면서 생각해보았습니다. 그리고 대학원에서 프로그램 기획과 평가를 강의하고 연구하면서 논문을 제출하거나 때로는 세미나나 교육자료로 만든 내용을 토대로 하였습니다. 복지시설에 프로그램 개발을 교육하고 모금회나 복지부의 평가를 수행하면서 쌓은 경험과 배움은 글 속에서 사회복지 프로그램을 어떻게 개척하고 만들어 갈지에 대한 토대가 되었습니다. 또한 프로그램 개발과 평가가 과학적이면서 창의적으로 해야 된다는 반성과 성찰은 집필 중에도 끊임없는 고민을 이어갔습니다. 따라서 본

글은 여전히 수정되어야 할 과제를 안고 있으며 전적으로 필자의 숙제로서 많은 독자와 사회복지사들의 관심 어린 비판과 조언을 기대합니다.

그동안 부족한 필자에게 강의와 연구의 길에 접어들 수 있도록 기회를 주신 많은 분들의 도움이 책에 큰 동력이 되었다는 사실을 지면을 대신하여 진심어린 감사의 인사를 올리고자 합니다. 일일이 말씀드리지 못한 점 죄송하지만 항상 저의 학문의 길에서 든든한 버팀목이 되어 주실 것이라고 믿습니다. 언제나 그렇지만 게으른 작업을 마다하지 않고 충실하게 지원해 준 공동체 출판사에 감사드립니다. 미국과 한국의 가족 분들에게도 감사인사를 드리며 항상 저의 중심이 되어주는 아내 진성과 아들 신우에게 고마움을 전합니다.

2022년 2월

변두리 학자 강병노

Contents

차례

Contents

01
CHAPTER

사회복지 프로그램의 배경과 이해

1. 사회복지 프로그램의 이해
2. 사회복지 프로그램의 동향과 전망

01 CHAPTER

사회복지 프로그램의 배경과 이해

1. 사회복지 프로그램의 이해

1) 프로그램 개발과 평가의 필요성

사회복지 프로그램에서 기획은 효율성, 효과성, 책임성, 직원의 사기진작 등을 위해서 그 필요성이 제기되었으며 최근에는 과학적인 기획, 성과중심의 전환, 클라이언트 중심의 장기적인 파급효과 등도 고려되고 있다. 첫째, 효율성은 일반기업에서든 사회복지분야에서든 모든 행정적인 조직에서 요구되고 있다. 성취하려는 목표의 가장 큰 목적은 노력에 대한 비용의 최소화이다. 이것 때문에 주의 깊은 기획이 요구되며, 따라서 선구적인 과정이다. 사회복지에서 제한된 직원과 자원 때문에, 가능한 효율적으로 서비스를 제공하기 위해 특별히 중요하다. 둘째, 효과성은 또한 절대적으로 중요하다. 활동이 계획되지 않는다면, 원하는 결과는 나오지 않을 것이다. 사회복지에서 중요한 목표는 사람들의 욕구를 충족시키는 것이다. 직원의 노력이나 기관의 자원이 발생하지 않은 노력의 통합과 목적의 집합을 위해 기획되고 보급된다면, 성취의 수준은 낮을 것이다. 셋째, 기획은 평가와 책임성을 위해 필요하다. 오늘날, 공공시민, 입법자, 그리고 지역사회 지도자들은 다음의 초점이 맞추어진 질문을 받는다. 사회복지와 사회복지서비스의 결과가 무엇인가? 그것들을 할 수 있을까? 그것들을 향상시킬 수 있을까?. 이것들과 또 다른 의문들은 사회복지행정가들이 그들의 프로그램과 서비스를 측정하기 위해서 필요한 것들이다. 새 법률의 제정, 세금감면, 그리고 관련된 입법은 서비스를 위한 공공지출의 정당화를 위한 것과 그것들이 종결되는 것을 보려고 하는 다른 전문분야나 사회복지의 강화를 위한 시도이다. 타당한 기획은 정규 서비스뿐만 아니라 객관적인 연구의 실행과 실험적인 증명을 위한 평가를 가능하게 한다. 마지막으로 주의 깊은 기획은 기관의 사기진작을 위해 중요하다. 직원들은 최선을 다할 때의 만족과 성취감이 필요하다. 그런 감정들은 감독자와 직원들이 기관의 모든 조직에 대한 기획을 함께 하려고 하는 행동을 가져오고, 각각의 직원들이 효과성과 욕구를 성취하게 되는 것을 가능하게 한다. 기관에서는 높은 사기진작에 이바지하는 합리적이고 행정적인 환경들을 제공하는 것에 대해서 무엇을 하고 어떻게 할 것인가를 직원이 정확히 이해하도록 하게 한다. 직원의 긍정적인 감정들은 사회복지서비스의 전달에서 차이를 가져올 것이다. 일반적으로 기획은 선구적인 목표와 대상을 위한 과정이며 그것들을 진행하기 위해 준비하는 계획이다. 그것은 우리가 어디에 있는지, 어디로 가길 원하는지, 목적지에 다다를 수 있는 방법을 의미한다. 관리와 사회사업 모두 효과적인 기획이 사회서비스의 전달과 생산에 핵심이라는 것을 인식하고 있다. 통합적인 기획은 미래를 위한 준비과정이 된다. 기본적으로 기획은 사회복지기관에서 서비스의 효과적인 전달에서의 핵심적인 요소라고 알려져 있다.

최근 사회복지공동모금회, 기업복지재단, 민간기금, 정부 등에서 프로그램 공모를 통해 기금을 지원하는 사례가 늘어나면서 프로포절 작성에 대한 관심이 높아지고 있다. 프로포절이란 사회복지기관들이 수행하고자 하는 프로그램의 내용을 설명하는 사업 제안서를 의미한다. 경쟁력을 높여 서비스의 질을 개선하고 기금 배분의 투명성을 확보하기 위해 대부분의 기금 제공자들이 기본적으로 요구하는 서류이다.

2) 사회복지 프로그램과 책임성의 관리

사회복지 및 휴먼 서비스(Human Services) 분야에서 책임성, 전문성, 공공재원의 투명성 확보에 대한 사회적 요구가 증가되고 있으며, 이를 증명하기 위한 유용한 방법으로 프로그램 개발과 평가의 중요성이 대두되었다(최재성, 1999; 정무성a, 2000). 1970년대 미국의 사회복지사들은 정부에 의해서 자신들의 업무에 대해서 심각한 의문을 받게 되는 '책임성의 위기(crisis of accountability)'를 맞게 되었다. 이러한 대외적 책임성의 위기는 1980년대 미국의 경제위기와 더불어 계속되었다. 모든 사회복지기관에서는 이러한 책임성 요구를 엄격한 평가수단을 사용한 연구를 통해서 극복하려고 했으나 그 결과는 기대보다 크게 결실을 맺지 못하였다. 그것은 실제로 사회복지기관에 종사하는 사람과 평가를 수행하는 연구자 사이에 큰 차이가 있었기 때문이다. 결국, 사회복지실천가는 무엇을 알아야 할지 가르쳐 주지 않는다고 하고 연구자는 사회복지사들이 연구결과를 제대로 이용하지 않는다고 서로에게 불평을 하기 시작하였다. 이로 인해 현장과 학계 간의 서로 다른 입장을 통합하려는 노력들이 전개되었는데, 이후로는 평가연구자 입장보다 사회복지실천자의 입장에 더 중점을 두게 되었다(Brawley & Brawley, 1988을 김통원, 1998: 73에서 재인용).

사회복지 프로그램은 문제해결을 위한 과학적인 방법으로서 사회복지학문 및 실천분야에서 중요하게 인식되어 왔다. 한국에서 사회복지 프로그램 개발에 대한 관심은 1990년대의 IMF와 이에 따른 사회복지복지환경의 급격한 변화로 인하여 한층 증가되어 왔으며, 프로그램 개발 활동의 활성화에 보다 직접적으로 영향을 준 것은 사회복지 프로그램에 대한 지원신청 공모제의 도입이다. 사회복지 프로그램 신청 공모제도는 1991년 삼성복지재단에서 처음으로 도입하여 사회복지 실천현장에 소개되기 시작하였고, 1999년 사회복지공동모금회에서 모금한 돈의 배분 수단으로서 공모제도를 도입하게 됨에 따라 본격적으로 확산되는 계기가 되었다(서인해 · 공계순, 2008). 한국에서는 비록 늦은 감은 있으나 1990년대 후반부터 프로그램 평가의 중요성이 공론화되기 시작하면서, 정부기관 등의 외부뿐만 아니라 사회복지 분야에서 내부적으로도 사회복지 서비스에 대한 평가를 요구하는 분위기가 보다 확대되는 등 평가에 대한 전략적인 인식이 점차 증가하였다.

3) 사회복지 프로그램 개발과 평가의 의의

프로그램이 효과적인지 과학적으로 입증하는 작업은 사회복지분야에서 오래된 과제로 인식되고 있다. 프로그램의 성과를 중시하는 책임성의 시대에 프로그램과 관련된 이해당사자들은 프로그램이 어떤 효과가 있는지를 알고자 하는 욕구가 증가하였다(Kluger, 2006). 최근 모든 사회서비스 부문에서 이해관계자와 기금 제공자들은 서비스 질의 감독과 향상을 기관에 요구해 오고 있다(Proctor et al., 2005: 181). 실천현장에도 공적 책임성의 증가와 소비자에게 제공되는 프로그램의 효과성을 향상시키고자 하는 욕구로 인해 증거기반의 프로그램 평가(Evidence-based program evaluation)에 대한 관심이 증가하고 있다(Leslie et al., 2006: 73-91).

사회복지 프로그램은 책임성의 시대에서 혁신의 시대를 지나고 있다(Kluger, 2006). 기존에 효율성의 관점에서 목표달성을 강조하던 초점이 휴먼서비스 프로그램에 대한 외부환경의 도전과 변화로 인해서 프로그램에 대한 효과성, 체계적 접근, 조직 관리와 자원개발이 강조되었다(Bailey & Richards, 2001: 53-67; Brawley and Martinez-Brawley, 1988: 391-413). 특히 프로그램 관리차원에서 프로그램의 과학적인 기획을 위한 프로그램 이론 적용, 효과성에 대한 체계적인 사정을 위한 논리모델(Logic Model)의 활용이 강조되고 있다(Savaya & Waysman, 2005: 85-103).

사회복지교과목 중에서는 『사회복지행정』과 『프로그램 개발과 평가』에서 기획은 중요한 교육과정이다(한국사회복지교육협의회, 2006). 사회복지현장에서 진행되는 각종 연수 및 보수교육에서도 기획은 중요 과정이다(한국사회복지협의회, 2010). 민간분야에서는 기금마련과 사업기획을 독려하는 사회복지공동모금회 사업제안서 등으로 인해서 기획은 매우 중요한 과제로 인식되고 있다(사회복지공동모금회, 2010). 하지만 사회복지학계나 사회복지행정에서 그 중요성에 비해 활발한 연구와 논의가 미흡한 상황이다(최영선, 2005; 서인해・공계순, 2008).

프로그램 개발과 평가는 사회복지분야 전반 특히 학교와 현장에서 평가를 논의하는 데 주요한 주제로 받아들여지고 있다. 학교에서는 관련 과목이 개설되어 학습되고 현장에서는 프로그램 기획, 프로포절 작성, 평가 등 다양한 측면에서 실천되고 있다. 전체적인 맥락에서 보면 평가는 프로그램 개발의 한 과정으로 이해되고 있다. 프로그램 개발을 기획－집행－평가－재기획이라고 할 때 평가는 프로그램 개발의 종결과정으로 구성되고 있다. 평가를 독립적인 주제로 다루기보다는 프로그램 개발과의 관계에서 논의하고 있다는 것은 평가가 프로그램 및 프로그램 개발이라는 하나의 체계 속에서 이해될 수 있다는 점을 반영한다. 그런 인식이 보여주는 의미는 평가를 수행할 때는 평가를 통해 어떤 프로그램을 개발하고 개선할 것인지를 고려하고 반면에 프로그램이나 프로그램 개발을 실시할 때 총체적인 관점에서 그 프로그램을 어떻게 평가하여 프로그램의 성과를 보여줄 것인지를 프로그램 개발단계에서 고려해야 된다는 것이다. 기존에 프로그램 개발 단계에 평가를 포함시키면서도 문제확인과 욕구사정, 프로그램 기획, 프로그램 진행, 프로그램 재기획 등 다른 프로그램 개발 내용 이외에 평가를 따로 선정해서 중요하게 논의하는 것이다. 따라서 향후 프로그램 개발단계에서는 평가이외에 기획, 욕구사정, 진행 등의 세부적인 내용에 대한 구성을 생각해야 한다(강병노, 2008). 프로그램 평가를 프로그램 개발과 연관성 측면에서 파악하려는 논의는 프로그램이라는 하나의 체계적인 관점에서 평가를 수행하고자 하는 것이다. 그러므로 프로그램의 개발관점에서 평가는 개발의 첫 단계인 기획에서부터 어떻게 평가를 해야 될 것인지 고려되어야 한다. 그런 점에서 프로그램 성과측정을 위해서 프로그램의 목적과 목표에서 성과에 대한 명확한 정의가 규정되어야 하며 평가의 과정과 방법도 구체적이어야 한다.

2. 사회복지 프로그램의 동향과 전망

1) 프로그램 개발의 과거, 현재, 미래

(1) 프로그램 개발의 전반적인 추세

사회복지분야의 프로그램 개발 관련 전반적인 추세는 자원개발과 사회문제 개입의 방향을 보이고 있다. 첫째, 지난 10년(1999~2009년) 동안은 자원개발형의 성격을 보이고 있으면서 기획의 필요성 대두(삼성, 모금회 기금사업 등), 기획의 실험적 도입, 양적 방법의 수치중심 기획, 외국이론 중심 기획 유형 발전, 모금회 등 논리모델에 의한 성과주의 기획(2005년 배분사업),

결과중심 기획, 수동적 및 기획형 기획 등의 특성을 포함하고 있다. 둘째, 앞으로 10년(2010년 이후)에 예상되는 성격은 사회적 이슈와 개입형으로서 사회복지현장의 변화와 새로운 사회적 이슈의 등장(다문화 등), 프로그램의 가치 있는 기획, 질적방법의 사례와 근거중심기획, 기획의 질적 발전(프로포절의 홍수와 질적 향상), 현장중심 한국적 기획모형의 개발, 과정중심 기획, 능동적 및 창조적 기획의 방향을 가질 것으로 예상할 수 있다. 최근에 한 연구를 보면 한국의 사회복지 프로그램 개발활동에서는 대체로 정보수집활동은 보편적 정보보다는 지역적 정보를 더 많이 수집하는 경향이 있으며, 기관외부 관련자들 보다는 기관내부 종사자들이 더 높은 참여활동을 하고 있고, 기획단계뿐만 아니라 집행과정에서도 지속적인 개발활동을 하는 것으로 나타났다(서인해・공계순, 2013).

(2) 프로그램 개발의 영역별 동향

사회복지분야의 프로그램 개발은 주로 성과중심의 기획과 평가를 강조하는 추세인데 각 부문별로도 다양한 특징을 보여주고 있다. 첫째, 사회복지시설평가의 강화로 인해서 프로그램 개발과 평가가 필수과제로 인식되고 있다. 2012 사회복지시설평가(사회복지관, 장애인복지관 등)을 분석해보면, 프로그램 효과성, 효율성, 지역특성 반영정도, 창의성 등을 강조하고 있다. 전문성의 경우에는 욕구반영, 이론적 배경, 사업의 필요성, 목표의 구체성, 사회복지실천기술 활용정도 등을 통해서 전문적인 프로그램을 도출하도록 한다. 그리고 프로그램 기획과 평가(욕구반영, 기획의 달성정도), 프로그램 수행(계획성, 전문인력, 자원동원, 홍보), 프로그램 평가(적정 측정도구, 목표달성, 피드백, 전문가 자문), 과학적 기획과 조사(욕구조사와 만족도 조사수행) 등을 강화하도록 사회복지현장에 요구하고 있다.

둘째, 민간부문의 경우 첫 번째로 사회복지공동모금회 배분사업에서는 아래 표에서 볼 수 있듯이 목표중심기획, 성과중심 결과, 논리모델에 기반한 프로그램 개발을 강조하고 있다. 또한 2013년 사회복지공동모금회 기획사업테마를 보면 새로운 이슈와 잠재적 욕구 개발을 확대하는 추세인데 예를 들면 위기청소년(농어촌, 학교폭력, 자살), 다문화 이주민 주민정착화와 인식개선, 민관협력, 협동조합, 마을, 사회적 기업, 사회 네트워크 모델 등의 사회적 경제와 지역복지 활성화, 해외지원(해외원조 및 지역사회 개발)을 기획사업에서 제안하고 있다. 특히 사회복지공동모금회는 사회복지서비스 패러다임이 전환하는 것과 맞물려 성과중심의 프로그램 개발과 평가를 보급하고 있다. 이는 과거의 사회복지서비스가 시혜와 선의의 패러다임이었다면 현재와 미래의 사회복지서비스 환경은 사회 투자적 패러다임으로 전환되고 있다는 것을 보여준다. 바로 이때에 사회적 투자로서의 휴먼서비스는 '배분'보다는 '성과'를 중심으로 전달체계가 구성되어야 함을 의미하며, 따라서 성과주의란 성과를 중심으로 조직이나 프로그램의 결과를 평가하는 것을 의미하는 것이다(김교정 외, 2008).

두 번째, 삼성복지재단에서는 2013 삼성복지재단 사회복지 프로그램 공모 사업을 통해서 사업제안서의 방향을 가치 있는 기획으로 제시하고 있다. 주요 프로그램의 방향에는 프로그램이 지향하는 가치를 실현, 성과중심에서 삶 속에서의 변화 중심, 네트워크 기획, 파편적 개별화된 경험에서 축적된 지식의 계승 등을 포함할 것으로 사업 제안 기준으로 제시하였다. 여기에서 프로그램의 기획 시 고려사항으로는 실사구시와 전문성, 성과와 파급효과의 균형, 프로그램이 지향하는 가치가 무엇인가 등의 가치지향, 정보관리를 통한 지속가능한 지식정보체계구축. 제한사항(중복과 유사, 이용위주, 불안정성) 등이다. 이런 프로그램 신청공모제로 인해 프로그램 개발이 외부의 자원을 사회복지기관으로 끌어올 수 있는 중요한 수단으로 인식되면서 프로그램 개발이 개념적이거나 학문적인 중요성을 떠나 기관의 생존을 위해서 반드시 해야 하는 실제적이고도 실용적인 중요성을 가지게 되었다. 또한 공모제라는 경쟁적 구도 하에서 프로그램 개발활동은 일선의 사회복지사들에게 지식 중심의 프로그램 기획활동에 대해 보다 적극적으로 관심을 가지게 하는 중요한 계기를 마련하였다. 그러나 다른 한편에서는 제안서를 통한 프로그램 기획활동에 대해 일선의 사회복지사들이 다양한 문제를 겪고 있다(서인해 · 공계순, 2008)

세 번째, 기업의 사회공헌이 제안하는 사회공헌 지원사업 주요 테마에서는 새로운 주제와 사회문제 개입을 위한 사업 아이디어를 제공하고 있다. 2011년 전국경제인연합회의 〈기업 사회공헌 백서〉에 제시된 사회공헌 지원사업 주요 테마를 분석한 것을 보면 노인, 장애인, 다문화, 농어촌, 문화예술, 해외지원 등 광범위한 프로그램 개발을 지향하고 있다.

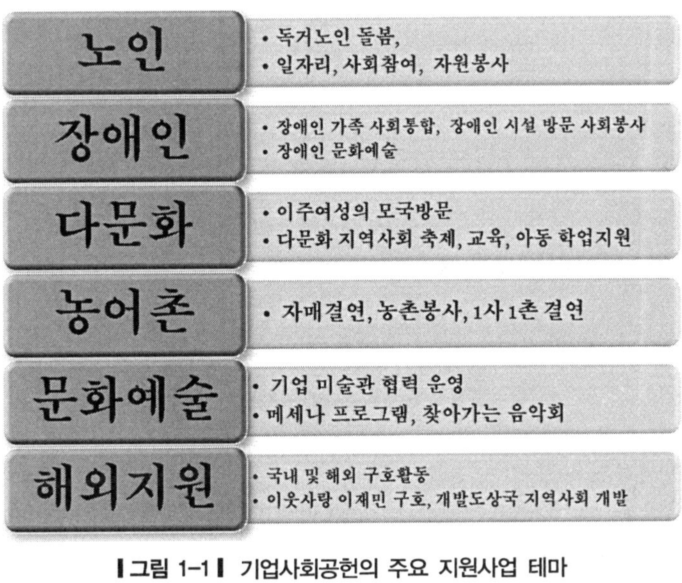

❙그림 1-1❙ 기업사회공헌의 주요 지원사업 테마

출처 : 전국경제인연합회(2011). 기업사회공헌백서.

2) 프로그램 개발과 평가의 경향과 전망

(1) 프로그램 개발 평가의 제도화

프로그램 개발과 평가의 전반적인 경향을 보면 2010년 전후로 상당한 변화가 발생하였다. 특히 평가는 지난 10년(1999~2010년) 동안, 평가의 법적 근거 마련(1999년), 평가의 실험적 도입, 평가의 양적 발전(계량화), 평가의 이론화(외국이론 중심), 프로그램 결과중심 평가, 국가중심 수동적 평가 등의 경향을 보였다. 이후에 2010년부터 지속되는 개발과 평가의 주요 경향은 제도적 정착과 과학적 평가를 목표로 하면서 평가의 과학화, 평가의 질적 발전(프로그램 질), 평가의 실천화(현장 중심), 프로그램 과정과 결과중심 평가, 민관협력 참여적 민주적 평가 등의 방향을 지향하고 있다.

국가정책적 차원에서 보면 프로그램 개발과 평가의 방향이 클라이언트의 인권중심, 인센티브와 서비스 품질관리 강화 등을 추구하였다. 또한 제도적으로 평가의 지역화를 통해 지방자치단체의 책임과 역할 및 지역별 특성을 고려하였고 평가의 현장화(평가의 객관성, 공정성, 의사소통 강화)를 추진하였다. 민간부문에서는 사회복지공동모금회를 중심으로 프로그램 목표 중심 기획과 평가, 프로그램 성과중심, 평가의 과학화(성과목표, 성과지표, 자료원, 자료수집, 일정 등), 변화중심 평가(사전사후 설계에 의한 프로그램의 변화 측정)의 방향을 지향하면서 특히 프로그램 평가를 강조하였다. 그리고 논리모델(Logic Model)에 기반한 프로그램 기획과 평가를 통해서 투입, 산출, 성과(단기, 중기, 장기) 등의 체계적인 모형을 수립하는 것을 지속적으로 추구하였다. 실천현장에서는 사회복지실천 자체가 근거기반 사회복지실천(Evidence-based social work Practice)의 한 개입의 효과성과 평가를 수행하도록 강조되었다.

이런 경향은 2000년부터 시작된 사회복지시설평가의 제도화의 영향에 기인한다. 최근까지도 보건복지부에서는 사회복지사업법 시행규칙 제27조의2 제3항의 규정에 의거 2020년도 사회복지시설 평가 결과를 공개하고 있다. 서울시와 경기도 또한 이런 조항(사회복지사업법 시행규칙 제27조의2(시설의 평가) ③ 보건복지부장관과 시·도지사는 제1항에 따른 평가의 결과를 해당 기관의 홈페이지 등에 게시하여야 한다)에 의거하여 사회복지시설평가를 공고하고 있다. 2020년에는 「사회복지사업법」에 따라 보건복지부와 시·도는 3년마다 사회복지시설을 평가하고 그 결과를 공표하였다. 이 사회복지시설평가는 시설 운영 전반에 대한 종합평가로 ① 시설·환경, ② 재정·조직, ③ 프로그램·서비스, ④ 이용자의 권리, ⑤ 지역사회관계, ⑥ 시설운영 전반의 6가지 영역*에 걸쳐 실시된다. 특히 2020년 평가부터는 서비스의 질적 수준 향상을 위한 노력정도를 평가할 수 있는 정성지표(시설운영 전반)를 도입하여 평가를 수행하였다(보건복지부, 2021).

이런 평가의 제도화 이후 사회복지서비스의 전문성 강화, 지속성, 그리고 서비스 질 제고를 위해서 보다 효과적인 전략이 요구되고 있다. 그런 이유로 한국보건사회연구원에서는 사회복지시설 평가의 연속성을 담보하고, 시설 평가의 사후 관리 및 활용도를 제고함으로써 사회복지시설의 운영을 개선할 것을 제안하고 있다. 이러한 계속적인 관리 방안이 인증제도(accreditation)인데 이것은 사회복지시설의 시설 환경 및 인적 자원 등의 기본 요건이 일정 수준 이상인 경우 인증을 부여하고 이를 정기적으로 점검하는 인증평가 방식을 의미한다. 결국 시설 평가제도 시행 초기에는 주로 평가제도 내에서의 개선 방안을 많이 고려하는 편이었으나, 인증제도 도입, 시설을 평가하는 상설 기관 설치 등과 같은 근본적인 개선이 요구되고 있다. 2010년 이후로는 주로 인증제도 도입의 필요성과 품질관리원 설치, 중앙과 지방정부 간의 역할 분담, 평가제도의 근본적인 전환 등 시설 평가제도의 전면 개편 요구가 증가하는 추세이다(오윤섭 외, 2018).

(2) 프로그램 개발과 평가의 과학적 체계 수립

일반적으로 프로그램 개발을 할 때 중요하게 인식되는 것이 프로그램 평가에 기반한 프로그램의 기획과 관리이다. 사회복지 프로그램을 기획과 관리해야 된다는 말은 프로그램의 결과가 보여주기 식이라기보다는 프로그램을 위한 학습과 과학성을 확보해야 한다는 것을 의미한다. 이런 배경은 클라이언트의 욕구와 문제에 따라가기 급급한 프로그램을 기획하고 진행하기보다는 그런 문제와 욕구를 합리적이고 과학적으로 파악하고 예측하여 클라이언트의 상태와 삶의 변화를 긍정적인 방향으로 유도하는 프로그램을 설계해야 된다는 관점을 포함하고 있다. 따라서 사회복지 프로그램은 과학적이고 체계적인 프로그램 평가에서부터 출발한다고 할 수 있다. 과학적인 사회복지 프로그램 기획과 관리를 위해서는 프로그램의 철학과 그에 기반을 둔 방법론이 요구된다. 프로그램 평가는 이런 체계적인 방법론의 근본이 된다. 전통적으로 사회복지에서 프로그램 평가는 과학적인 사회복지의 실천과 정책 개발의 토대가 되어 왔다. 프로그램 개발과 평가와 관련된 최근의 추세는 프로그램 개발을 위한 단순한 방법론적 적용을 벗어나 사회복지에서 필수적인 과업으로 규정되고 있다. 또한 기계적으로 개발과 평가를 해왔던 방법론의 문제점을 극복하기 위해서 과학적인 평가에 근거한 프로그램 개발 그리고 프로그램 평가에서 욕구가 정확히 어느 정도 충족되었는지에 대한 총체적인 접근이 요구되고 있다. 전반적으로 이런 프로그램 평가의 흐름은 법적 제도화, 과학화, 실천화로 관측된다. 제도화는 법과 제도에서 프로그램 평가의 의무화가 규정되고 있다(사회복지사업법). 과학화는 이런 제도화에서 단순하게 조사를 실시하기보다는 과학적인 기준과 방법을 사용하여 객관적인 결과를 도출할 것을 요구하고 있다(사회복지시설 및 프로그램 평가지표, 평가매뉴얼 개발과 적용). 실천화는 실천현장에서 제도화와 과학화로 인해서 프로그램 평가가 중요하게 인식되고 있다는 점을 반영해준다(실천 현장에서 프로그램 평가와 관련된 다양한 교육과 프로포절 등에서의 적용). 프로그램 개발과 평가에 대한 이런 변화는 기존에는 정책수립이나 제도수행에서 객관적 근거나 정확한 현실파악이 부족하였다는 반성과 함께 실제적으로 프로그램이 클라이언트의 욕구를 얼마나 충족하고 어떻게 변화되었는지를 정확히 파악하고 현실을 과학적으로 진단하는 작업을 통해 복지정책에 대한 전반적인 방향 수립과 구체적인 실천을 추진해야 한다는 사회적 변화의 흐름을 반영해준다(강병노, 2009).

(3) 프로그램 개발과 평가의 관리와 전략적 실천

사회복지실천현장에서 프로그램을 관리하는 사회복지사는 프로그램 이론의 논리적 인과성을 확보하고, 대상자의 변화가 도출될 수 있도록 프로그램을 체계적으로 관리하는 것이 필요하다. 프로그램 실행 전뿐만 아니라 실행 후의 과학적 검증까지도 포함하여야 한다. 사회복지조직에서의 프로그램에 대한 학습과 개발을 통한 과학적 프로그램을 구축해 나가는 활동이 조직 내에서 축적되었을 때 프로그램이 기대했던 바를 달성하였는지를 가늠할 수 있는 지표가 되어 사회복지사의 전문성과 책임성을 제고시켜 줄 수 있게 된다. 클라이언트가 직면하는 문제들이 보통 복잡한 양상을 가지고 있어서 사회복지사들이 어떤 문제를 표적으로 삼아 개입할 것인지가 고민될 수 있다. 따라서 새로운 개입전략들을 개발하는 것이 사회복지사로서 사회적 책임성과 전문성을 향상하는 방법이다. 이를 위해서는 무엇보다도 사회복지조직에서 조직학습 시스템을 구축해서 조직에서 운영되고 있는 프로그램에 대한 검증과 확증을 통해 프로그램을 논리적으로 구축하여 실행하는 것도 필요하다. 사회복지사들은 자신이 담당하고 있는 프로그램의 논리적 구조에 대한 실천적 성찰도 필요하다. 이와 더불어 프로그램 기획과 관리, 평가와 관련한 기술 및 방법론에 대한 교육에 앞서 논리적 인과성에 기반한 프로그램 이론을 구축하기 위한 철학, 가치, 방법론에 대한 체계적인 교육이 이루어져야 한다(권순애・김두례, 2017).

02
CHAPTER

사회복지 프로그램의 개념과 체계

1. 사회복지 프로그램의 개념과 특성
2. 프로그램 관리와 개발의 내용

02
CHAPTER

사회복지 프로그램의 개념과 체계

1. 사회복지 프로그램의 개념과 특성

1) 프로그램의 개념과 관련 구성요인

(1) 프로그램의 개념

프로그램은 목표달성을 위해 수단을 구체화한 일련의 계획된 활동(Martin & Kettner, 1997)이며. 프로그램은 단일한 목표를 성취하기 위해 조직된 활동들의 집합이며, 사회복지 프로그램은 사람들을 어떻게 도울 것인가라는 방법이다(Rapp & Poertner, 1992). 프로그램이란 측정가능한 목표를 달성하기 위하여 한정된 집단에게 유용하게 제공될 수 있도록 선택된 서비스나 지원의 일련의 배열이다(김통원, 1998). 종합적으로 사회복지 프로그램은 ① 인지된 사회문제를 다루고, ② 한 조직의 전체 활동의 중요 부분을 대표하며, ③ 공식적으로 언급되었든 목표와 세부목표를 가지고, ④ 활동 혹은 노력을 가능하게 하는 직원을 포함한 특정 자원을 필요로 하는, ⑤ 하나의 구조이며, ⑥ 조직목표의 수단이다(정무성, 2001a). 프로그램이란 하나의 목표를 달성하기 위해 행하는 활동들의 집합이라고 정의할 수 있다. 사회복지 프로그램은 사람들이 도움을 받는 방법과 관련된 것이다. 따라서 사회복지 프로그램은 개인, 가족, 지역사회의 개발을 통해 개인적 혹은 사회적 변화를 이루려는 노력이다. 교육, 훈련, 상담, 치료 등의 직접적 서비스 제공을 통해 개발을 촉진시킬 수도 있지만, 정보제공, 지역개발, 사회행동, 위탁, 옹호 등의 간접적인 서비스를 통해 변화를 이룰 수도 있다. 또한 사회복지 전문인력들은 프로그램을 통해 만족감과 성취감을 얻을 수 있으며, 사회는 구성원들을 돕고자 하는 바램을 명확히 구체화하여 표현할 수 있다(정무성, 2000). 관련된 용어로서 프로포절(Proposal)은 프로그램의 기획단계에서 기금을 확보하기 위한 사업제안서이다. 프로젝트(Project)란 주택개발 계획, 도시재개발 계획, 인간자원 개발계획, 보건의료 서비스계획, 고용 촉진 계획 등과 같은 개발계획(development plans)을 구체적인 행동으로 수행하기 위한 합리적인 사업을 말한다. 프로그램 속에서 세부적으로 이루어진 하나의 단위를 의미한다.

프로그램이란 '특정 목표를 성취하기 위한 활동들의 집합'이며, 프로그램 대상자들이 원조를 받는 활동들로 구성된다(정무성, 2001b). 따라서 프로그램은 조직 차원에서 볼 때, 조직의 궁극적인 목적인 대상자(People)의 이익이라는 조직목표를 달성하기 위한 수단이며 조직의 사명(Mission)과 궁극적인 목적(Goals)을 실현시켜 주는 도구이므로, 조직목표와 프로그램은 목적－수단의 관계라고 할 수 있다. 종합해보면, 프로그램이란 서비스 대상자의 욕구충족과 삶의 질 향상이라는 목표를 가지고 전문적인 지도력과 조직에 의해서 서비스 대상자의 욕구 충족과 서비스 제공에 적합하도록 과학적으로 개발된 조직적·체계적인 모든 활동을 말한다.

또한 프로그램은 복잡한 시스템이며 계획의 유형으로서 조직의 구성이며 자체 목적을 가진다. 특징적인 것은 상호지지적이며 서로에게 협력적인 성격이 있다. 프로그램 간 갈등은 자원을 위한 경쟁이 아님에도 불가피하며 사회적 시스템의 프로그램에 도움을 준다. 프로그램은 일정한 장소, 대상, 방법 이외에도 제한된 시간에 수행되어야 하기 때문에 시간제한적이다.

사회복지 프로그램은 사회복지사들이 직면하는 대상자의 욕구와 지역사회 문제에 대해 어떠한 관점으로 개입하고 있는지, 개입 후 어떠한 변화(혹은 성과)를 기대하고 있는지에 대한 논리적 구조를 가지고 있다. Weiss(1995)가 설명한 것처럼 사회복지사가 프로그램을 실행하기 전에 프로그램의 논리적 인과성을 설정하고(가설 설정), 실행 후 변화의 경험적 근거를 가지고 프로그램의 성공여부를 판단하고(가설검증), 그에 따른 프로그램 관리가 지속적으로 이루어졌을 때 사회복지사만의 개입의 과학적 논리가 구축된다는 것이다. 특히 사회복지조직은 조직적 차원에서 지역사회 구성원들이 직면하는 문제에 대해 해결의 방향을 설정하고 조직이 보유하고 있는 자원을 투입하여 의도적이고 조직적인 활동을 전개한다. 따라서 프로그램은 의도적인 개입이라고 할 수 있다. 해결되어야 할 사안이 존재하지 않는다면 프로그램도 기획될 필요가 없어진다. 사회복지 프로그램도 마찬가지로 사회복지조직이 인지한 사회문제와 욕구가 존재하기 때문에 이를 해결하기 위한 의도적인 활동이 전개된다(권순애 · 김두례, 2017).

(2) 프로그램을 발생시키는 요인

사회복지 프로그램은 일반적으로 시간의 흐름에 따라 여러 단계를 거치게 되는데, 각 단계는 일련의 구조적 특징과 발달단계상의 목표를 가지고 있다. 프로그램의 초기단계는 그것이 희망과 기대의 시기인 동시에 매우 불안한 시기이기도 하다. 특히 새로운 프로그램의 시작은 책임성의 추궁과 자원의 제한성 등으로 인해 불확실한 미래를 지니게 된다. 정책적 견해의 변화, 지원금의 삭감, 조직 내 지도력 변화 등은 새로운 프로그램이 그 잠재력을 충분히 실현할 기회를 갖기도 전에 실패하거나 중단될 가능성을 안겨준다. 따라서 프로그램 설계를 통해 기관 내, 외적으로 충분한 지지세력과 신뢰를 확보하고 프로그램의 존속에 필요한 후원과 자원을 개발해 놓아야 한다. 사회복지 프로그램을 발생시키는 관련 요인은 크게 3가지가 있다. 첫째는 사회복지기관 외부에서 오는 것이다. 예를들어, 정부의 법적, 행정적 발의를 통해 새로운 프로그램을 시작할 권한을 부여받는다. 또한 프로그램 참여를 통해 혜택을 받는 사람들이나 그들의 이익을 대변하는 집단에 의해 자극을 받기도 한다. 둘째, 새로운 프로그램은 사회복지기관의 지도자들의 결정에 의해 창출되기도 한다. 프로그램 기획가들은 외부의 환경이나 조직내부의 필요성에 따라 새로운 프로그램의 창출을 결정하게 된다. 예를 들어, 지도자들의 지역사회 내의 욕구에 대한 인식, 기관의 성장이나 발전을 위한 기금이 생겼을 때, 기관의 방향성이나 목표를 바꾸려고 할 때, 서비스의 혁신이나 새로운 기술을 시험해 보려고 할 때 등에 이루어진다. 셋째, 많은 경우에 새로운 사회복지 프로그램은 기관 내 사회복지사들에 의해 개발된다. 프로그램에 대한 결정은 기관의 지도자들이 내리지만 현장에서 욕구를 인식하고 아이디어를 내고 새로운 프로그램 창출을 위한 실질적 노력을 하는 것은 사회복지사들이다. 즉, 체험을 통해 현재 기관의 문제점에 대해 인식이나 새로운 지식이나 기술을 시도해 보려는 의욕 등이 프로그램 창출의 원동력이 되기도 한다(정무성, 2000). 이런 프로그램과 관련되어 문제, 개입전략, 성과 관의 논리적 인과성을 구조화하는 메커니즘이 프로그램 이론이다. 사회복지사들은 특정한 사회문제와 욕구에 개입할 때 프로그램 이론을 구축하여 실행하게 된다. 사회복지사들의 역할을 설명할 때 프로그램에 내포되어 있는 프로그램 이론이 유용한 수단이 되며, 사회복지사의 전문성과 책임성을 부각시킬 수 있는 근거가 된다(권순애 · 김두례, 2017).

2) 프로그램 기획의 개념과 특징

(1) 프로그램 기획의 개념

기획이란 원래 조직에서 서비스를 준비하고 실행하며 평가하여 더 나은 서비스를 만들기 위한 전 과정을 계획하는 행동 그 자체를 의미한다. 관련되어 계획은 이러한 기획을 통해 나타난 하나의 결과물 즉 서비스 계획서를 말한다. 설계는 사전적으로 계획을 세움 또는 그 계획을 말하는 것으로 서비스 계획과 혼동되어 사용되는 경우가 많다. 다만 기획은 조직운영이나 서비스 전체를 대상으로 하는 광의의 개념으로 설계는 그 안에서도 세부적인 내용에 해당되는 협의의 개념으로 이해될 수 있다(Rapp and Poertner, 1992). 조직관리의 측면에서는 조직의 목표설정, 인력, 재정, 조직 등의 전반의 측면에서는 기획이라고 보는 것이 더 타당할 수 있다. 개발은 기획－집행－평가－재기획의 전체 과정 속에서 서비스를 기획해서 실제로 집행하고 평가하여 재기획을 통하여 장점과 단점을 보완하여 좀 더 발전된 서비스를 창조하는 과정으로 이해될 수 있다(강병노, 2008: 82-83; 강병노, 2011).

프로그램이 클라이언트의 욕구를 충족하고 문제해결을 위한 하나의 구조화된 틀이라면 프로그램 개발은 프로그램을 창조하는 과정이다. 프로그램 개발과 관련된 다양한 용어에 대한 개념을 보면 먼저 프로그램 개발과 관련된 주요 용어로는 프로그램 기획(Program Planning), 프로그램 계획(Program Plan), 프로그램 설계(Program Design), 프로그램 개발(Program Development) 등이 있다. 프로그램 기획은 간단히 말하면 프로그램을 준비하고 실행하며 평가하여 좀 더 나은 프로그램을 만들기 위한 전 과정을 계획하는 행동 그 자체를 의미한다고 할 수 있다. 기획(Planning)은 계획(Plan)을 수립하는 과정 또는 적절한 수단을 통해 목표를 달성하기 위한 미래의 가치에 대한 일단의 결정을 준비하는 과정이라 할 수 있다(오정수・류진석, 2007: 158). 따라서 프로그램 기획이란 프로그램에 대해 기획의 일반적이고 포괄적인 적용을 한 것이다. 또한 현재와 미래의 환경 변화에 대응하기 위한 것으로 프로그램의 목적 설정, 수단의 선택, 실행, 평가에 이르는 제반 프로그램 과정에서의 합리적인 의사결정과 활동들을 말한다(김영종, 2002). 그리고 프로그램 기획은 어떤 기관에서 구체적인 프로그램을 설계하기에 앞서 어떤 목적 하에 언제/어디서/어떠한 방법으로/어떻게 문제를 해결할 것인가에 대하여 장기 또는 연차별 활동을 개략적으로 수립하는 것을 의미한다. 다시 말하면 프로그램 기획이란 ① 특정기간에, ② 프로그램 담당자들이, ③ 특정한 방법과 자원을 사용하여, ④ 특정한 사람들을, ⑤ 바람직한 상태로 이끌기 위해 사전에 마련된 구체적인 시도이다(정무성・정진모, 2001: 24-25).

프로그램 기획의 개념은 다양한 요소를 포함한다(정무성, 2006). 특정한 기간과 시점, 프로그램 담당 인력, 특정한 실행 방법과 자원, 특정한 욕구와 문제를 가진 사람들, 긍정적인 상태로 변화시키기 위한 전문적인 개입 등으로 구성된다. 이런 프로그램 기획의 특징은 미래지향적인 활동(futuristic activity), 적극적・능동적 행위(proactive behavior), 조직의 효율성 제고, 연속적・단계적인 과정, 협동적 노력, 일련의 의사결정과정, 포괄적인 사고과정, 정형적인 활동 등이다.

- 기획은 목표를 사전에 설정해서 그것을 달성하기 위한 작업이다(Planning is pre-selected objectives).
- 기획은 다양한 수준에서 다양한 형태로 요구된다.
- 기획은 의사를 결정하고, 조직을 만들어가고, 조직의 미래를 이끌어나가기 위해 설계가 된다.
- 기획은 과거를 이해하고, 미래의 가능성을 만들어가기 위해 필요하다.

(2) 프로그램 기획의 특징

기획은 행정에서 조직관리와 프로그램 차원에서 이해되는데 전자의 경우 관리로서의 기획과 관련이 있다. 이것은 거시적으로 조직에서 행정전반의 기획을 의미하는 것으로 조직에서 미래의 전략과 행동을 위해 의사결정을 준비하기 위한 조직적 문제해결과정으로 파악된다(지은구, 2005: 210-212). 반면에 프로그램 측면에서는 미시적으로 사회복지에서 프로그램 기획은 클라이언트 삶의 질 향상이라는 목적을 효과적으로 달성하기 위해 내용과 과정을 개발하는 활동으로 이해되고 있다(이봉주・김기덕, 2009). 프로그램 기획의 특성은 기획의 정의에서 파악할 수 있다. 첫째, 합리성(이성중심)이다. 기획은 인간은 완전히 합리적인 이성적 인간이라는 것을 가정한다. 둘째, 목표(Objectives)를 강조한다. 목적과 관련된 영어의 용어는 Purpose(목적), Goals(목표), Objectives(세부목표)의 순서로 위계적으로 배열된다. 셋째, 사전작업이라는 점이다(pre-setting, pre-thinking in the future oriented). 마지막으로 유연하고 조정가능한 과정이라는 점이다(Weinbach, 2008: 강병노, 2011).

프로그램을 개발한다는 것은 프로그램 개발자의 창의성과 개발에 대한 논리적 과정이 결부되어 새로운 결과물을 창조한다는 것을 의미한다. 따라서 개발자의 창의성과 논리성이 갖추어지기 위한 개인, 환경 그리고 조직적 차원에서의 전제조건이 필요하다. 서인해・공계순(2003: 131-133)은 사회복지조직에서 프로그램 개발을 위해서 ① 직원의 학력, 근무기관과 개발지식 및 전문성에 대한 정체성, ② 프로그램 개발지식, 프로그램 개발에 대한 자신감, 피플 중심의 합리적인 개발동기, ③ 개발참여자의 수, ④ 프로그램 개발자의 창의적인 문제해결능력, ⑤ 프로그램 개발자의 기관 내 의사결정 참여정도 등의 전제조건을 제시하였다. 따라서 사회복지기관과 같은 사회서비스를 실시하는 비영리조직에서 프로그램 개발을 위해서 고려해야 될 중요한 변수로는 전문성, 지식, 개발동기, 문제해결능력 그리고 의사결정 등으로 볼 수 있다(강병노, 2008).

이런 프로그램은 결국 목적과 과정에 따라서 결과를 도출하는 설계와 그 결과물의 총합이라고 할 수 있다. 프로그램 설계는 크게 산출물과 방법으로 구분할 수 있다. 첫째, 프로그램 설계는 특정 목적을 달성하기 위해서 다양한 수행자들(player)에게 요구되는 최소한의 행동양식들을 규정하는 문서이다. 단지 자금을 조성하고 다음 연도의 예산을 책정할 때만 꺼내보는 문서가 아니라 프로그램을 진행하면서 지속적으로 지침이 되고 개선되어야 하는 상시적 효력을 갖는 문서로 간주되어야 한다. 따라서 산출물로서의 사회복지 프로그램 설계는 클라이언트에게 도움이 되면서 동시에 정치적인 지지를 얻기 위해서 정확하고 논리적이고 일관성 있게 작성되어야 한다. 둘째, 방법으로서의 프로그램 설계는 진행상의 중대한 결정을 내리는데 필수적인 기준과 같은 것이다. 즉, 설계는 구체적으로 사회복지사를 선발하고, 진행상의 결정을 내리는데 필요한 분석적인 도구를 제공하는 과정을 말한다. 실제로 사회복지 프로그램 설계 과정은 외부 영향력의 작용을 집합시키고 직원을 결집시키기 위한 하나의 메커니즘이 될 수 있다. 프로그램 설계의 효용성을 높이기 위해서는 프로그램을 진행하는 사람들이 그것을 장애물로 인식하지 말고 더 나은 기능을 위한 도구로 이해해야 한다(정무성, 2000).

2. 프로그램 관리와 개발의 내용

1) 프로그램 관리의 배경과 원칙

휴먼서비스에서 성과중심의 프로그램 관리의 원칙에는 클라이언트 성과, 생산성, 자원 습득, 효율성, 피고용자들의 직업 만족 등이 있다. 이런 원칙은 성과중심으로 프로그램을 개발하는데 필요한 중요한 구성요소가 된다. 서비스의 시작과 종결사이에 삶의 질이나 성과의 증가는 종종 휴먼 서비스의 긍정적인 결과라는 기준이 되기도 한다(Dempster & Michael, 2002: 375-378). 사회복지사는 프로그램이 적절한 성과를 도출하기 위해서 지켜야 할 주요 기준들을 개발 과정에서 고려해야 한다(Rapp & Poertner, 1992: 1-27).

첫째, 클라이언트 결과물은 휴먼 서비스의 토대를 형성하며 클라이언트의 상황을 향상하거나 저하된 클라이언트의 상황을 높이는 것으로 획득될 수 있을 것이다. 이런 클라이언트 결과물에 대한 구성은 감정변화, 학습, 행동변화, 상태유지 또는 변화, 환경수정 등으로 제시되었다. 이런 분류법은 휴먼 서비스 관리의 통합된 준거 틀을 제공한 것이다. 먼저 감정변화에서는 사람들이 상황에 합리적으로 대응하는 방법을 변화하려고 한다고 생각하고 세력화된 클라이언트의 감정을 많은 휴먼 서비스의 핵심으로 판단하고 있다. 학습은 휴먼 서비스의 교육적인 측면은 강조한 것으로 학습을 통하여 클라이언트는 변화하려는 데 필요한 지식을 습득하고 상황에 대해 생각하는 방법을 변화하고자 노력한다. 행동변화는 휴먼 서비스에서 클라이언트의 성과 중 가장 뚜렷이 드러나는 결과이다. 상태유지나 변화에서는 사람들이 일상생활에서 활동할 수 있는 능력이나 자신들의 생활을 유지할 능력을 얻기 위해 서비스를 찾는다고 생각한다. 마지막으로, 환경수정을 통해서 지역사회에서 생활조건을 향상하고, 정책을 변화하며 더 구조적인 공적 신뢰감을 형성할 수 있다고 보고 있다.

둘째, 생산성은 서비스의 양이며 서비스의 단위로 측정된다. 모든 휴먼 서비스 조직에서는 제공된 서비스의 양을 보고할 방법을 가지고 있으며 재정적인 원천은 이런 생산성의 확실한 수준을 요구한다. 생산성은 클라이언트의 수, 서비스 1회분, 서비스 사례들, 그리고, 지나간 시간으로 구성된다.

셋째, 자원 취득은 기관이 클라이언트의 이익을 산출하기 위해서 필요하다. 휴먼 서비스 조직은 재정, 인적자원, 기술, 클라이언트, 공적지원, 영향력이 요구된다. 재정을 확보하는 관리자의 능력은 성과를 위한 주된 근거가 된다. 휴먼 서비스에서 인적자원의 확보는 책임성에 대한 비판적인 논의의 원인이 된다. 또한, 자원취득에서는 가장 강력한 기술습득을 위한 정보와 훈련을 위해서 프로그램 설계를 위한 가장 효과적인 지원 방법의 통합, 직원의 지속적인 훈련과 고용기회 제공, 질적인 슈퍼비전의 제공, 인적자원에 대한 의미 있는 피드백을 제공하기 위한 정보체계의 설계 등이 요구된다.

넷째, 효율성은 획득한 자원과 결과물의 비율을 표시한 것이다. 효율성에 대한 가장 일반적인 측정방법은 서비스 단위당 달러 비용이다. 또한, 효율성은 전체 표적 집단에 대한 서비스 수혜 대상 클라이언트의 비율로 표시된다.

마지막으로, 인력의 전문성과 직원사기는 피고용자들의 만족을 의미하는데 클라이언트를 지원하려는 시도가 있을 때부터, 사회적 서비스 조직은 피고용자들의 개인적인 만족과 충만에 기여하려고 하였다. 높은 수준의 소진을 경험한 사회복지사들은 클라이언트에게 긍정적이지 못한 인상을 남긴다. 관리가 성과에 의해 평가된다면, 성과는 클라이언트의 결과물, 생산성, 자원습득, 효율성, 그리고 직원 사기라고 할 수 있다.

정리하자면, 휴먼 서비스의 프로그램 성과는 클라이언트의 결과물, 생산성, 자원습득, 효율성, 그리고 직원 사기를 내용으로 하며 각각의 분야에서 측정을 통하여 휴먼 서비스의 성과를 평가할 수 있다.

2) 프로그램 관리와 개발의 방향

(1) 프로그램 관리의 단계

프로그램 개발 및 의사결정에는 다양한 활동이 포함되어 있고, 일련의 단계를 거치게 된다. 프로그램 개발은 우연의 산물이기 보다는 논리적 과정의 산물이다. 프로그램 개발은 보편적으로 문제의 확인 및 욕구의 사정, 프로그램 기획, 프로그램 이행, 프로그램 평가의 네 단계를 거치게 된다. 이 네 단계는 일방적으로 계획이 다음 단계를 통제하는 일관성의 관계만이 아니라, 각 단계간의 영향을 주고받는 쌍방적/상호작용적 관계라고 말할 수 있다.

① **문제의 확인 및 욕구 사정** : 사전프로그램 개발 단계로 프로그램 개발의 정당성과 필요성 등을 증명할 수 있는 기초 자료들을 수집하는 것이다. 문제의 확인, 욕구측정, 기존 프로그램이나 서비스를 파악한다.

② **계획** : 프로그램 설계로 프로그램이 실행될 수 있도록 지침이 되는 기본 틀을 짜는 것이다. 프로그램 설계에는 목적, 목표, 활동내용, 활동사의 문제와 해결방안, 우선순위선정, 운영조직, 자원동원(인력배치, 예산계획, 책정), 관리계획, 평가계획, 총괄 진행방안의 제시 등을 포함된다.

③ **이행** : 프로그램이 계획대로 진행되는지를 점검, 관리를 하는 단계로 운영과정평가와 변화과업에 대처를 해야 한다(예산 집행, 인력배치,

실제적인 프로그램 운영, 서비스 제공).

④ **평가** : 프로그램을 통한 목표의 달성을 확인하고, 프로그램 수행에 대한 반응의 환류를 얻고 이를 바탕으로 목표 및 개입방법을 조정할 수 있는 평가 자료 (업무이행상황, 성과, 한계, 결함, 부족)를 얻는 단계이다.

사회복지의 발전은 지식과 정보 생산과 이에 대한 현장 실천의 경험이 원활하게 순환되는 과정을 통해서 보다 적극적으로 이루어진다. 학문적으로 연구되고 구성된 내용들이 현장에 원활하게 적용되고, 이렇게 적용된 경험적 결과들이 다시 연구 활동으로 순환적으로 이어질 때 현장에서 나타나는 문제는 원활하게 효과적으로 해결되는 것을 볼 수 있다. 그러나 이러한 교류가 일어나지 않을 때 문제해결과정에서 정체가 일어나며 그 결과 현장의 어려움과 혼란이 나타날 수 있다. 현장의 문제를 해결하는 도구를 개발하는 프로그램 개발 영역은 무엇보다도 이러한 특징이 강하다. 프로그램 개발연구와 활용과정에서 나타나는 문제점을 극복하기 위해서는 프로그램 개발 학문분야와 프로그램 개발 실천 현장 간의 효과적이고도 현실적인 협력체계구축, 현장중심의 프로그램 개발방법의 보급, 사회복지현장의 잠재적인 문제를 해결하기 위한 창의적인 프로그램 개발 등에 관심을 가져야 할 것이다(서인해 · 공계순, 2008). 또한, 사회복지조직은 사회복지사들이 프로그램 이론을 구축할 수 있는 조직학습 시스템을 구축하고, 사회복지사들은 사회문제에 대해서 가지는 원인론에 대한 근본적인 실천적 고찰을 수행하고, 프로그램 이론 구축 및 기획과 관련한 사회복지교육을 활성화해야 한다(권순애 · 김두례, 2017).

(2) 프로그램 개발의 방향과 수준

프로그램 개발은 일반적으로 프로그램 이론에 따라서 이루어진다. 프로그램 이론은 무엇 때문에 프로그램이 기획되고, 어떤 이유에서 이러한 전략을 선택하게 되었고, 그래서 프로그램 실행 후 의도했던 결과가 도출되었는지를 확인하게 되는데, 이 과정에서 프로그램의 논리적 인과성이 형성되는 것이다. 즉, 사회복지 프로그램 이론은 문제상황, 개입, 성과의 구성요소를 논리적 인과성이라는 조건으로 견인한다. 문제상황, 개입, 성과 간의 단순한 연결은 프로그램 이론으로 간주하기 어려우며, 논리적 인과성에 기초한 연결이 전제되어야지만 프로그램이 왜, 어떻게 작동하였는지, 혹은 어떻게 해서 제대로 작동하지 못했는지에 대한 규명이 의미가 있게 된다. 그래야 개입과 결과 간의 인과적 관련성을 검증해 주므로 프로그램 개입의 효과성을 경험적으로 확인하는데 유용하기 때문이다. 궁극적으로는 사회복지조직의 프로그램에 대한 학습과 개입에 대한 개선의 효과를 창출하며 프로그램 관리의 정당성을 확보할 수 있도록 기여하기도 한다(권순애 · 김두례, 2017).

실천적으로는 프로그램 개발 방향은 창의성과 독창성의 수준과 정도에 따라서 프로그램의 순수한 창조, 기존에 있는 프로그램을 일부 수정하는 방법 그리고 외부에서 만들어진 프로그램을 그대로 받아들이는 방법 등 크게 3가지로 나눌 수 있다(Munson & Pelz, 1982; 서인해 · 공계순, 2003에서 재인용).

① **독창적 수준의 프로그램 개발(Originating Program Development)**: 기관이 문제를 발견하고 처음으로 해결책을 고안하거나 또는 외부의 전문가가 해결책을 고안하여 그것을 적용한 기관을 탐색한다. 이전에

이러한 원형이 없기 때문에 개발자가 새로운 프로그램의 원형을 개발한다.

② 적응적 수준의 프로그램 개발(Adapting Program Development) : 몇 개의 원형적 해결책이 있으나 그것이 잘 정리되거나 기록 및 문서화되지 않을 때 발생한다. 기관이나 외부 전문가에 의해서 이러한 것을 이용하여 수정 및 보완하여 프로그램을 디자인한다.

③ 빌림 수준의 프로그램 개발(Borrowing Program Development) : 프로그램이 잘 기록 및 문서화가 되어 있을 때 발생한다. 기관에서는 단순히 있는 프로그램을 그대로 수정 없이 빌려올 수 있다. 이러한 과정을 바로 채택(Adoption)이라고 할 수 있다. 보다 넓은 관점에서 전파(Transfer)라고도 할 수 있고, 사용자의 관점에서는 빌려오는 수준에서의 프로그램 개발과정이라고 할 수 있다.

프로그램 개발과정은 하나의 창조적 과정이다. 따라서 위와 같은 프로그램 개발의 다양한 측면을 고려하여 창조적인 프로그램 개발이 이루어져야 한다. 더불어 창조적인 측면에서의 프로그램 개발이외에 체계적(단계적) 측면에서의 프로그램 개발과 과정을 생각할 수 있다(강병노, 2008).

03
CHAPTER

사회복지 프로그램 개발의 이론과 유형

1. 프로그램 개발의 이론과 발전동향
2. 프로그램 개발의 모형과 기획 유형

03 CHAPTER

사회복지 프로그램 개발의 이론과 유형

1. 프로그램 개발의 이론과 발전동향

1) 이론적 배경

사회복지 프로그램 개발과 평가의 이론은 프로그램에 대한 체계이론, 평가관련 이론, 성과주의 모델 등 다양한 영역에서 논의되고 있다. 이런 이론적인 설명들은 주로 행정학, 교육학, 심리학 분야 등에서 프로그램 개발과 평가를 도구적인 관점에서 바라보는 이론적 경향을 보인다. 관련하여 기본적인 이론적 배경에는 목표관리방식, 논리모델 등이 있다.[1)]

(1) 목표관리방식(Management by Objectives: 이하 MBO)

① 배경과 개념

목표관리방식(MBO)는 피터 드러커(Peter Drucker)가 1954년 그의 책 "The Practice of Management"에서 처음 사용한 용어이다. 실현가능한 목적에 초점을 맞추고, 가능한 자원으로 최선의 결과를 얻기 위한 조직적이고 체계적인 접근을 의미한다. 경영자와 근로자가 세부목표를

---

1) 본 장에서는 강병노(2011)을 수정보완함.

함께 규정해나가는 과정으로, 세무복표에 동의하고, 이를 위해 무엇을 수행해나 갈 것인지 이해하는 것이다. MBO의 핵심은 목적을 설정하고, 의사결정을 하는 과정에 전 직원이 참여하는 것이다. MBO에서 중요한 부분은 정해진 기준에 따라 근로자의 성과를 평가하고 비교하는 것이다.

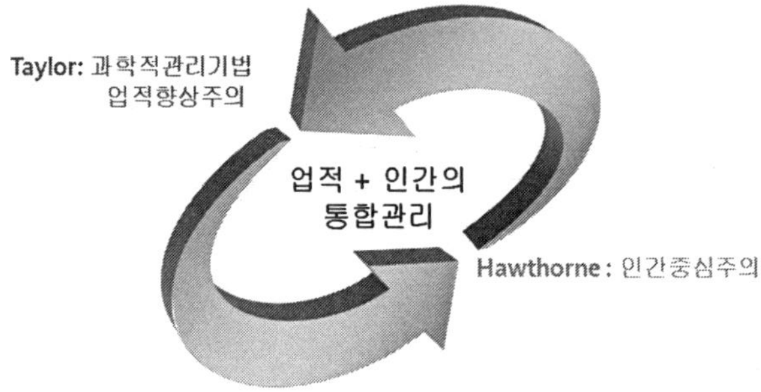

❙그림 3-1❙ MBO의 이론적 배경

이론적 배경을 살펴보면 MBO는 기존의 테일러(Taylor)의 과학적 관리기법과 업적향상주의에 대한 비판에서 인간중심주의에 기반한 Y이론의 보완으로 발생한 것이다. 이렇게 보면 MBO는 위의 그림에서처럼 과학적 관리기법과 인간관계이론의 통합으로 보인다. MBO의 특성은 동기부여, 직원참여 리더십 등으로 표현된다. 동기부여를 통해서 조직은 목표를 설정하고 업무만족도와 집중도를 증진하는데 모든 조직구성원이 참여한다. 조직 구성원들은 목표를 공유하고, 이를 달성하기 위한 자신의 역할과 책임을 인식해야 한다. 이때, 조직 내 상하 간 커뮤니케이션과 조정이 매우 중요하다. 완벽한 MBO 체계는 조직원들 스스로의 계획을 달성해 나가는 매니저와 임파워된 구성원들을 통해 조직의 목표가 달성되는 것이다. MBO는 조직원 스스로 계획을 세우고 자신의 리더십을 발휘해 나간다는 점에서 지식기반 회사에 적합하다.

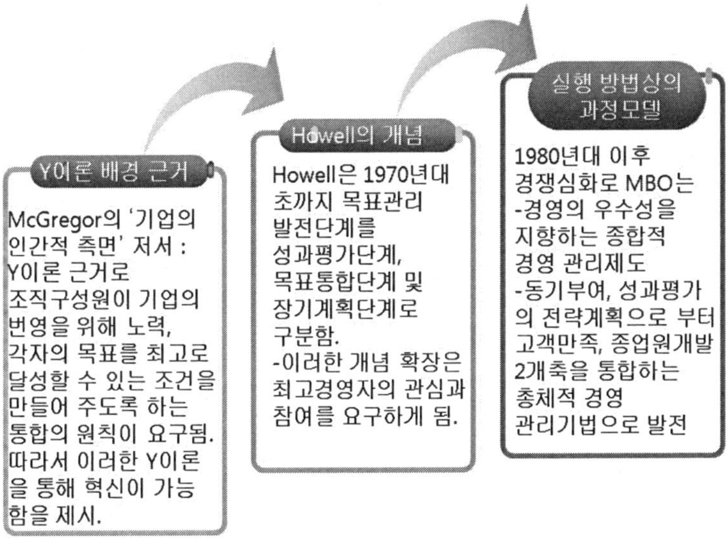

▎그림 3-2▐ MBO의 이론적 발전과정

MBO는 목표관리를 통한 기획방식이다. 따라서 성과를 이끌어내는 기획을 지나치게 강조할 위험이 있다. 또한 목적을 둘러싼 환경의 중요성을 간과할 위험이 있다. 직원참여를 강조하지만 조직원을 평가함에 있어서 이상적인 기준을 설정하여 비교할 위험이 있고, 직원의 특성을 평가할 때도 '해야 할 것'과 '하지 말아야 할 것'만을 구분하여 평가할 위험이 있다. 즉 지나친 MBO의 적용은 오히려 조직에서 직원의 위화감 조성으로 조직 분위기가 저해될 수 있다.

② 특징과 방법

목표관리방식을 주로 조직 관리의 차원에서 기획으로 활용된다(김영종, 2010). 실현 가능한 목적에 초점을 맞추고, 가능한 자원으로 최선의 결과를 얻기 위한 조직적이고 체계적인 접근을 의미한다. 이론적으로 기존의 과학적 관리이론과 업적향상주의에 대한 비판에서 인간중심주의에 기반한 인간관계이론(Y이론)의 보완으로 발생한 것이다.

동기부여는 조직 구성원의 역할, 목표공유, 책임인식을 위해서 중요하며 직원 참여 리더십은 조직의 성과달성을 위해서는 조직구성원의 자발적인 참여가 필요하다는 것을 역설한다. 하지만 지나친 목표중심 기획, 목적과 관련된 환경의 중요성 배제, 직원 참여 속에서 직원 평가의 위험 존재로 위화감 조성 등 한계도 보고되고 있다. MBO에 의한 기획은 조직의 목표달성, 동기부여, 직원참여 등을 이끌어 낼 수 있는 조직적이고 체계적인 접근이라고 할 수 있다. 따라서 사회복지조직에서는 조직과 프로그램 관리에서 적용할 수 있다(강병노, 2011).

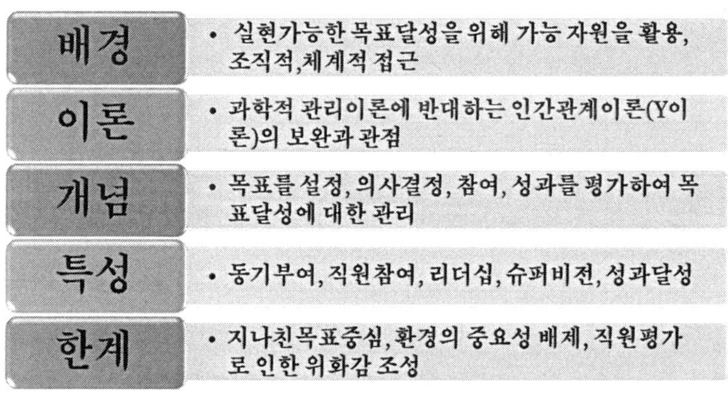

[그림 3-3] 목표관리방식(MBO)의 특징과 한계

③ 장점과 단점

목표관리방식(MBO)의 경우 조직적 차원에서 목표를 설정하고 직원의 동기부여를 위해서 개발되었다. 이런 특성으로 프로그램 기획에서 직원참여, 슈퍼비전, 리더십이 중요한 반면에 환경의 영향력을 배제하고 평가로 인한 인력의 갈등 조장의 한계도 발견되고 있다.

(2) 논리모델

① 배경과 개념

논리모델(Logic Model)은 1970년대 평가모델의 반성 속에서 발생하게 되었다. 그 이후 1990년대 이후 논리모델은 더욱 다양성을 보이면서 다양한 환경과 내용에 적용 가능한 기획 및 평가모델을 만들기 위해 지속적으로 변화하였다. 논리 모델은 목표와 결과 사이의 연관성을 설명하는 도식을 의미한다. 기획과 그 기획으로 인한 전체과정을 한눈으로 보여주는 효과가 있다.

프로그램 기획에서의 논리모델의 가치는 이미 다양한 연구들을 통해서 검증되었으며, 미국뿐만 아니라 우리나라에서도 사회복지실천현장에서 적용되고 있는 사례가 증가하고 있다. 대표적으로 사회복지공동모금회는 논리모델에 입각하여 지원사업을 관리하고 있으며, 그 영향으로 일선 사회복지조직들에서 이를 프로그램 관리에 적용하고 있는 사례가 확인되고 있다(권순애, 2009).

이 모델의 경우는 MBO와 다르게 프로그램 차원에서 논의되는 이론모델로서 체계이론과 관련성이 있다. 체계이론은 1980년대에서부터 나타나기 시작하였는데 프로그램 기획에서 목표달성을 위해 프로그램 구성요소를 투입, 전환, 산출, 결과의 영역으로 구분하여 기획을 논리적인 체계로서 이해하는 이론적 배경이 되었다. 논리모델은 이런 체계이론과 유사하지만 목표와 구성요소, 성과 간의 논리적 흐름을 시각적으로 구성하여 현작 적용성이 보다 강한 측면이 있다(서인해·공계순, 2008: 103-125). 사바야(Savaya)와 와이스만(Waysman)(2005)에 의하면 논리모델은 프로그램의 개발과 평가를 위한 이론적인 접근방법이라고 제시되고 있다. 1990년대 이후 논리모델은 더욱 다양성을 보이면서 다양한 환경과 내용에 적용 가능한 기획 및 평가모델을 만들기 위해 지속적으로 변화하였다. 논리모델은 목표와 결과 사이의 연관성을 설명하는 도식을 통한 기획의 이론적 모델로서 이해된다. 따라서 기획과 그 기획으로 인한 전체과정을 한눈으로 보여주는 효과가 있다. 전체과정은 '문제상황, 투입(inputs), 활동(activities), 결과(outputs), 단기성과(initial outcome), 장기성과(long-term outcomes)'로 구성되어 있다. 여기에서 문제상황은 프로그램을 기획하는 근거가 된다. 투입과 활동요소는 프로그램을 실행하기 위한 전략적 요소이다. 마지막으로 성과는 사업의 결과와 영향이다(사회복지공동모금회, 2003; 전흥윤, 2009). 논리모델이 기획보다는 평가를 위한 개입전략으로 이해될 수도 있지만 프로그램 기획과 관리를 위한 모델로서도 제시되고 있다. 이런 측면에서 논리모델을 통해서 기획을 한다는 말은 성과관리의 측면에서 문제상황, 투입, 활동, 산출, 성과 등을 전반적으로 통찰하면서 기획의 과정과 결과를 통합적으로 접근한다는 것이다. 특히 논리모델은 성과를 단순하게 보는 것이라기보다는 단기, 중기, 장기로 구분하여 기획을 통해 나타날 수 있는 성과를 보다 분명히 해주는 효과가 있다. 사회복지에서도 논리모델은 그 적용가능성이 제안되고 있으며 교육과 연수를 통해서 활용되고 있다(김영종 · 권순애, 2003; 권순애, 2009). 논리모델은 평가에서 측정하고자 하는 요소들(자원, 투입, 활동, 산출, 성과 등) 간의 연속성을 도표화 하여 각 범주를 가로지르는 정보의 흐름을 요약해 줄 수 있고, 따라서 성과평가가 갖고 있는 한계인 자원의 투입, 활동 및 산출 등의 연쇄적 과정을 보여주는데 매우 유용할 뿐만 아니라 프로그램의 산출이 단기, 중기, 장기 성과와 어떻게 이어지는지를 논리적으로 명확히 보여 줄 수 있는 장점이 있다(김교정 외, 2008).

② 이론적 특징과 방향

Wholey(1987)는 프로그램 이론이 프로그램 자원, 활동, 의도된 성과에 대한 논리적 가정이라고 설명하였다. 종종 사회복지 프로그램은 서로 다른 서비스들이 얽혀져 있으며, 다양한 자원들도 복잡하게 투입되기 때문에, 프로그램의 이론을 구축하는 것이 어렵다. 이런 문제들을 해결해 줄 수 있는 도구가 있는데, 그것이 논리모델(logic model)이다(권순애, 2009). 논리모델은 프로그램의 의도가 활동을 통해 성과로 이어지는 논리적인 연관관계를 도식적으로 표현한 것이다(김지혜, 2004). 프로그램의 주요 요소와 성과측정을 위한 평가항목의 구체화 등 평가와 성과측정의 틀을 마련하는데 유용하다. 또한 측정과 관련한 보고서들의 틀을 작성하는 데 효과가 있고 평가와 측정으로 확인된 결과로 과정을 설명할 수 있으며, 프로그램 담당자와 이용자 상호이해와 경험의 공유가 가능하다. 이론적인 특징은 전통적인 프로그램 모델의 경우와 달리 성과를 중요시하며 공급자 중심이 아닌 수요자 중심의 프로그램 모델이다. 프로그램에 참여한 이용자가 어떠한 이익이 있었는지 어떠한 변화가 있었는지 초점을 두고 조직의 입장에서 보면 지역사회의 다양한 이해관계자에게 조직이 지역사회를 위해 어떻게 기여했는지 명확하게 보여줄 수 있다.

③ 주요내용

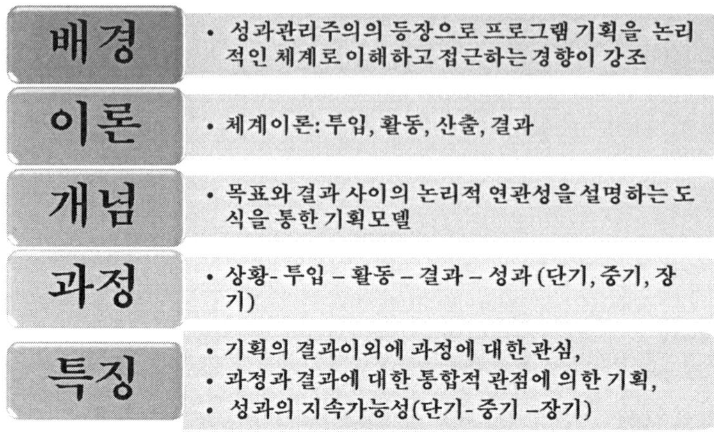

| 그림 3-4 | 논리모델의 개념과 특징

논리모델은 특정 프로그램의 개입활동을 논리적으로 설명하는 개념틀이 되기도 하지만, 실제적으로 프로그램 기획/관리를 위한 수행 준거틀(performance framework)이 되기도 한다. 지역사회의 특정 문제상황이나 조건을 분석하고, 변화상황(성과)에 대한 합의가 이루어지고 나면 실제적으로 프로그램 실행을 위한 구체적인 자원과 활동을 결정하게 된다(권순애, 2009). 논리모델은 성과관리주의를 배경으로 하고 체계이론에 입각하여 목표와 결과사이의 논리적 연관성과 그 주요 성과를 평가하는 모델이다. 특히 성과를 단기, 중기, 장기성과로 세분화하여 성과의 지속가능성과 파급효과를 강조한다. 또한 과정과 결과에 대한 통합적 관점을 토대로 기획에서부터 평가가 시작되는 통합적 평가모델이라고 할 수 있다(위의 그림 참고).

④ 구성요소와 과정

프로그램 논리 모델은 어떤 기관이나 조직이 어떻게 작동하고 있는지 보여주는 그림이라고 할 수 있다. 이 모델은 프로그램의 장단기 성과

(outcomes)를 프로그램의 활동/과정(activities/processes)과 이론적 가정/원리(assumptions/principles)와 연결지어 보여준다. 논리 모델은 프로그램을 운영하기 위해 갖고 있는 자원과 계획하고 있는 활동, 그리고 성취하고자 희망하는 변화 또는 결과들 사이의 관계를 보여주고 그에 대한 이해를 공유하는, 체계적이고 시각적인 방법이다(아래 그림 참고)(강병노, 2013).

상황 (Situations)		투입 (Inputs)		활동 (Activities)		산출 (Outputs)		성과 (Outcomes)
- 프로그램을 기획해야 할 이유로 지역사회의 문제나 욕구		- 프로그램에 투여되거나 프로그램에 의해 소비된 자원		- 임무를 수행하기 위해 프로그램에서 투입으로 활동하는 것		- 프로그램 활동의 직접적인 산물(량)		- 프로그램 활동 중과 활동 이후의 참여자들이 얻은 이익이나 변화
. 이슈화된 지역사회 문제 . 해결되지 않은 개인의 욕구 . 서비스, 프로그램, 자원의 부족	→	. 직원, 봉사자 . 자금/예산 . 시설 . 장비, 소모품 - 프로그램에 작용하는 기제들 . 법, 규정, 규칙	→	. 상담 . 직업훈련 . 치료 및 교육 . 보호 . 대인관계 지도 . 사회적응훈련 . 캠프 . 자조모임	→	. 상담수 . 서비스에 참여한 참여자 수 . 취업인원 . 서비스 시간 . 분배된 교육적 자료의 수 . 지도한 집단 수	→	(초기) 새로운 지식, 향상된 기술, 태도 및 가치의 변화 (중기) 행동의 변화 (장기) 조건과 지위의 변화

|그림 3-5| 논리모델의 구성과 과정

전체과정은 '문제상황, 투입(inputs), 활동(activities), 결과(outputs), 단기성과(initial outcome), 장기성과(long-term outcomes)'이다. 여기에서 문제상황은 프로그램을 기획하는 토대이자 필요성이다. 투입과 활동요소는 프로그램을 실행하기 위한 실천적 계획이며 방법이다. 마지막으로 성과는 사업의 결과와 파급효과이다. 세부 절차별 구성요소에 대한 설명은 다음과 같다(McLaughlin & Jordan, 1999: 권순애, 2009 재인용).

㉠ 투입/자원(input/resources) : 지역사회 내에서 해결되어져야 하는 조건이나 상황이 존재하는데, 이것을 해결하기 위해, 혹은 프로그램을 수행하기 위해 필요한 자원들을 말한다. 표적집단 욕구에 대한 정보는 프로그램의 필수적인 자원이다. 자원은 인력, 재정, 물적, 계획 혹은 서비스 기술까지도 포함된다.

㉡ 활동(activity) : 지역사회 문제해결을 위한 특정한 개입활동이라고 할 수 있다. 프로그램 산출을 생산해 내기 위해 필요한 모든 행동들이 포함된다. 이것은 지역사회의 조건이나 문제해결을 위한 특정한 행동, 프로그램, 개입의 형태로 나타난다.

㉢ 산출(output) : 프로그램의 직접적인 이용자들에게 제공되는 생산물의 유형과 양들이다.

㉣ 성과(outcome) : 활동과 산출로부터 나타난 변화와 급부로 특징지어진다. 성과는 활동 참여나 서비스 수혜를 통해 나타나는 대상자의 변화이며, 개인, 가족, 집단, 지역사회, 조직 수준 등에서 다양하게 나타난다. 논리모델의 특징적인 것은 성과를 3가지 단계로 구분하여 규정하는 것이다. 단기성과(short-term outcomes)는 프로그램의 산출에 의해 야기되는 변화 혹은 결과이다. 중기성과(intermediate outcomes)는 단기성과의 적용으로부터 나타나는 성과이다. 장기성과(long-term outcomes)는 프로그램의 영향, 중기성과로부터 얻어지는 변화와 파급효과이다.

주요 구성에서는 먼저 프로그램의 목표(objectives)와 실제 성취(accomplishments)에 관한 생각(thinking), 계획(planning), 의사소통(communications)을 촉진시킨다. 둘째, 프로그램을 계획하고 설계하고 적용하고 분석하고 지식을 생성하는 면에서 활동가들의 의견이 반영된다. 셋째, 논리 모델은 효과적인 프로그램 계획, 적용, 평가를 촉진시키는 유용한 평가 도구이다. 다섯째, 목적은 계획된 프로그램의 욕구(need)와 그 프로그램의 결과(results)를 연결짓는 일련의 사건(event)의 순서를 설명하는 시스템을 이해당사자(stakeholder)들에게 제공하는 것이다. 제안된 프로그램을 도표로 표시하는 것(mapping)은 인적, 재정적 투자가 프로그램의 목적을 성취하고 프로그램을 발전시키는데 어떻게 기여를 하는지 시각적으로 보여주고 이해하는데 도움을 준다(위의 그림 참고).

ⓜ 적용과 사례

논리모델을 위해서는 성과중심 프로그램 기획을 구성해야 함과 동시에 욕구나 문제분석에서부터 하나의 과정으로서 논리모델을 적용할 수 있다.

- 지역 및 욕구분석과 논리모델 사업 계획

〈표 3-1〉 지역 및 욕구분석과 논리모델 양식

욕구/문제	투입	산출		성과		
		활동	참여자	단기	중기	장기

- 표 설명
  - 욕구/문제 : 앞서 파악되어 우선순위로 설정된 욕구를 차례대로 제시
  - 투입 : 욕구나 문제에 개입하려는 프로그램/서비스
  - 활동 : 서비스를 위한 준비 및 지원활동
  - 단기성과 : 서비스 직후, 서비스로 나타나는 직접적인 성과.
    예 서비스 만족도

- 중기성과 : 서비스로 인해 나타나는 변화

  예 클라이언트의 변화정도

- 장기성과 : 서비스 대상과 관련된 체계, 조직, 제도 등의 긍정적 변화

  예 서비스 지원체계 구축

• 사례 : 성남시 주민생활지원서비스 중 아동지원서비스 사업계획

〈표 3-2〉 논리모델 사례

욕구/문제	투입	산출		성과		
		활동	참여자	단기	중기	장기
아동방임 • 정서 • 학습 등	수정구 5동 지역아동센터 운영 및 아동지원 프로그램	아동센터 인테이크 및 참여	아동 10명	지역아동센터 이용 만족도 향상	정서함양 학습증진 등	가족 및 학교 적응
가족기능 악화	가족지원 프로그램	프로그램 참여 및 홍보	10가족	가족지원 프로그램 만족도	가족기능 회복	가족관계 및 아동방임 인식 제고
사회적 지원 체계 부족	수정구 5동 아동방임 네트워크 구축	네트워크 또는 협의체 활동	10개 기관 담당자	네트워크 형성	네트워크를 통한 서비스 연계 및 조정	지역아동센터 및 지역아동방임보호 네트워크 구축 및 발전

2. 프로그램 개발의 모형과 기획 유형

1) 프로그램 개발 모형

(1) 프로그램 개발의 이론적 패러다임과 모형

〈표 3-3〉 프로그램 개발의 패러다임

패러다임	프로그램 개념	특징	내용	학자
실증주의	목표수단모델	절차강조, 외연적 행동변화, 통제와 수용 특정 전문가 의존	교수-학습행위 행동과 프로젝트 중심	타일러 (1929)
구성주의	순환적 합의제 모형	반성적 성찰, 상호작용중시, 합의와 의사소통 강조	의미를 창출하는 상호작용 과정	실재론적 해석학적 패러다임
비판주의	비판적 대화모형, 비판적 해방적 패러다임	비판적 성찰 강조 참여자의 주체성 강조	의식화 과정 비판적 실천행위	프레이리

프로그램 개발 관련 패러다임은 크게 실증주의, 구성주의, 비판주의가 있다. 실증주의의 경우 절차를 강조, 외연적 행동변화, 통제와 수용의 상황에서 특정 전문가에게 의존하는 경향을 보인다. 여기에서 프로그램은 교수-학습행위를 의미한다. 구성주의는 반성적 성찰, 상호작용중시, 합의와 의사소통을 강조하고 프로그램을 의미를 창출하는 상호작용 과정으로 이해한다. 비판주의에서는 비판적 성찰을 강조하고 참여자의 주체성과 의식화 과정으로 프로그램을 인식한다.

(2) 프로그램 개발 실행모형

① 기획/실행/평가 모형

프로그램의 개발 절차 모형은 프로그램의 기획, 실행, 관리, 평가, 조정, 슈퍼비전 등 다양한 요소를 포함한다. 이것을 압축해서 기획-실행-평가의 3단계로 정리할 수 있다(김영숙 외, 2002).

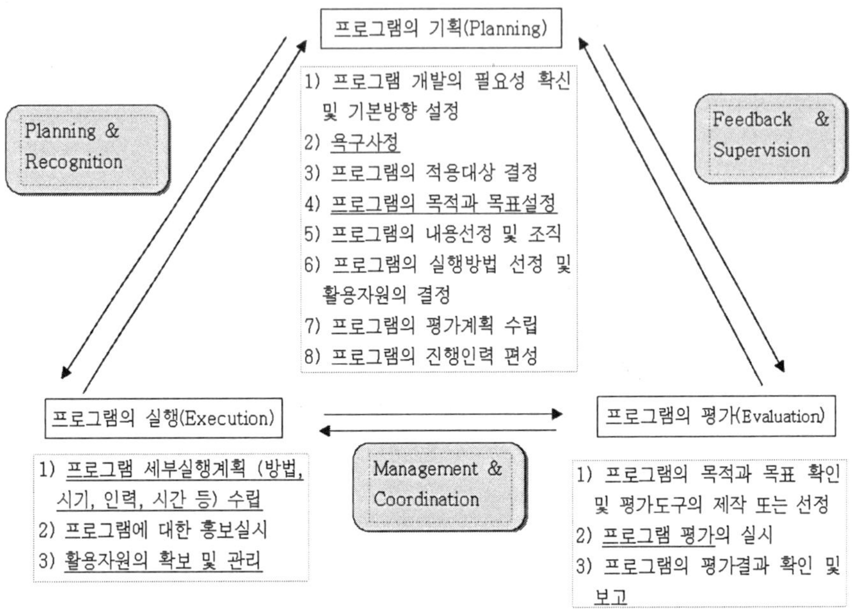

| 그림 3-6 | 프로그램 개발 모형

자료 : 김영숙 외(2002).

② 프로그램 개발 준비/실행/종결 모형

본 모형은 프로그램의 단계를 준비단계, 실행단계, 종결단계를 구성하면서, 환류/공유/보강/적용/중 · 장기성과평가 등을 포함한 사후관리 단계까지를 고려한 것이다.

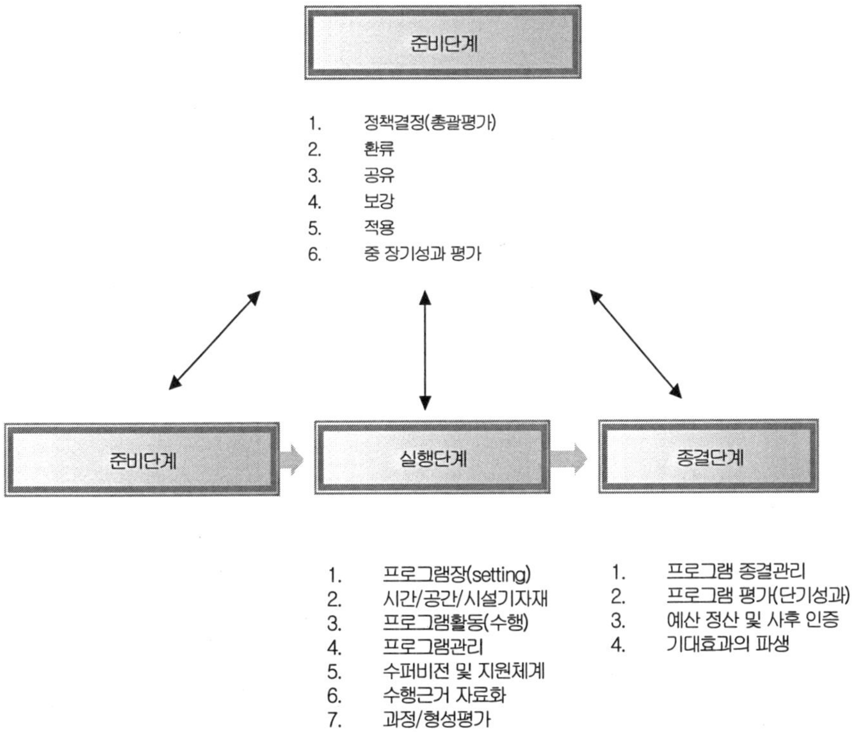

| 그림 3-7 | 프로그램 개발 3단계 모형

자료 : 우수명(2004).

프로그램 개발과정은 논리적 · 구체적인 방법을 이용하는 과학적인 과정이다. 프로그램 개발은 ㉠ 문제/욕구확인, ㉡ 프로그램 설계/계획, ㉢ 프로그램 실행, ㉣ 프로그램 평가의 네 단계를 거치게 된다. 프로그램 개발/의사결정에 다양한 활동이 포함되어 있고, 일련의 단계를 거치며, 논리적 과정의 산물이다(정무성, 2006).

③ 프로그램 개발의 실제 적용

프로그램의 개발 실제 모형으로 사회복지공동모금회의 모형 개발을 제시하였다. 사회복지공동모금회는 2018년부터 배분사업 신청유형을 프로그램, 기능보강 2가지로 구분하여, 프로그램은 성과중심형, 성과

확산형, 산출중심형 3가지 유형으로 분류하고 있다. 이것은 기존의 모형에서 특히 성과중심 모형의 강조를 위한 것이다.

〈표 3-4〉 사회복지공동모금회 프로그램 모형

<table>
<tr><th colspan="2">사업 유형</th><th>내용</th><th>표준 신청 양식</th></tr>
<tr><td rowspan="3">프로그램 사업</td><td>성과 중심형</td><td>• 성과 목표 달성을 통해 사업 참여자의 의미 있는 변화를 꾀하고, 나아가 지역사회 변화의 기초를 다지는 사업
• 주로 단년도형태를 띠며, 사업 참여자의 역량강화 또는 소규모의 지역사회 네트워크 구축 등의 사업을 포함</td><td>• 배분신청서
• 신청기관 현황
• 사업계획서</td></tr>
<tr><td>성과 확산형</td><td>• 2년 이상 계획하는 다년도 사업으로 사업 참여자의 의미 있는 변화뿐만 아니라 지역사회, 나아가 우리 사회에 파급력(Impact)을 미치는 것을 지향하는 사업</td><td>• 배분신청서
• 신청기관 현황
• 3개년 사업계획서
• 1차년도 사업계획서</td></tr>
<tr><td>산출 중심형</td><td>• 현재 당면한 지역사회 이슈 및 개인(또는 가족)의문제 해결을 위한 지원 사업으로 성과목표 달성 보다는 사업수행 과정에 중점을 두는 사업</td><td>• 배분신청서
• 신청기관 현황
• 사업계획서</td></tr>
<tr><td colspan="2">기능보강 사업</td><td>• 기능보강을 통해 현재의 문제를 해소하거나 보다 의미 있는 사업을 향후 수행하고자 하는 사업
• 장비보강, 개보수, 자동차 구입 등이 해당</td><td>• 배분신청서
• 신청기관 현황
• 사업계획서</td></tr>
</table>

2) 사회복지 프로그램 기획 유형

프로그램 기획서에는 프로그램 실시 배경, 프로그램 목적, 프로그램 목표, 목표관련 지도 내용 및 구체적 수행방법, 평가계획, 회기별 일정표, 예산으로 구성되어 있다. 여기에서 목적, 목표, 하위목표는 일관성을 가져야 한다. 구체적인 수행방법의 경우 결과목표, 하위목표, 수행과정을 세부적으로 작성해야 한다(한국사회복지사협회, 2015). 일반적으로 프로그램 기획과 관련된 내용을 개괄하면 아래와 같다. 프로그램 기획은 계획서를 만드는 과정 + 프로그램의 기획, 집행, 평가의 전 과정에서 프로그램 성과를 달성하기 위한 조정, 감독, 위기대응 등의 총체적인 과정이다. 프로그램 기획과정은 욕구파악부터 예산수립과 평가까지 체계적인 과정으로 이루어진다. 주요 과정은 문제분석-욕구측정-전략선택-목표설정-프로그램 설계(체계이론에 의한 투입, 전환, 산출, 성과)-예산수립-평가의 과정으로 진행된다. 프로그램 기획관리기법은 실제 프로그램을 실시하기 위한 관리방법이다(황성철 외, 2010).

(1) 방법에 따른 분류

① 간트차트(Gantt Chart)[2)]

간트차트(Gantt Chart)는 시간별 활동계획도표이며, 시간적 순서에 따라 활동을 나열하는 방법으로서 프로그램의 시간이 진행됨에 따라 프로그램과 관련된 활동을 확인하고 점검할 수 있다. 이 방법은 1919년 미국 Henry Gantt가 고안한 차트이다. 산업공학자 Gantt는 미드베일 철강회사의 실험실에서 Taylor와 동고동락하면서 과학적 관리론에 많은 영향을 주었다. 근로자의 생산활동과 시간을 통제할 수 있는 도구로서 정해진 시간 안에 과업이 완성될 수 있도록 하는 기획관리기법을 개발하였다(신복기 외, 2008: 231-232). 이론적 배경은 과학적 관리론(Scientific Management theory)를 토대로 한다. 원리는 프로젝트 일정관리를 위한 바(bar)형태의 도구를 사용하여, 각 업무별로 일정의 시작과 끝을 그래픽으로 표시하여 전체 일정을 한눈에 볼 수 있다. 방법은 도표 작성 시 왼쪽에는 시간을 고려하여 활동을 구성, 오른쪽에 기간(주, 월)을 적는다. 아래 〈표〉는 사회복지공동모금회에서 사용하는 기획서에서 간트차트를 활용한 기획 일정표를 보여주고 있다(사회복지공동모금회, 2018).

---

2) 출처 : 황성철 외(2010: 322-324), 최성재,남기민(1995: 159-162), 지은구(2005: 219-220), 신복기 외(2008: 231-232)

〈표 3-5〉 간트차트 사례

주요 내용 \ 기간		1월	2월	3월	4월	5월
참여자 선정		→→				
맞춤형 서비스지원	상담/심리치료		→→			
	일상/정신건강 지원		→→			
	사례회의			→→		
양육 교육 프로그램	초기상담/검사		→→		→→	
	교육 진행			→→	→→	→→

② 프로그램 평가검토기법(PERT)[3)]

프로그램 평가검토기법(PERT)은 프로그램의 목표와 관련된 활동의 관계를 논리적으로 시간에 순서에 따라 도식화하여 시간의 흐름에 따라 프로그램의 진행 정도를 확인하는 방법이다. 프로그램 평가검토 기법이라고 하는 PERT(program evaluation and Review Technique)는 프로그램 관리기법의 하나이다. 배경과 역사로 1956년 미해군 군수국 특수프로젝트부에서 폴라리스잠수함용 미사일의 개발진척 상황을 측정 · 관리하기 위하여 부즈알렌앤드해밀턴사(社)가 개발. Gantt chart 의 약점(시간, 비용 산출) 보완하였다. 같은 시기에 발명된 CPM(Critical Path Method)은 1957년 미국 듀퐁(Du pont)사에서 개발한 계획관리기법으로 초기에는 PERT 와 차이가 있으나 차후 통일되어 PERT/CPM으로 발전하였다(송건섭, 2004: 239). 원리는 시간순서에 따라 프로그램 과업, 활동, 목표를 도식화하는 것이다. 방법은 최초과업부터 최종과업까지 소요시간을 추정하여 임계경로(critical path)를 표시하고 순서도와 네

3) 출처 : 황성철 외(2010: 322-324), 최성재,남기민(1995: 159-162), 지은구(2005: 220-222).

트워크를 기록한다. 여기에서 임계경로(critical path)는 최초과업과 최종과업에 이르는 가장 긴 경로이며 최소한의 소요시간을 말한다. 활용효과는 전체 프로젝트 수행 시간을 추정하는 것이 가능하고 개별 활동들과 전체 프로젝트를 연결할 수 있다. 프로젝트 기간의 단축 또는 연장 가능하고 개별 활동들의 여유시간에 대한 정보 제공 및 조절 가능하다(김영종, 2010: 350-351).

③ 방침관리기획(Breakthrough Planning)

방침관리기획(Breakthrough Planning)은 PDCA 사이클(Plan, Do, Check, Action)에 따라 목표달성을 위한 조직의 노력을 조정하는 방법이며 계획 대비 결과 달성여부를 확인하는 것이 가능하고 위기상황에 대한 대응 가능하다.

배경과 역사를 보면 일본 Hoshin Kanri 기업이 발명하였다. 원리는 PDCA(plan-do-check-act) 사이클에 따른 프로그램 기획 기법이다(황성철 외, 2010: 325-327). 미국 Columbia University 교수인 W. Edwards Deming이 1950년에 일본을 방문하여 the PDCA cycle을 강연하였다. 1975년 Deming Prize winning company인 Hoshin Kanri의 기획관리기법이 인정되었다. 이 기획의 명칭은 Hoshin Planning is the application of Deming's Plan-Do-Check-Act (PDCA) cycle. 그리고 "management of the methodology for setting strategic direction."으로 해석되며 'Management By Policy', 'Policy Management', 'Managing for Results,' Strategic Deployment' and 'Goal Deployment.'라고 한다.[4)]

4) 출처: http://www.mcts.com/Hoshin-Origins.htm

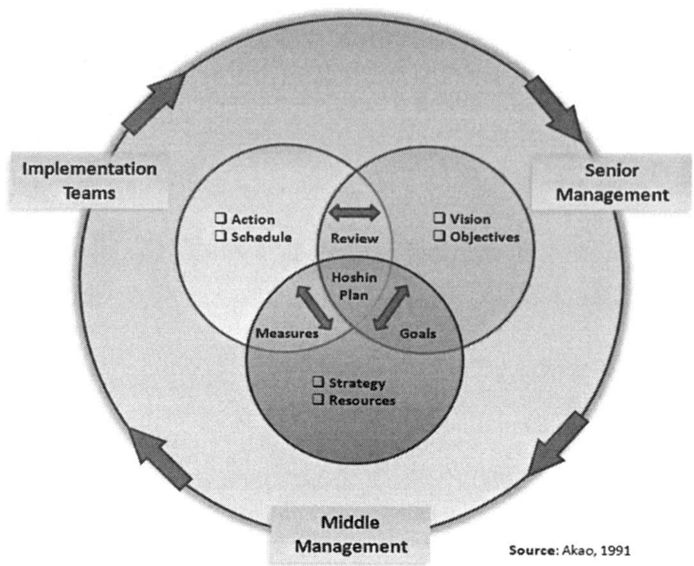

| 그림 3-8 | 방침관리기획 모형

출처 : www.mcts.com/Hoshin-Origins.htm

(2) 개발 방향에 따른 분류

일반적으로 프로그램 개발 유형에는 프로그램 기획자가 프로그램의 중심을 어디에 두냐에 따라서 4가지로 나누어진다. 첫째는, 욕구 중심 기획(Need-Based Planning)이다. 이것은 계획을 세우기 이전에 프로그램에 참여할 대상을 통하여 무엇을 원하는지(요구)를 사전에 측정/조사하여 프로그램 기획에 반영시키는 것이다. 둘째, 문제해결 중심 기획(Problem-Solving Based Planning)은 대상집단이 가지고 있는 어려운 문제들을 나열하고 이러한 문제가 발생하는 원인을 근본적으로 해결하기 위하여 프로그램을 기획하는 방법이다. 이 방법은 문제를 의식하는 사람이 누구냐에 따라 달라질 수 있다. 셋째, 자원 활용 중심 기획(Resource-Allocation Based Planning)은 관련지역이나 집단이 보유하고 있거나 구할 수 있는 인적·물적(시설 등) 자원을 최대한 활용할 수 있도록 계획을 수립하는 것이다. 이를 위해서는 우선 관련지역이나 집단의 자원조사를 잘 해 두어야 하며, 관련 집단의 요구나 문제도 염두에 두어야 한다. 마지막으로, 참여 기획(Participatory Planning)은 프로그램에 관련된 사람 모두가 함께 기획에 참여하는 방법이다. 이 방법은 민주적인 의사결정을 함과 동시에 책임과 의무가 뒤따른다는 점을 부각시키게 된다. 또 관련 집단의 요구와 문제 및 자원이 모두 고려되기 때문에 가장 합리적인 방법으로 제안할 수 있다.

중요한 것은 현장에서 이런 유형들이 독립적으로 존재하는 것이 아니라 하나의 프로그램 기획과정에서 각 유형들이 적절한 범위와 내용을 포함시키는 작업을 하게 된다. 사회복지 프로그램 기획 또한 마찬가지이며, 기본적으로 욕구중심기획을 통해서 사회복지의 서비스나 프로그램을 기획할 수 있다. 그럴 경우에, 사회복지사는 클라이언트의 욕구나 의견을 욕구조사나 면접 등을 통해서 파악하여 프로그램에 반영할 수 있다. 반면에, 문제중심해결 기획은 사회복지사가 클라이언트의 문제를 사정하고 진단하는 작업이 선행되어야 하며, 이런 문제를 해결하고 클라이언트의 현재의 문제상태가 프로그램으로 변화되었는지를 프로그램 설계를 통해서 분석 및 평가해야 된다. 프로그램에서 클라이언트 참여나 클라이언트가 주체적으로 기획하는 프로그램에 점차로 공모나 지원사업에서 확대되고 있는 추세로 참여기획은 이런 현상이 반영된 결과라고 할 수 있다. 참여기획이 가장 합리적인 방법이기는 하지만, 프로그램 기획 시 거의 모든 것을 고려해야 하는 한계가 있기 때문에 이럴 경우 기획의 참여, 프로그램 집행의 참여, 프로그램 평가의 참여 등으로 구분해서 조정해야 한다(강병노, 2008).

(3) 기획 시점과 관점에 따른 분류

프로그램 기획의 유형은 기준에 따라 다양하지만 시점과 방향에 따라서 전략적 기획, 일상적 기획, 비상 기획으로 구분될 수 있다.

① 전략적 기획(Strategic Planning)

개념적으로 전략적 개념은 인적자원과 물적 자원을 포함하는 개념으로 조직의 전략을 정의하고, 방향을 결정하고, 의사결정을 하고 자원을 분배하는 과정이다. 기획 과정은 조직의 미션을 가장 효과적으로 달성하기 위한 선택의 과정이다. 조직의 비전과 우선순위를 주기적으로 점검하는데 매우 유용한 관리 기술이다. 전반적으로 지속적인 진행과정으로, 일회성의 행동을 의미하지 않는다. 전략적 기획은 가변적인 가이드라인으로 경직된 체계가 아니다. 이것은 과정의 개념으로, 주변의 내외부 환경 변화를 반드시 고려해야 한다.

주요 특징은 현실에 기반한 실제적인 것으로, 내외부 환경을 고려한 경향을 고려해야 한다. 목적에 도달하기 위해서 조직의 활동을 광범위하게 조직하는 것으로, 세부적인 행동의 지침을 의미하는 것은 아니다. 이 기획은 다음의 세 가지를 반드시 포함해야 한다. 첫째, 조직의 우선순위를 수립해야 한다. 둘째, 인적 물적 자원을 할당해야 한다. 셋째, 프로그램, 스텝. 자원을 평가하는 방법들을 마련해야 한다.

전략적 기획의 장점은 조직의 지속가능한 기획을 실현하게 해준다. 따라서 조직의 목적을 분명하게 하고 조직의 실행 가능성과 시한 제한을 고려하여 조직의 미션에 부합하는 현실적인 목적과 세부목표를 수립할 수 있게 한다. 이런 목적 하에 조직의 자원을 우선순위에 맞게 가장 효과적으로 사용할 수 있게 한다. 효과성과 효율성을 향상시켜 생산성을 증가시킬 수 있게 한다. 조직의 주요한 문제들을 풀어나갈 수 있게 한다. 조직의 운영진과 스텝들 간의 관계를 돈독하게 한다.

② 일상적 기획(Day-to-Day Planning)

일상기획은 부하직원들이 기관 내에서 어떤 것에 가장 흥미를 가지는지에 대한 가능성을 향상시키는 것이다. 어떤 유형의 기획 관리자가 선택되고, 어떻게 쓰여지는지는 상황에서 비롯된 요구사항의 기능이다. 많은 자원이 보장될 때, 여러 요소들을 기획에 포함시키도록 관리자가 의사결정을 할 수 있다.

③ 비상기획(임시기획, Contingency Planning)

비상 기획은 미래를 예측하거나 잠재적 사건에 대응하기 위해서 하는 기획이다. 우리가 모두 행하고 있는 기획의 한 가지 유형으로 잠재적 사건이나 변화에 대해 예측하고 이에 대한 기획을 포함한다. 비상기획은 만일 우리가 계획한 것에 있어 심한 변화를 맞이해도 우리는 변화를 예상하고 무엇이 최선인지 생각할 수 있다. 결국, 우리의 예외적인 상황을 보장 받기 위해 임시 기획은 보험과 같은 형태라고 할 수 있다. 일반적으로 조직에서 누구나 우연성에 대한 계획을 세우고자 한다. 다만 일어날 모든 사건에 대해 준비할 수 없고 시간적 여력이 없다. 따라서 미래에 가능한 사건에 대한 기획에 집중한다. 이런 미래에 가능한 사건에 대해 준비하는 기획을 비상기획이라 한다.

〈표 3-6〉 기획의 유형(내용과 시점 기준)

구분	전략적 기획	일상적 기획	상황적응기획
개념	• 인적자원과 물적 자원을 포함하는 개념으로 조직의 전략을 정의하고, 방향을 결정하고, 의사결정을 하고 자원을 분배하는 과정	• 직원들이 기관 내에서 흥미를 가지는 것을 개발하고 가능성을 만들어주는 방법	• 비상기획으로 미래를 예측하거나 잠재적 사건에 대응하기 위해서 하는 방안
특징	• 주변의 내외부 환경 변화를 반드시 고려 • 조직의 우선순위를 수립 • 인적 물적 자원 할당 • 프로그램, 직원 평가	• 조직의 일상적인 활동 • 직원의 직무, 요구, 조언, 보상에 대한 기준	• 예외적인 상황을 보장 받기 위한 보험 같은 특성 • 미래에 가능한 사건에 대준비하는 기획
장점	• 조직의 지속가능성 실현 • 우선순위에 따른 자원의 효과적 활용	• 기획의 시의적절성 확보 • 직원과 관리자의 신뢰관계 형성	• 우연성에 대한 계획수립 • 조직에서 계획한 것이 예측하지 못한 변화를 맞이해도 변화를 예상하고 최선을 선택
적용	• 사회복지조직의 가치와 미션을 구체화 • 조직의 전략 수립 • 조직 성과 관리	• 사회복지조직의 일상적 업무 기획 시 적용	• 불확실한 외부 환경에 대한 대응 적용 • 관리전략으로서 클라이언트의 잠재적인 욕구나 문제에 대한 서비스 계획 수립
사례	장애인시설 후원자개발을 위한 전략적 마케팅 기획	종합사회복지관 사례관리 프로그램 기획	바우처 제도 도입 이후 새로운 프로그램을 위한 노인복지관 노인요양 사회서비스 프로그램 기획

04

CHAPTER

프로그램 개발의 원리와 설계

1. 프로그램 개발 과정과 프로그램의 설계
2. 프로포절 구조화와 성과 중심 프로그램 사례

04 CHAPTER

프로그램 개발의 원리와 설계

1. 프로그램 개발 과정과 프로그램의 설계

1) 프로그램 개발과 단계별 수행내용

(1) 프로그램 개발과 주요 단계

프로그램 개발이란 이상적인 교육행위의 조직과 운영을 기본으로 하는 실천활동으로 대상 고객 집단과 기관간의 공동의 노력을 통해 정보와 자원을 획득하고 이들을 일정한 절차에 따라 적절한 순서대로 프로그램을 구성하고 개발한 프로그램을 고객에게 제공하여 최종적으로 그 효과를 평가한 후 프로그램을 개정하는 일련의 과정이다(김진화 · 정지웅, 1997; 김원진, 1999: 49에서 재인용).

체계(system) 접근에 따르면 프로그램은 투입(inputs), 전환(throughputs), 산출(outputs), 성과(outcomes)로 구성된다. 다음 그림은 프로그램의 개발과정과 구조를 나타낸 것이다.[1)]

1) 본 개발과정은 정무성(2001b)의 프로그램 개발과정에서 본 내용에 맞도록 수정보완한 것임.

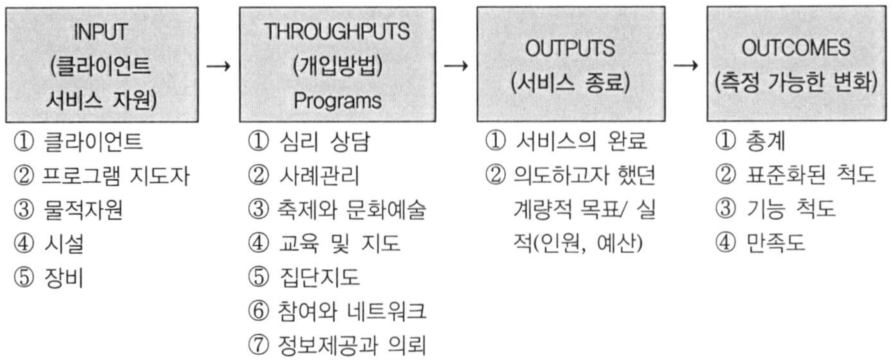

❙그림 4-1❙ 프로그램 개발 과정

프로그램 개발은 주로 사회복지사에 의한 현장 및 수요 중심의 개발모드로서 현장 실천상의 필요에 의해 이루어지는 경향이 강하다. 이러한 활동은 주로 프로그램을 개발하거나 평가하는데서 이루어지며, 결과물은 프로그램을 실시하기 위해 외부의 기금단체에 재정지원을 요청하기 위한 보고서나 성과물로 나타난다(서인해 · 공계순, 2008). 프로그램 개발에서 중요한 것은 클라이언트의 욕구를 얼마나 정확하고 올바르게 실현 할 수 있느냐 하는 것이며, 따라서, 클라이언트의 욕구와 문제에 맞으면서 현장 적용이 용이한 프로그램 개발을 위하여 프로그램 개발과정에서 욕구와 문제를 정확하게 파악하고 다양한 영역의 프로그램을 개발한 필요가 있는 것이다(김원진, 1999). 프로그램 기획에서는 클라이언트의 변화 혹은 성과를 획득하기 위해서 이루어져야 할 개입활동 및 투입자원을 결정하게 된다. 프로그램 실행에서는 투입자원, 활동, 산출 등이 계획대로 이루어지고 있는지 모니터링함으로써, 프로그램 활동이 성과에 도달할 수 있도록 관리하게 된다(권순애, 2009). 이런 개발과정을 프로그램의 단계별로 정리해보면 아래의 〈표〉와 같다(우수명, 2002).

〈표 4-1〉 프로그램 개발 단계와 세부내용

단계	프로그램 개발	세부내용
1단계	욕구 및 문제확인 (Need & Problem Definition)	문제 및 욕구를 확인하고 그 원인과 내용을 파악한다
2단계	프로그램 사정 (Program Assessment)	문제 및 욕구의 인관관계, 실태, 현황을 파악하여 프로그램의 가설과 목적 및 목표 설정
3단계	프로그램 설계 (Program Design)	투입-전환-산출-성과를 이용한 프로그램 내용 구성
4단계	프로그램 집행 (Program Execution)	필요한 현장세팅, 자원동원, 홍보 및 네트워크 등을 고려한 프로그램 진행
5단계	프로그램 평가 (Program Evaluation)	프로그램 개발 및 진행상의 문제점과 목표 달성을 평가
6단계	프로그램 재기획 (Program Re-planning)	평가 및 분석된 프로그램의 개선방안을 통한 재기획

(2) 프로그램 개발 시 고려사항

프로그램 개발 시 주의사항이나 고려해야 될 사항은 이렇게 매우 많지만, 그 모든 것을 완벽히 소화하기에는 어려움이 많다. 하지만, 프로그램 개발 단계에서 사업수행을 위한 프로포절을 작성할 경우 기준이 되는 원리들은 프로그램 개발에 시사하는 점이 있다. 그 원칙을 정리하면 다음과 같다(노혁, 2003).

① **사업의 주제** : 사업명으로 프로포절 심사가 결정된다. 사업명만 보고도 프로그램의 목적과 특성 그리고 내용과 방향까지도 알 수 있어야 한다.

② **사업의 시의 적절성** : 사업이 사회적 흐름과 클라이언트의 욕구에 적합한 프로그램이 되어야 한다.

③ **사업의 사회적 영향성** : 사업을 수행함으로써 사회에 어떤 긍정적인 효과를 줄 것인지 그 사업이 주는 함의가 무엇인지가 명확해야 된다.

④ 사업지원의 타당성 : 사업지원이 왜 이 기금으로 이루어져야 되는지 지원을 받았을 때에 다른 기관이나 프로그램과의 차별성은 무엇인지가 확실해야 된다.

⑤ 사업 목적의 명확성 : 프로그램은 측정 가능해야 되며, 프로그램 실행으로 나타날 수 있는 변화를 보일 수 있는 상황 또는 조건이어야 하며, 기대되는 효과를 결과로 도출해야 된다.

⑥ 기관목적과 사업의 일치성(신뢰성) : 기관의 목적과 사업의 목표가 항상 동일하게 일치할 수는 없지만, 사업의 평가하는 입장에서 보면 기관의 목적과 사업목표와 내용이 일치한다면 사업에 대한 신뢰성과 타당성은 매우 높아 질 것이다.

⑦ 사업의 기대 효과 : 사업계획에서부터 사업의 기대효과는 측정가능한 형태로 기술된다면 사업효과에 대한 신뢰성이 증가될 것이다.

⑧ 사업의 실현가능성 : 제안사업 자체가 현실적으로 실현가능해야 하며, 제안 기관(단체)의 인적·물적 자원을 동원하여 충분히 실행할 수 있는 사업이어야 한다.

2) 프로그램 설계의 구성과 프로포절 작성

(1) 프로그램 설계의 원칙과 내용

프로그램 기획서에는 프로그램 실시 배경, 프로그램 목적, 프로그램 목표, 목표관련 지도 내용 및 구체적 수행방법, 평가계획, 회기별 일정표, 예산으로 구성되어 있다. 여기에서 목적, 목표, 하위목표는 일관성을 가져야 한다. 구체적인 수행방법의 경우 결과목표, 하위목표, 수행과정을 세부적으로 작성해야 한다(한국사회복지사협회, 2015). 프로그램 기획은 계획서를 만드는 과정 + 프로그램의 기획, 집행, 평가의 전 과정에서 프로그램 성과를 달성하기 위한 조정, 감독, 위기대응 등의 총체적인 과정이다. 프로그램 기획과정은 욕구파악부터 예산수립과 평가까지 체계적인 과정으로 이루어진다. 주요 과정은 문제분석－욕구측정－전략선택－목표설정－프로그램 설계(체계이론에 의한 투입, 전환, 산출, 성과)－예산수립－평가의 과정으로 진행된다(황성철 외, 2010).

프로그램을 설계하기 전에 프로그램과 그 프로그램을 통해 구현될 기관의 가치와 프로그램 관련이념을 연결하고, 사회 문제의 분석, 고통받는 사람들에 대한 기술, 개입방법에 대한 과거의 성과 등에 관한 정보를 수집해야 하여 개인, 집단, 조직, 기관, 사회 등 개입수준을 고려해야 된다(Rapp & Poertner, 1992). 또한 프로그램 개발 과정에서 프로그램 관여자들의 가치 수용, 프로그램의 실현 가능성, 프로그램의 준비성, 프로그램의 합리성이 함께 고려되어야 한다(정무성, 2001b).

프로그램의 설계의 원리는 프로그램을 전체적인 체계라고 이해하는 것부터 시작된다. 규모의 경제학학적 측면에서 프로그램의 전체 체계와 그 체계 속에서 이루어지는 다양한 구성요소들을 통찰하는 것이 필요하다. 다음은 그런 원리를 담고 있는 프로그램의 개요와 핵심내용의 사례를 제시한 것이다.

> "본 사업은 연간예산규모 1억 원의 사회복지기관이 두 번째로 8천만 원의 지원사업예산을 받아서 1년 동안 총 7명의 직원 중 6명의 직원과 그 외 자원인력이 다양한 민간자원과 네트워크를 통하여 아동 100명에게 총 15개의 프로그램을 제공하여 아동의 사회적응력과 가족기능 회복을 하고자 하는 것이다."

이런 프로그램에서 무엇보다도 중요한 것은 '성과'가 무엇인지 명확하게 밝혀야 한다. 그 성과를 위해서 누가 언제 무엇을 어떻게 해서 나온 성과이며 그 성과는 어떤 수준에서 얼마나 달성된 수준인지를 밝혀야 한다. 또한, 지역사회 파급효과를 고려하여 본 사업이 다른 지역에서 비슷한 사업을 할 경우 미치는 영향(모델화, 벤치마킹)은 무엇인가를 제시해야 한다. 프로그램 구성요소가 매우 많지만 프로그램은 백화점이 아니다. 프로그램이 논리적 연관성이 없이 세부내용이 구성되는 경우 과학적 기획은 멀어진다. 프로그램은 줄거리가 있는 이야기이다. 프로그램이 작은 에피소드가 모여서 하나의 재미있는 이야기가 되듯이 구성되어야 한다. 종합적으로 보면 프로그램 기획에서 기획자는 필요한 정보를 수집하거나 정리하여 사업계획서에 표현할 형태로 작성해야 된다. 구체적으로 보면 다음과 같다.

① **프로그램의 필요성에 대한 정보 수집** : 지역사회의 상황/ 문제/ 욕구/ 이슈 등은 무엇이며, 얼마나 오래 지속되었는가? 시간의 경과에 따라 어떤 변화를 거쳤는가? 그 역동성과 인과관계는 무엇인가?

② **기대하는 결과에 대한 정보** : 클라이언트가 기대하는 결과는 정확하게 무엇인가? 기대되는 결과는 현실적이고, 실현 가능하며, 바람직한 것이어야 한다.

③ **기존 서비스에 대한 정보** : 이 문제의 해결을 위해 어떤 노력(프로그램, 정책 등)이 어디에서 얼마만큼 효과적으로 이루어지고 있는가 등을 조사한다. 이것은 프로그램의 중복과 남용을 방지하고, 동원할 수 있는 다른 자원에 대한 구체적인 정보도 획득할 수 있다.

④ **자원(인적·물적)에 대한 정보** : 그 프로그램을 수행하는 데 필요한 자원 및 동원 가능성을 파악한다.

⑤ **관련체계 파악** : 프로그램과 관련된 이용자체계, 목표체계, 행정체계, 복지관체계 등을 파악한다.

⑥ 기관 내/외 승인 획득 : 기관 내의 의사결정기구의 승인을 획득하고 법적・행정적・정치적 하자는 없는지를 파악한다. 또한 외부사회의 지지를 획득하도록 노력한다.

⑦ 프로그램 근거이론 정리 : 제시된 문제의 분석 및 문제의 원인과 해결방안을 보다 타당성 있게 설명할 수 있는 핵심적 근거이론을 제시하여야 한다.

이런 사전정보들은 단순히 정보로서만이 끝나는 것은 아니다. 예를 든다면, ①은 연구의 목적에, ②, ③은 연구의 배경에, ④는 프로그램 수행인력과 예산에, ⑦은 사업계획서 상의 이론적 근거 등에 들어갈 수 있다. 또한, 이런 정보들을 정확히 수집하고 체계적인 관리를 한다면, 유사한 프로그램이나 또 다른 사업계획서 작성 시에도 많은 도움이 된다. 따라서 프로그램 기획은 '정보관리'차원에서 접근하고 수행되는 방향이 중요할 것이다.

(2) 프로포절의 개념과 구성

프로그램을 기획하고 설계하는 것은 그리 쉬운 일은 아니다. 기금 및 국가의 지원사업에 대한 프로포절의 경우 보통 1개월 정도에서 길게는 2개월 정도가 소요된다. 이 기간 동안 지도자는 제반사항을 점검하고 동원하여 가능한 모든 수단과 방법과 기술로 프로그램을 기획하고 그것을 프로포절에 적절하게 표현해야 한다. 프로포절에 들어가는 내용이나 형식은 사업마다 일정한 형태가 있는 것은 아니다. 예를 들면, 행정자치부, 문화관광부, 서울시, 삼성복지재단, 사회복지공동모금회 등에서 제시된 프로포절을 보면 그 상이함과 다양함으로 인해서 상당한 어려움을 경험하게 된다.

프로포절(Proposal)은 프로그램의 기획단계에서 기금을 확보하기 위한 사업제안서이며, 프로그램 기획이란 특정기간에/ 프로그램 담당자들이/ 특정한 방법과 자원을 사용하여/ 특정한 사람들을/ 바람직한 상태로 이끌기 위해 / 사전에 마련된 구체적인 시도이다(정무성, 2001b). 이런 프로포절의 세부내용을 작성할 때, 필요한 절차와 구성요소는 다음과 같다(정무성, 2001a).

프로그램 설계의 구성요소는 총 8단계에 의해서 실시된다. 욕구파악을 시작으로 마지막 프로그램 평가단계까지를 거쳐서 프로포절의 전체내용을 작성하게 되고 그것을 기반으로 프로그램을 설계하게 된다.

- 1단계 : 욕구파악 - 사회 문제 및 욕구를 분석한다.
- 2단계 : 프로그램 대상자 선정 - 프로그램에 의해서 직접적으로 이익을 얻는 사람이 누구인지를 결정한다.
- 3단계 : 이론적 근거 - 프로그램에 대한 이론적 기반을 정한다(목표와 세부목표결정).
- 4단계 : 프로그램 과정 - 서비스 절차를 구체화한다.
- 5단계 : 프로그램 수행 인력 - 대상자의 이익을 생산하기 위해서 필요한 가장 중요한 사람들을 규명한다.
- 6단계 : 프로그램의 환경 - 프로그램 실시 환경을 구체화한다.
- 7단계 : 프로그램 세부 내용 - 실제로 도움이 될 행동양식을 기술한다.
- 8단계 : 프로그램 평가 - 정서와 반응을 확인한다.

프로포절을 심사할 때 고려사항으로는 문제의 심각성, 프로그램의 참신성과 효과성, 프로그램 운영의 비용효율성, 기관의 능력과 직원들의 전문성 등이 있다. 또한 프로포절에는 기본적으로 사회복지의 가치가 반영되어 있어야 하며, 실현가능성, 기관의 준비성, 기록의 신뢰성 등을 제시할 수 있어야 한다. 일반적으로 프로포절은 표지, 문제분석, 대상자 선정, 목표설정, 활동 내용, 예산, 평가계획 등으로 구성된다. 이러한 내용들을 어떻게 제시하는가에 따라 프로포절 심사에 상당한 영향을 미치기 때문에 대부분의 시설에서는 직원들에게 프로포절 작성 요령에 대한 지식과 기술을 갖출 것을 요구한다.

일반적으로, 사회복지공동모금회에서 제시하는 기본적인 프로포절에 들어갈 내용을 정리하면 아래의 〈표 4-2〉와 같다

〈표 4-2〉 프로포절 작성 내용

순서	제목	세부내용	
①	기관현황	기관의 설립목적 및 연혁, 조직 및 직원체계, 기관의 주요사업내용, 연간 총예산, 운영주체 현황, 외부지원금 현황	
②	사업내용	사업명, 사업의 필요성(문제 및 욕구 분석 포함), 사업 목표(세부목표 1, 세부목표 2, 세부목표 3)	
③	서비스대상 선정 기준 및 인원수	일반 대상, 위기 대상, 표적 대상 ,클라이언트 수	
④	사업의 기대효과	목표에 따른 구체적인 효과제시	
⑤	사업 세부사항	세부사업내용	세부사업명, 일정, 목표, 담당자, 사업진행내용
		사업 실행 일정	(간트차트)
		담당인력 구성	이름, 담당부서 및 직위, 경력(년) , 담당 역할, 할당시간(단위:일주일), 자격증(신청사업관련)
		사업기간	20--년 월 ~ 년 월(개월)
		경험적 근거	유사한 사업을 직접 수행한 경험, 유사한 사업을 수행하고 있는 기관, 방법, 효과
⑥	사업 예산	인건비, 사업비, 관리비, 기타	
⑦	사업의 평가방법	사업목적 달성정도를 평가할 방법(평가기준, 평가도구 등)	
⑧	자구방안	3년 운영비 지원을 받은 후 본회의 지원없이 운영할 수 있는 자구방안(지자체 지원, 자체사업내용 및 업무분장 조정 등)에 대한 계획을 제시	
⑨	신청사업자의 약도	사업약도 그림 제시	

3) 프로그램의 개발단계와 평가 방법

〈표 4-3〉 프로그램 개발 단계와 평가방법

프로그램 개발 단계	프로그램 내용과 관련된 평가영역의 관련	프로그램 평가적용
문제확인/ 프로그램 내용 선정	• 문제의 정도와 문제를 가진 대상의 범위 측정 • 문제에 대한 인과관계 사정 • 문제해결을 위한 자원조사 및 발굴 • 문제해결을 위한 대안의 현실적 가능성과 프로그램의 지역사회에서의 실천적 함의 판단	욕구조사
프로그램 설계 및 기획	• 프로그램의 결과와 과정목표 제시 • 프로그램 설계에 대한 확신 • 프로그램 설계에 사용된 정보의 신뢰도 • 문제개입과정의 명료성과 구체성 • 프로그램의 교육과 진행을 위한 자료 준비	형성평가 (과정평가)
프로그램 진행 밑 감독	• 프로그램의 수행을 위한 워커의 역할분담 • 프로그램의 수행을 위한 기관의 노력과 업무분장 • 제공된 서비스의 양이나 수행된 활동의 양 • 과정목표 달성 정도	
프로그램 종결 및 평가	• 효과성 : 클라이언트의 변화 정도 • 지역사회 파급효과 : 지역사회 욕구 충족 • 비용효과성 : 클라이언트의 변화를 위한 예산지출 • 비용효율성 : 프로그램의 투입대비 예산지출(간접) • 클라이언트 만족도	총괄평가 (성과평가)

사회복지 프로그램의 개발 단계별로 주요 과업과 각 과정에서 필요한 평가 및 적용할 평가 방법을 이해함으로써 프로그램 전체의 단계에서 수행해야 될 프로그램 활동을 보다 총체적으로 확인할 수 있다(우수명, 2001). 주요 단계는 문제확인/프로그램 내용 선정, 프로그램 설계 및 기획, 프로그램 진행 및 감독, 프로그램 종결 및 평가의 과정으로 이루어진다.

4) 프로그램 그림론

(1) 프로그램 그림론의 정의

프로그램 설계의 출발은 프로그램을 기획 또는 설계하기 전에 자신이 생각하고 있는 프로그램에 대한 전반적인 상을 기술하는 것이다. 이것은 마치 비트겐슈타인(Ludwig Wittgenstein)의 〈그림 이론〉처럼 방법론적으로 '프로그램의 그림론'이라고 한다. 예를 들어서 화가가 어떤 그림을 그리고자 할 때에 처음에 그 그림에 대한 전반적인 구상을 하고 자신의 구상을 서서히 구체화시키면서 그림을 완성시켜 나가는 것이다(강병노, 2008).

(2) 프로그램 그림론의 방법

① 연역적 접근 : 프로그램 서문에서 세부과정으로 설계

〈표 4-4〉 연역적 접근

[프로그램 서문] 학교 밖의 학교 프로그램은 서울시 관악구에 거주하고 있는 청소년 중 또래 친구들과 어울리지 못해서 학교 생활 부적응의 어려움을 겪고 있는 저소득 가정 청소년을 대상으로 일정기간 동안 이들에게 또래 친구관계형성 프로그램을 지원함으로써 청소년의 자아 존중감을 증진시키고자 하는 프로그램이다.
① 프로그램 제목 : 학교 밖의 학교 ② 프로그램의 필요성:학교에서 또래 친구들과의 관계 형성부족, 학교 생활 부적응 ③ 프로그램의 문제 및 욕구 : 또래 친구 관계 욕구, 학교 부적응 ④ 프로그램의 목적 및 목표 : 또래 친구 관계 형성, 자아존중감 증진 ⑤ 프로그램의 이론적 배경 : 대인관계이론 ⑥ 프로그램의 대상 : 서울시 관악구 거주 저소득 가정 청소년 ⑦ 프로그램의 기대효과 : 자아존중감 향상에 따른 또래 친구 관계 형성 ⑧ 프로그램의 내용 : 또래 친구 관계 형성 ⑨ 프로그램의 일정 : 일정기간 ⑩ 프로그램의 예산 : - ⑪ 프로그램 평가 : 자아존중감 사전사후 평가, 과정평가, 프로그램 만족도 조사

여기에서 먼저 전체적인 프로그램의 내용을 구상하는 프로그램 서문

을 생각하여 작성하게 된다. 이 서문을 토대로 프로그램의 정의, 필요성, 문제 및 욕구, 목적과 목표, 배경, 대상, 효과, 내용, 예산 그리고 평가 등 구체적인 내용을 설계하게 된다. 결국 프로그램 서문이라 함은 그 프로그램의 전반적인 내용을 한 눈에 보여주는 프로그램의 주요 내용의 요약이 된다고 할 수 있다. 물론 이런 프로그램의 서문은 최초에 작성되지만 지속적인 수정과정을 통해서 가장 마지막 단계에서 완성된다. 이렇게 볼 때 이 방법은 방법론적으로 연역적 접근에 해당된다고 할 수 있다. 위의 〈표〉에는 프로그램 서문에서 세부과정으로 진행하는 프로그램 설계과정이 제시되어 있다. 사례로 제시된 '학교 밖의 학교'는 청소년 프로그램으로서 각 세부과정에 따라 프로그램의 구체적인 내용과 방법이 작성되게 된다.

② 귀납적 접근 : 세부과정에서 프로그램 서문으로 설계

〈표 4-5〉 귀납적 접근

① 프로그램 제목 : 저소득 치매 노인의 일상생활 수행 능력 향상 프로그램
② 프로그램의 필요성 : 저소득 치매 노인의 일상생활 수행능력 향상 부족, 치매심화 예방
③ 프로그램의 문제 및 욕구 : 일상 생활 수행과 관련된 문제와 욕구
④ 프로그램의 목적 및 목표 :경증 치매노인이 일상 생활 수행 능력 향상
⑤ 프로그램의 이론적 배경 : 과제 중심적 이론과 기법
⑥ 프로그램의 대상 : 저소득 경증 치매 노인 10명
⑦ 프로그램의 기대효과 : 일상생활 수행능력의 회복, 경증 치매의 심화방지
⑧ 프로그램의 내용 : 일상 생활 수행능력과 관련된 동작, 활동 등
⑨ 프로그램의 일정 : 2009년 9월부터 2001년 12월까지, 주4회, 하루 7시간
⑩ 프로그램의 예산 : -
⑪ 프로그램 평가 : 일상생활 수행 능력 사전사후 검사, 과정평가, 만족도 조사

[프로그램 서문] 저소득 치매노인의 일상생활 수행능력 향상 프로그램은 2001년 9월부터 2001년 12월까지, 주 4회, 하루 7시간씩 경증 치매로 인하여 일상생활 수행을 원활히 하는데 어려움을 겪고 있는 저소득 치매노인 10명을 대상으로 과제 중심적 이론과 기법을 바탕으로 일상생활 수행능력을 유지, 향상시키기 위한 집단 프로그램이다.

앞선 서문에서 세부과정으로의 설계방법과 반대로 프로그램의 세부과정을 검토하고 그것을 통합한 서문을 작성하는 방법도 가능하다. 프로그램 설계의 전 과정을 프로그램의 정의에서 평가까지로 한정한다면 총체적으로 프로그램 속에 구성된 각각의 구성요소를 구체적으로 작성해본 후 이것을 하나의 프로그램 서문으로 작성하여 프로그램 전반에 대한 청사진을 제시해볼 수 있다.

프로그램 설계에서 두 번째 방법인 세부과정에서 서문으로의 설계는 앞선 연역적 접근과 비교하여 귀납적 접근에 해당된다고 할 수 있다. 위의 〈표 4-5〉의 사례를 보면 "저소득 치매 노인을 위한 프로그램"에서 세부과정의 주요내용을 생각해보고 그것을 종합하여 프로그램 서문을 최종적으로 작성하게 된다. 여기서 프로그램 설계를 관통하는 하나의 맥락은 연역적과 귀납적 접근 방법이 하나의 과정에서 끝나지 않고 프로그램의 기획, 진행 그리고 종결과정에서 끊임없이 순환한다는 점이다(강병노, 2008).

이런 프로그램 그림론은 프로그램을 설계하고 개발하는 데 사용하는 이론을 의미한다. 사회복지 프로그램 이론은 프로그램이 특정한 문제에 대한 개입과 성과 간의 인과적 경로를 설정하고 프로그램 실행을 통해 그 경로가 효과가 있다고 판단이 되었을 때 채택된다. 채택된 프로그램 이론에는 개입을 필요로 하는 문제와 욕구에 대한 원인론과 활용되는 개입전략, 사회복지전문직이 추구하는 대상자의 변화가치가 녹아있다. 이것이 실천현장에서 구현되었을 때 사회복지사들이 활용하는 사회문제와 대상자들의 욕구 해결을 위해 사용되는 차별적인 전문적 기술이 되는 것이다. 주의 할 것은 프로그램 개입의 부정적인 변화가 마치 긍정적인 변화가 있는 것으로 포장되거나, 긍정적인 변화가 이 프로그램 때문이 아닌 다른 요인 때문에 발생된 것으로 착각하게 할 가능성이 높아진다. 결국 투입된 자원이 대상자의 문제해결을 위해 쓰이지 않게 되어 사회적 자원 낭비를 초래하게 된다(권순애 · 김두례, 2017).

2. 프로포절 구조화와 성과 중심 프로그램 사례

1) 프로그램 기획서의 형식과 특징

(1) 가치지향형 기획서(삼성복지재단)

〈표 4-6〉 가치지향형 프로그램 기획서 형식

사업개요(One page proposal): 신청기관, 사업명, 사업분야, 경험, 목적, 대상, 성과목표, 인력, 세부프로그램, 예산	
0. 사업명	____________
1. 사업핵심개요	프로그램 서문 진술
2. 사업 필요성	문제의 심각성, 기관 소재 지역사회 사정
3. 선행경험	선행프로그램 고찰, 유사 프로그램 경험, 보유 전문성
4. 사업목적	SMART(Specific, Measurable, Attainable, Reasonable, Timing)
5. 대상자범위 선정방법	대상자범위, 대상자 구분, 보유전문성(홍보전략, 접수상담, 선정기준, 대처방안)
6. 지향가치/ 방향	하위개념 (Smart Art)
7. 사업목표	총괄진술: 목적 - 과정목표 - 성과목표 (Smart Art)
8. 사업내용	1) 성과목표로부터 도출되는 프로그램 성과목표 - 세부 프로그램명 - 내용 - 요구되는 핵심역량 - 외부 지원 필요한 내용 - 시작시기 - 시행횟수 - 대상자 수
	2) 세부 프로그램 구현 방식 및 선정사유
	3) 세부 프로그램 간의 관계 (Smart Art)
	4) 추진일정 - Gantt Chart

9. 네트워크 구성	신청기관 중심 네트워크와 컨소시엄(Social Network)
10. 평가방법	성과목표 - 성과지표 - 자료원 - 자료수집방법 - 시기
11. 편성예산	종류 - 산출근거

출처 : 삼성복지재단(2013).

프로포절의 구조화는 프로그램 기획서가 적절한 구성요소로 체계화되는 것을 의미한다. 위의 〈표 4-6〉에서 보면 삼성복지재단의 사례에서 볼 수 있듯이 프로그램의 기획서에는 프로그램 서문 진술이 포함되며 특히 하위 개념으로서 프로그램을 통해서 얻어지는 프로그램 가치가 무엇인지 진술하도록 되어 있다. 또한 성과목표로부터 도출되는 프로그램이 하나의 체계화로 구성되고 있다.

(2) 성과중심 체계형 기획서(사회복지공동모금회)

사회복지공동모금회는 2018년부터 배분사업신청 유형으로 프로그램, 기능보강 2가지로 구분하며, 프로그램은 성과중심형, 성과확산형, 산출중심형 3가지으로 분류하여 제시하고 있다(사회복지공동모금회, 2018).

〈표 4-7〉 성과중심 기획서 사례(사회복지공동모금회)

사업 유형	내용	표준 신청 양식
성과 중심형	• 성과 목표 달성을 통해 사업 참여자의 의미있는 변화를 꾀하고, 나아가 지역사회 변화의 기초를 다지는 사업 • 주로 단년도형태를 띠며, 사업 참여자의 역량강화 또는 소규모의 지역사회 네트워크 구축 등의 사업을 포함	• 배분신청서 • 신청기관 현황 • 사업계획서
성과 확산형	• 2년 이상 계획하는 다년도 사업으로 사업 참여자의의미 있는 변화뿐만 아니라 지역사회, 나아가 우리 사회에 파급력(Impact)을 미치는 것을 지향하는 사업	• 배분신청서 • 신청기관 현황 • 3개년 사업계획서 • 1차년도 사업계획서
산출 중심형	• 현재 당면한 지역사회 이슈 및 개인(또는 가족)의 문제 해결을 위한 지원 사업으로 성과목표 달성 보다는 사업수행 과정에 중점을 두는 사업	• 배분신청서 • 신청기관 현황 • 사업계획서

첫째, 성과중심 기획서의 내용을 보면 성과중심형의 경우 성과 목표 달성을 통해 사업 참여자의 의미 있는 변화를 꾀하고, 나아가 지역사회 변화의 기초를 다지는 사업을 기획할 때 사용한다. 둘째, 성과 확산형의 경우 2년 이상 계획하는 다년도 사업으로 사업 참여자의 의미 있는 변화뿐만 아니라 지역사회, 나아가 우리 사회에 파급력(Impact)을 미치는 것을 지향하는 사업에 해당되는 프로그램 기획서이다. 셋째, 산출 중심형은 현재 당면한 지역사회 이슈 및 개인(또는 가족)의 문제 해결을 위한 지원 사업으로 성과목표 달성 보다는 사업수행 과정에 중점을 두는 사업에 해당된다.

〈표 4-8〉 성과중심 체계형 기획서(사회복지공동모금회)

기관현황	신청기관 정보, 운영법인단체정보, 사업기본정보	
사업신청	사업개요(One Page Proposal) : 기관명, 사업명, 시간, 대상, 단가, 지역, 인원, 투입인력, 목적, 성과목표, 프로그램, 예산	
사업계획	1. 사업명	
	2. 필요성	욕구/문제, 지역환경 특성, 경험적 근거, 복지자원
	3. 지역/대상	서비스 지역, 서비스 대상, 서비스 대상 선정기준 및 방법, 실인원수(일반대상, 위기대상, 표적대상, 실인원수)
	4. 사업목적 및 목표	목적 - 산출목표 - 성과목표
	5. 사업내용	• 세부사업내용 • 목표에 대한 평가방법 • 담담인력구성 • 사업진행일정 • 홍보계획 • 자원활용계획
	6. 예산계획	예산조달계획: 신청금액, 자부담 성과예산: 인건비 - 사업비 - 관리운영비
	7. 향후 운영계획	사업 종료 후 다음년도 사업 재계획

프로포절의 구조화의 또 다른 기준은 프로그램 기획서를 한 페이지로 볼 수 있도록 정보를 체계화하는 것이다. 위의 〈표〉에서 보면 사회복지공동모금회의 사업신청서에서는 사업개요(One Page Proposal)로서 기관명, 사업명, 시간, 대상, 단가, 지역, 인원, 투입인력, 목적, 성과목표, 프로그램, 예산

등을 포함해서 제시하고 있다. 특히 논리적인 구조를 연계하기 위해서 목표 - 산출목표 - 성과목표가 다른 구성요소의 중요한 기준이 되도록 구조화한다.

2) 우수 프로그램의 사례와 함의

(1) 우수 프로그램(1)

본 우수 프로그램은 서울복지재단에서 2006년에 실시한 제2회 사회복지 우수프로그램 공모수상작(최우수)이다(서울복지재단, 2006). 해당기관은 이화여자대학교 성산종합사회복지관이며 제목은 자조모임을 활용한 빈곤지역 여성 한부모 가정역량강화프로그램이다. 주요 내용은 집단상담, 부모교육, 가족문화캠프, 자조모임, 캠페인, 지역사회지원망 구축 등을 포함하고 있다.

본 프로그램은 기존의 한부모 가정 대상의 사회복지프로그램이 아동에게 한정되었던 점을 극복, 가정 운영의 주도권을 가진 부모에게 초점을 두어 가족의 상실된 역할과 기능을 보완, 임파워먼트를 강화함으로써 가족성원의 잠재능력을 개발하고 나아가서는 가족기능이 회복되는 것을 목적으로 한다. 본 복지관에서는 가정운영의 주도권을 가진 '한부모'에게 초점을 맞추고, 특히 한부모의 대다수를 차지하고 있는 여성한부모 가정을 주요 서비스 대상자로 하여, 이들의 역량강화를 위한 통합적 개입을 실시하고자 하였다. 특히 효과적이고 효율적인 사업의 실시와 성과를 위해 지역사회자원망을 적극적으로 활용하고자 하며, 또한 한부모들이 함께 어려움을 나누고 지지받을 수 있도록 자조모임의 형성과 활성화를 통해, 한부모들이 서비스를 수혜받는 대상에서 벗어나 스스로 어려움을 극복하여 가족의 문제를 해결해

나가는 주체가 될 수 있도록 임파워먼트를 부여하는 데 중점을 두었다. 이로 인해 한부모가정이 가지는 여러 가지 개인적, 가정적, 사회적 어려움들이 해소됨은 물론, 한부모들의 자존감과 가정운영능력을 증진하여 나아가 가족의 기능을 강화할 수 있도록 프로그램을 기획, 실행하였다. 본 프로그램은 한부모의 자아존중감 향상, 부모역할능력 증진, 지역자원망 활용을 목표로 하여 기획 및 실시되었으며, 각 사업목표를 측정하기 위해 전체 프로그램 실시 전 자존감척도, 부모역할척도, 역량강화척도 등 3개의 측정도구를 사용하여 사전검사를 실시하였다. 1년 후 전체 프로그램 종료 후 사후검사를 실시하여 사전검사 결과와의 비교분석을 통해 사업의 효과성을 측정하였는데, 자존감과 부모역할능력, 역량강화등세 항목이 모두 상승하여, 프로그램이 전체적으로 높은 효과성이 있음을 증명하였다.

이 우수 프로그램에서 벤치마킹을 할 수 있는 프로그램의 특징은 다음과 같다.

- **명확한 가치지향** : 한부모가정 여성의 자발적 역량강화
- **성과중심 프로그램 구성** : 변화지향적 목표, 성과, 프로그램 구성
- 목표가 단순명료(주어 + 목적어 + 서술어), 단계적 서술
- **논리적** : 목표, 프로그램내용, 평가의 연관성과 일관성 유지
- **체계적** : 목표달성의 단계별 설정
- **구체성** : 프로그램 수행방법의 구체화
- **모델화와 파급효과** : 욕구사정, 네트워크, 자발적 조직화

(2) 우수 프로그램(2)

본 우수 프로그램은 사회복지공동모금회에서 2012년에 실시한 “1318 Happy Zone 행복스케치”(2011년 배분지원사업 우수사례집) 프로그램이며 연간 보

고서와 더불어 발행하는 우수 사례집에 포함되어 있다. 해당기관은 1318 Happy Zone 행복스케치(청소년전용 지역아동센터)이며 제목은 빈곤저소득 소외계층 청소년의 빈곤 함정 탈출을 위한 자기 힘 돋우기 이다 세부적으로 오리엔테이션, 심리검사, 부모교육, 또래관계지지, 캠프, 비전프로젝트 등을 포함하고 있다(사회복지공동모금회, 2012),

빈곤과 결손 가족이 급증하면서 이러한 가정에서 성장하는 청소년의 문제가 신체, 정서, 인지발달, 학교 부적응, 행동 문제 등은 매우 광범위하고 장기적으로 보고되고 있다. 사업 주대상자가 빈곤으로 인해 발생되는 심리·사회적인 문제, 즉 의욕부재, 무기력, 무능감, 낮은 자아존중감, 높은 실업계 고등학교 진학률 등에서 탈출하게 하기 위하여 강점 중심으로 봄으로써 클라이언트의 잠재역량을 인정하고 자기 삶을 결정할 수 있도록 권한 혹은 힘을 부여함으로써 "절대 빈곤의 함정"에서 벗어나 주체적인 삶을 계획할 수 있도록 임파워먼트 모델을 적용하여 개입하고자 사업을 기획하게 되었다. 프로그램 결과는 성과목표에 따른 변화 사례들이 긍정적으로 드러남에 따라 빈곤소외계층의 다양한 문제가 있고, 진로를 고민하던 청소년들이 이번 프로그램에 참여하므로 단계적 성장을 보이게 되었고 고3이었던 청소년들은 학교와 직장으로 자신의 진로를 결정하여 선택하는 긍정적 모습을 보였다. 학교를 다니기 싫어하던 청소년은 다시금 친구들과의 관계형성을 위한 노력으로 인하여 원적교로 다시 복귀하는 계기가 되었다.

이 우수 사례 프로그램에서 배울 수 있는 프로그램의 특징은 다음과 같다.

- **명확한 가치지향** : "자기 힘"
- **성과중심 프로그램 목표** : 목적에 따른 산출목표, 성과목표
- **신뢰성** : 경험적 근거
- **논리적** : 목표, 프로그램수행 내용, 평가의 연관성과 일관성 유지

- 변화와 영향 : 대상자에게 미친 영향과 변화
- 프로그램 제한점, 전망 및 제언

위와 같은 우수 프로그램은 주요 장점을 보면 가치와 성과중심, 논리성, 객관적, 체계성을 갖추고 클라이언트의 변화와 파급효과에 대한 관심을 지속적으로 가지고 개입하고 있다는 것이다.

05
CHAPTER

사회문제 분석과 욕구사정

1. 프로그램 제목과 사회문제 분석
2. 욕구사정의 이론 및 실제

CHAPTER 05 사회문제 분석과 욕구사정

1. 프로그램 제목과 사회문제 분석

1) 프로그램의 제목 선정

프로그램 제목은 프로그램의 전체 내용을 포괄하면서도 간결한 특징으로 표현할 수 있다. 프로그램 제목은 프로그램 구성요소를 연계하여 종합하면서도 프로그램의 특징과 핵심요소를 담고 있어야 한다. 프로그램 내부적으로는 육하원칙에 따라서 프로그램의 대상, 시간, 형식, 방법, 내용 등이 포함되고 외부적으로는 가시성, 홍보성, 파급효과 등의 특성도 담고 있어야 한다.

다음은 삼성복지재단에서 제시한 "제목"에 대한 설명이다. 제목은 핵심정보를 제공하는 프로그램의 브랜드이다. 우선 대상이 명확하게 표현되어야 한다. 제목에서는 장애인이 주 사업 대상이나 사업 내용에서는 장애인뿐만 아니라 가족들이 모두 주체가 되는 경우도 있다. 또 불명확한 경우도 있다. 제목에서 장애인이지만 어떤 종별의 장애인인지, 장애 아동인지 장애 청소년인지 장애 어르신인지 제목으로 구분이 되지 않아서는 곤란하다. 둘째, 지향 가치가 제시되고 내용에 반영되어 있어야 한다. 제목에는 '역량 강화'라고 하지만 역량 강화와 관련된 기본 컨셉이 전혀 반영이 되지 않은 경우도 있고 '강점 관점'이라고 하지만 내용은 이와 무관하게 설계되는 경우가 허다하다. 셋째, 제목은 핵심 정보를 담아내는 것이 무엇보다 중요하다. 눈에 띄게 적으면 '기발하다'는 생각을 갖게 하여 긍정적이나 반드시 수반되어야 할 것은 그러한 노력을 뒷받침해 줄 수 있는 내용의 충실성이다. 그렇지 않으면 패션에만 신경 쓰는 벼락부자의 느낌을 지울 수 없다. 제목을 초기에 결정하더라도 프로포절 내용을 전체적으로 구성이 완료된 시점 또는 그 이후에라도 다시 한 번 제목과 내용의 일치성 여부를 최종적으로 살펴보는 것이 좋다(삼성복지재단, 2013: 25-26). 사업명을 통해 그 사업이 누구에 대한 어떤 사업인지를 명확하게 알 수 있도록 해야 하며 사업명을 인상 깊게 표현하고자 하는 경우 부제로 병기한다(사회복지공동모금회, 2017).

2) 사회문제 분석과 프로그램의 필요성

(1) 사회문제 인식과 문제 제기 방법

일반적으로 사회복지는 인간의 생존과 재생산을 위해 사회적으로 필요로 되는 기본 권리와 그 권리를 확보하기 위한 사회적 활동이다. 이런 사회복지는 사회문제 인식에서 출발한다. 사회문제에 대한 사회복지적 인식은 사회문제의 문제의식과 해결방안을 사회복지와 연결되어 생각하는 방법이다. 사회문제에 대한 일반적인 접근은 그 문제에 대한 인식을 강조하지만 사회복지는 비판과 대안에 관심을 가진다. 사회문제를 사회복지적으로 인식하기 위해서는 상상력이 필요하다. 사회문제란 인간과 사회에서 어떤 한 문제가 그 원인, 발생, 인식, 상태, 결과, 개선 등이 인간을 중심으로 사회적으로 나타나고 인식되는 문제라고 할 수 있다. 어떤 문제가 사회문제로 인식되기 위한 조건은 다음과 같다(최선화 외, 2008: 13-37; 표갑수, 2006: 25-30).

① **사회적** : 그 원인이 인간과 사회와 관련이 있다(자연문제: 홍수, 가뭄, 지진 등)

② **피해와 원인이 사회적** : 그 원인과 결과가 개인적이기보다는 사회적(집단적)이어야 한다.

③ **사회적 규범** : 그 문제에 대해서 사회구성원 대부분이 사회적 가치나 규범에서 벗어난 것이라고 판단한다.

④ **집단적 피해** : 그 현상으로 인하여 상당수의 사람들이 부정적인 영향이나 피해를 받는다.

⑤ **가치지향적** : 그 문제에 대한 시각, 입장, 가치에 따라서 전혀 다른 결과를 도출한다.

⑥ **사회적 이슈** : 사회적 관심을 불러일으키는 문제이다.

⑦ **개선** : 해결을 위해서 국가의 개입, 사회복지정책, 사회운동 등이 필요하다.

다만 사회문제는 고정적이지 않으며 지역, 국가, 문화 등에 따라 다르고 그 상태나 수준은 일정하지 않다는 것을 인식해야 한다. 사회문제는 시대적, 문화적, 지역적으로 상대적이고 변화할 수 있다는 것이다.

(2) 프로그램에서 사회문제 분석의 방법과 실제

프로그램의 설계와 기획의 시작에서 제일 먼저 이루어지는 것이 사회문제 분석이다. 사회문제는 프로그램과 관련된 대상자들이 지닌 현재의 문제에 분석과 진단을 하는 것이다. 문제정의란 현재의 상황 또는 변화가 필요한 부분을 정의하는 것이다. 문제를 정의할 때, 사회복지서비스나 프로그램에 대한 구체적 욕구와 문제점을 혼동하면 안 된다. 욕구는 개인적이면서 포괄적이고 일반적이어서 욕구 관련된 어떤 문제 해결을 위해 프로그램이 필요한지에 대한 설명의 근거가 된다. 사회문제는 사회적이면서 구체적이고 직접적으로 서비스나 프로그램에 반영되어 해결되어야 할 특성을 포함한다. 문제에 대한 객관적이고 논리적인 사정을 해야하고 문제 해결을 위한 프로그램 전체과정이 정리하기 위해서는 과학적 문제파악 및 개념화는 필요하다.

프로그램을 통해 해결하고자 하는 문제와 원인을 정확히 파악해야 목적과 목표가 분명해진다. 정의된 문제는 신청프로그램이 궁극적으로 해결하고자 하는 목적과 연관된다. 문제의 원인은 신청프로그램이 달성해야 할 목표와 연관되는 것이기 때문에 원인을 정확히 파악할 경우 목표를 구체적으로 명시할 수 있다. 따라서 신청한 프로그램이 해결하고자 하는 표적집단의 문제 및 욕구가 반드시 정의되어야 하고, 그 문제의 원인이 명시되어야 한다. 이러한 문제정의와 원인은 선행연구 혹은 경험적 근거에 의해 논리적으로 제시되어야 한다. 대부분 문제(자원부족)는 해결책(자원의 지원)을 가지고 정의된다. 이러한 접근은 기존의 서비스 기술의 한도내에서 문제를 해결하려는 경향으로 나타난다. 따라서 문제에 대한 정의를 통해 새로운 프로그램의 개발을 시도할 필요가 있다(정무성, 2000).

사회문제를 분석하고 제시하는 사례를 들면 삼성복지재단의 사업신청서 경우 프로그램의 필요성이나 심각성에서 매우 중요하게 강조하고 있다. 프로그램의 필요성과 관련하여 우리 사회는 얼마만큼 심각한 상태에 있는지, 우리 지역 사회의 실정은 어떠한지에 대해 기술하게 된다. 전자는 사회의 실정에 대해 정확하게 이해하고 출발하라는 의미이며, 후자는 왜 우리 기관이 이 문제를 다루어야 하는지를 지역 사회 특성, 타 사회복지 기관의 분포 및 역할 등 판단하여 사업이 필요한지 명확하게 부각하자는 것이다. 또한 사업이 필요하다는 것을 서술함에 있어 자신의 주관적인 판단에 기초하고 있지 않았음을 객관적으로 보여줄 필요가 있다. 이를 위해서는 기관이 소재한 지역 사회 내에서 이 프로그램이 필요하다는 것을 입증해야 한다. 프로그램에서 문제의 심각성 제기 이외에 중요한 것이 프로그램의 차별성이나 선행 프로그램과의 관련성이다. 제안하고자 하는 프로그램과 유사한 것이 없는지를 살피고, 만약 있다면 이 프로그램들이 어떻게 진행되었고 그에 따른 성과와 한계는 무엇이었는지를 간략하게 기술해야 한다. 아울러 작성자가 제안코자 하는 프로그램은 그러한 선행 프로그램과 어떠한 차별성이 있는지를 명확하게 제시할 필요가 있다. 선행 프로그램이 갖는 한계를 극복하는 새로운 접근 방식을 채택하거나, 대상 또는 세부 프로그램의 구성이 독특한 경우라 하더라도 이는 최초 시행이라기보다는 선행 프로그램에서 고찰하고 차별성을 드러내는 것이 필요하다(삼성복지재단, 2013: 27-33).

(3) 사회문제 분석과 문제 제시

프로그램에서 사회 문제는 한 문화적 집단이나 그 집단의 일부 구성원들이 문화생활을 유지하는데 필요하다고 믿는 사회 기준으로부터 박탈된 사실이 확인될 때 존재한다. 사회 문제의 중요성이나 심각성은 문화생활의 위협의 정도에 대한 인식과 그러한 위협을 사회 문제라고 규정짓는 사람들의 규모와 상태에 따라 다를 수 있다. 사회복지서비스 관리자들은 사회 문제를 만들어낼 필요는 없지만 일단 사회나 지역사회에서 사회 문제가 확인되고 규정되면 사회복지 프로그램 설계 작업을 시작해야 한다. 사회 문제에 대한 명확한 기술은 프로그램의 목표를 확립하고 그 문제의 개선 필요성을 정당화시키는 근거가 된다. 문제분석의 초기 단계는 매우 중요하다. 출발점이 다르면 분석과 프로그램도 달라진다. 처음부터 구체적이 될수록 그 결과는 더욱 유용해진다. 문제의 복합성에 비해 이에 대한 단순한 해결책은 존재하지 않는다. 클라이언트에게 생기게 될 이익에 초점을 두면서 그 아이디어를 초안의 형식으로 작성해야 한다. 사회복지 프로그램 목표에 대한 보다 명확한 지침과 기준은 누가 클라이언트가 될 것인가에 대한 고려가 있어야 한다(정무성, 2000).

문제상황은 해결되지 못한 욕구나 바람직하지 못한 상황을 말한다. 어떤 특정 사회현상이 문제로 인정받기 위해서는 단순히 바람직하지 않은 것보다는 문제해결 능력이 있는 주체와 지역사회에서 규정과 사회적 합의가 있어야 한다. 문제를 해결하기 위해서는 프로그램 실행 주체들이 가지고 있는 조직적 · 개인적 특성에 따라 다양한 개입전략들이 구사될 수 있다. 대상자들이 직면하고 있는 문제상황을 어떠한 관점으로 보느냐에 따라 활용될 수 있는 전략들은 달라질 수 있다(권순애 · 김두례, 2017).

실제로 문제의식과 문제제기를 통한 프로그램의 필요성에서 스토리텔링식 전개와 작성은 프로그램의 구성을 돋보이게 하며 설득력을 얻을 수 있다.

'무엇을 어떻게 하겠다'라고 하는 사업 아이디어와 내용은 작성자나 작성자가 속한 기관의 문제의식에서 출발한다. 왜 이 사업을 기획하여 배분사업을 신청하는지에 대한 스토리(story)가 있어야 한다. 비슷한 스토리라고 하더라도 문제 상황을 어떤 시각에서 어떻게 바라보는가에 따라 접근방식이 달라진다. 그러므로 변화시키고자 하는 개입지점에 대해 기획자가 어떤 관점에서 바라보는지를 명확하게 표현해야 한다. 현재 어떠한 어려움이 있는지에 대한 내용이 잘 정리되어 있고 왜 이 사업이 필요한지와 관련하여 기관의 실정, 지역사회의 여건 등을 객관적으로 잘 분석하여 보여주면서 그에 기반한 프로그램의 구조와 내용으로 연결하는 것이 효과적인 프로그램의 필요성 작성방법이 될 수 있다(김진우 외, 2017).

2. 욕구사정의 이론 및 실제

1) 욕구조사의 배경과 동향

(1) 욕구조사의 배경

사회복지 서비스를 책임성 있게 전달하기 위한 프로그램의 계획과 설계를 위해서는 욕구조사는 필수적이라고 할 수 있고 프로그램 개발에서 욕구조사에 의한 클라이언트의 문제 및 욕구사정은 프로그램 기획자에게는 전문능력으로 인식된다. [1]

프로그램의 개발과 운영을 위해서 욕구조사가 필요하기는 하지만 욕구조사 자체는 기관에서 다양한 활용과 결과를 도출할 수 있다. 따라서 욕구조사는 전체 프로그램의 운영에서 상당한 영향을 주는 것이다. 그러므로 프로그램 기획 및 개발과 욕구조사의 관계는 상호보완적이며 그 적용과 가능성에 대한 정확한 인식이 요구된다. 이런 것을 토대로 프로그램 기획 및 개발과 욕구조사의 활용을 제시하면 다음과 같다.[2]

① **프로그램 개발과 서비스의 발굴** : 새로운 서비스의 욕구와 문제를 사정하면 그것을 통해 프로그램의 개발 근거자료가 되며, 중요한 것은 욕구조사 진행 중에서 클라이언트의 새로운 욕구를 발굴 및 개발할 수 있다는 것이다.

② **프로그램의 확장** : 지역사회에서 필요한 서비스의 수요 및 공급의 현황 분석

③ **프로그램의 수정** : 조사된 욕구를 기초로 심각한 문제, 새로운 서비스

1) 본 욕구사정의 이론 및 실제는 강병노(2008)를 참조함.
2) 서인해(2002)의 자료를 토대로 수정·보완한 것임.

에 대한 욕구 등을 사정하여 기존의 프로그램을 수정 및 보완할 수 있다.

④ **프로그램의 종결** : 가장 어려운 욕구조사결과의 활용 부분이며, 실제로 지역사회에서 문제가 해결되거나 클라이언트의 욕구가 충족되었다고 판단되었을 때 가능하다. 따라서 조사의 신뢰성과 타당성이 중요하고 프로그램 기획자들은 추가적인 조사활동이 필수적이다.

⑤ **프로그램의 평가** : 측정된 욕구의 수준과 내용은 향후 프로그램의 실시 후에 평가의 척도를 개발하고 활용하는데 기준이 된다.

⑥ **프로그램의 정당화** : 욕구조사결과가 기존의 프로그램의 수준이나 내용을 정당화하는데 사용된다.

(2) 욕구조사의 동향

사회복지서비스 기획을 위한 지역분석 및 욕구조사와 관련된 최근의 추세는 서비스 기획을 위해 단순한 지역 및 욕구파악의 수준을 넘어서서 필수적인 과업으로 규정되고 있다. 또한 기계적으로 지역 및 욕구파악을 해왔던 방법론의 문제점을 극복하기 위해서 과학적인 욕구파악과 거기에 기반한 서비스 개발 그리고 서비스의 평가에서 욕구가 정확히 어느 정도 충족되었는지에 대한 총체적인 접근이 요구되고 있다. 첫째, 조사의 법적인 제도화는 기존에는 정책수립이나 제도수행에서 객관적 근거나 정확한 현실파악이 부족하였다는 반성과 함께 실제적으로 클라이언트의 욕구를 정확히 파악하고 현실을 과학적으로 진단하는 작업을 통해 복지정책에 대한 전반적인 방향 수립과 구체적인 실천을 추진해야 한다는 사회적 변화의 흐름을 반영해 준다. 둘째, 욕구조사가 클라이언트의 욕구나 문제를 과학적으로 파악한다고 할 때 여기에서 말하는 과학적인 방법이라는 것은 욕구나 문제를 일련의 하나의 기준과 과정을 통해서 체계적으로 파악하며 그것의 의미와 결과에 대한 파급효과까지를 고려하는 총체적인 통찰과 그 방법이라고 할 수 있다.

최근에 사회복지 프로그램 개발과 프로포절 작성에서 나타나는 욕구사정의 동향은 “정교화”라고 볼 수 있다. 복잡한 욕구에 대해서 보다 정교한 사정을 해야 한다는 것이다. 여기에서는 2018년 사회복지공동모금회 배분사업 안내자료에 제시된 프로그램 신청서를 중심으로 제시하였다.

첫째, 욕구사정에서 욕구, 지역, 근거, 자원을 통합적으로 사정하였다.

둘째, 욕구, 사업목적 및 목표, 성과가 일관되게 연결되는 내적 일관성을 견지하였다.

셋째, 단일한 욕구가 아닌 복합적 욕구에 대한 사정을 통해서 통합적 서비스 개발을 도모하였다.

넷째, 욕구나 자원사정에서 있어서 경험적 근거를 중시하는 근거기반 욕구사정(Evidence-based need assessment)이 강조되었다.

2) 욕구조사의 개념과 목적

(1) 욕구와 욕구조사의 개념

욕구조사의 개념을 살펴보기에 앞서, 욕구의 개념과 형태를 파악할 필요가 있다(우수명・강병로, 2001: 6-11; 정무성 역, 2000: 68-71). 먼저, 욕구란 영어로 Need, Want, Demand 등으로 사용되고, 욕구, 필요, 수요 등으로 해석되기도 한다. 다양한 정의를 포괄하기에는 어렵지만, 기본적으로 욕구란 인간의 생존에 필요한 무엇인가가 결핍된 상태를 말한다고 할 수 있다. need의 특성은 인간이 가져야할 일반적인 특성으로 설명된다. 다른 용어들은 주관성, 개인적 만족, 개입마다 다른 가치지향적, 자율적 선택 등의 개념적 특성을 내포한다. 반면에 need 는 객관성, 상대적 긴급성, 사회적 바람직성으로서의 사회구성원들의 보편적인 필요와 특수성, 인간과 사회의 생존이라는 가치로서 반드시 충족되어야 할 조건으로 인식된다(Goodin, 1988). 그리고 문제란 "사람에게 그에 대한 해결욕구를 유발시키는 불만족스러운 상태 또는 조건"으로 설명될 수 있다.

서비스적 관점에서 욕구는 인간이 발달하는 과정에서 지속적인 개입을 필요로 하기 때문에 사회복지서비스를 그 매개체로 인식할 수 있다. 실천적 욕구사정을 논의한 Witkin과 James(1995)는 욕구는 현재와 미래의 간격으로 측정된다고 하였다. 욕구를 그 자체로서 파악하기보다는 현재 상태와 비교하여 더 나은 조건이 기대되는 미래의 수준과 비교하여 사정하였다. 여기에서 현재의 상태에 대해 미래에 기대하는 조건으로 서비스를 제시하고 있다. 이렇게 욕구를 그 자체보다는 서비스와 함께 파악하려는 이유는 하나의 체계 속에서 욕구가 충족되기 위해서는 충족되기 위한 개입이 필요하기 때문이라고 하였다. 원래 사회복지서비스는 사회문제에 대한 사회적 개입에서 출발했다고 하며(Kallen et al., 1968), 지역사회에서 사회문제 해결, 복지 욕구충족을 위한 적극적인 활동으로부터 그 기원을 찾을 수 있다(Gilligan, 2007; Siu & Shek, 2010). 욕구와 사회문제에 대한 지역사회 사회복지서비스는 시장체계와 긴장관계를 유지하면서 국가차원의 사회정책으로 제도화되었다(Grand et al., 1992). 지역사회에서 욕구를 충족하기 위해 실시되는 개입이 사회복지서비스라고 할 때 욕구와 서비스의 관련성을 발견할 수 있다(강병노, 2013).

다양한 욕구를 정의하는 관점을 견지하고 크게 개인적 욕구(Personal Need)와 사회적 욕구(Social Need)로 구분될 수 있다. 먼저 개인적 욕구는 "욕구충족이나 문제해결은 개인에게 있다"는 것을 전제로 주로 주관적인 개인의 느낌이나 감정 그리고 개인적인 결핍상태를 의미한다. 반면에 사회적 욕구는 "욕구충족이나 문제해결이 사회나 국가에 책임이 있다"는 것을 전제로 사회적으로 필요로 되며 보편적으로 사회에서 요구되는 수준의 욕구를 말한다. 사회복지조사에서는 사회문제에 대한 개입을 하고 보편적이고 기본적인 욕구충족에 관심이 있기 때문에 주로 사회적 욕구를 파악하는 것을 중심으로 한다. 브래드쇼(Johnathan Bradshaw)는 이 중 사회적 욕구를 다음과 같이 4가지 측면으로 분류하고 있다.

① **규범적 욕구**(normative need) : 전문가가 주어진 상황에서 욕구라고 정의한 것, 즉 바람직한 수준이 정해지고 실질적으로 존재하는 수준과 비교하여, 개인이나 집단이 바람직한 수준에 미치지 못하면 그들은 욕구상태에 있다고 본다. 예 인구 1,000명당 복지관 수, 재가대상자 100명당 가정배달 음식 서비스 수, 정신 장애인 500명당 사례관리자 수 등

② **인지된 욕구**(felt need) : 욕구(want)와 동일시되는 것으로서, 어떤 욕구상태에 있는지 혹은 어떤 서비스를 필요로 하고 있는지 물어서 파악하는 욕구이다. 이것은 실질적인 욕구측정이 되지 못하고 개인의 인식 정도에 의해 달라질 수 있다. 예 가정폭력피해여성의 가치, 수치심, 당혹, 무기력, 두려움, 과거의 부정적인 경험 등

③ **표현적 욕구**(expressed need) : 감지된 욕구가 실제의 욕구충족 추구 행위로 나타난 것으로 요구적 욕구(demand need)라고도 할 수 있다. 서비스를 실제로 받기 원하는 사람의 수로 파악된다. 예 부적응 청소년의 사회봉사 프로그램 참가 비율 등

④ **비교적 욕구**(comparative need) : 비교적 욕구는 어떤 서비스를 받고 있는 사람들과 비슷한 특성을 갖고 있으면서도 서비스를 받지 않고 있

는 사람들을 욕구상태에 있는 것으로 규정하는 것이다. 예 실직자 가정의 여성과 남성의 상대적인 근로의욕.

욕구의 본질과 현상이 차이가 있을 수 있다는 것을 고려해야 한다. 인식론적인 바탕을 두는 설문지에 의한 욕구조사는 주로 클라이언트의 현상적인 욕구를 파악하게 되는 것이다. 욕구조사의 방향은 현상적인 욕구와 함께 보다 본질적인 욕구를 조사하는 것이 필요하다.

욕구조사는 지역사회에서 생활하는 주민 또는 클라이언트 집단의 욕구수준을 계량적 또는 질적으로 측정하기 위한 조사방법의 일 형태이다. 기본적으로 욕구란 인간의 생존에 필요한 무엇인가가 결핍된 상태를 말한다고 할 수 있다. 그리고 문제란 사람에게 그에 대한 해결욕구를 유발시키는 불만족스러운 상태 또는 조건으로 설명될 수 있다. 기존의 욕구조사는 문제나 욕구를 가지고 있는 클라이언트의 욕구에 대한 것만 수집하고 분석하였지만 전체적인 맥락 속에서 총체적인 정보를 조사하고 분석하는 것이 요구된다. 욕구조사는 아래의 5가지 개념을 포함하고 있는 것으로 인식된다.

① 욕구의 상태를 측정, 계산, 추론하여 욕구를 확인하고(욕구확인),
② 확인된 욕구가 주어진 여건에서 모두 충족될 수 없기 때문에 자원할당에 대한 우선순위를 결정하며(욕구사정),
③ 이러한 우선순위가 정해진 충족되지 않은 욕구에 대해서 어떻게 문제(욕구)해결할 것인지에 대해 계획하는 과정까지를 포함한다고 볼 수 있다(Witkin & Altschuld, 1995; 서인해·공계순, 2001: 46에서 재인용).
④ 우선순위에 포함되지 않은 욕구에 대해 어떤 대안과 후속 계획을 가지고 있는지에 대해서도 관리하는 작업(욕구개발과 관리)도 정의에 포함될 수 있다. 그리고 이런 욕구조사에 대한 개념은 욕구를 질적으

로 파악한다기보다는 양적으로 측정하고자 하는데 관심을 가진다. 따라서 욕구조사의 다양성의 측면에서 욕구를 질적으로 조사하는 것도 고려해볼 필요가 있다.

⑤ 질적 접근에 의한 욕구조사는 간접방식의 유추를 통해 집단이나 개인의 욕구에 대한 질적인 자료를 심층적으로 분석하여(수집된 자료의 비교, 종합, 표준화, 검토 등) 조사하는 것을 말한다(서인해·공계순, 2004: 137-139).

(2) 욕구조사의 목적

일반적으로, 욕구조사의 목적은 클라이언트의 현재의 문제 확인 및 필요로 되는 욕구를 과학적으로 파악하는 것이다. 이것뿐만 아니라, 드러나지 않지만 심각하게 결핍되어 있는 욕구 그리고 앞으로 발생될 욕구 또는 새로 개발되어야할 욕구를 예측하여 그것을 프로그램에 적용하는 것도 포함된다. 하지만 무엇보다도 욕구조사를 하는 이유는 클라이언트의 욕구 및 문제 확인, 사회서비스 관련 문제의 이슈화 그리고 지역사회의 변화라는 3가지 목적을 달성하려고 하는 데 있다.

욕구조사를 하는 목적이 다양하지만 프로그램 개발과 관련된 목적을 보면, 욕구충족을 위한 프로그램 개발 적용에서 중요한 것은 제한된 자원을 효과적으로 전달하기 위한 서비스의 우선순위를 정하는 것이다. 특히, 욕구조사를 중요하게 생각하여 기관 조직전체에 반영한다면 기관내의 부서 통폐합, 지역기관의 협력 체계 구축 등의 서비스 전달체계가 수정될 수 있다. 그리고 정보관리와 모금 그리고 후원을 위한 욕구조사는 일차적으로 기관의 입장에서 파악되는 목적이라고 할 수 있다.

3) 욕구조사의 내용과 방법

지역분석과 욕구조사는 사회복지서비스와 관련된 다양한 문제와 욕구를 체계적이고 객관적으로 파악하는 방법이다. 따라서 광범위한 사회복지서비스의 문제와 욕구에 대한 개념정의와 그것을 다차원적이고 통합적으로 정의하는 것이 요구된다. 방법론적으로, 통합적 접근을 통한 지역분석과 욕구조사의 이런 모델을 종합해서 실천 가능하도록 단계별로 제시해보면 다음과 같다.

① 1단계는 실태조사: 기존 지역현황에 대한 조사
② 2단계는 자원조사: 지역의 자원의 현황 및 개발에 대한 조사
③ 3단계는 서비스 이해당사자 조사: 직접적인 서비스의 이해당사자에 대한 조사
④ 4단계는 욕구조사: 사회서비스 대상자에 대한 욕구조사.

그 외에 지역분석과 욕구조사에 대해서 간단한 단계적 욕구파악 방법을 제안해보면 다음과 같다(서인해 · 공계순, 2001: 87).

① 인구사회학적 특성 묘사
② 지역사회 문제 및 욕구에 대한 전문가 집단의 사전 진단
③ 지역사회 문제 및 욕구측정
④ 지역사회 자원 파악
⑤ 충족되지 않은 욕구 또는 해결되지 않은 문제 파악
⑥ 문제 및 욕구 우선순위결정
⑦ 우선순위를 토대로 서비스 기획

사회복지서비스에서 서비스 개발과 관리를 위해 지역분석 및 욕구조사를

실시할 경우 직접적인 실제 조사활동에도 참여하지만 간접적으로 조사 전반의 활동을 조정하고 관리하는 활동도 함께 하게 된다. 욕구조사에서 욕구사정이라는 것은 조사를 통하여 결과로 나타난 욕구와 문제에 대해 지역주민들이 원하는 서비스가 어떤 것인지 그 상대적 중요성, 즉 우선순위를 결정하는 방법을 말한다. 여기에서 욕구사정의 초점은 서비스의 이용 가능성, 서비스 체계의 조정, 서비스의 차이, 서비스의 접근 가능성, 제한된 예산과 인력 등을 기준으로 실시하게 된다.

4) 과학적 프로그램 개발을 위한 욕구사정

(1) 프로그램 개발과 욕구사정의 관계

프로그램이 클라이언트의 욕구를 충족하고 문제해결을 위한 하나의 구조화된 틀이라면 프로그램 개발은 프로그램을 창조하는 과정으로 볼 수 있다. 프로그램 개발과정은 과학적이고 합리적인 프로그램의 설계를 토대로 욕구 및 문제 확인, 프로그램 사정, 프로그램 설계, 프로그램 집행, 프로그램 평가, 프로그램 재기획 등을 포함한다. 이렇게 보면 욕구 및 문제확인은 프로그램과 프로그램 개발의 출발이다.

일반적으로 사회복지조사는 특별한 연구를 진행하거나 심각한 문제에 대한 탐구가 아니면 사회복지 프로그램의 기획과 개발을 위한 방법으로 인식된다. 프로그램 개발과정에서 사회복지조사가 활용될 수 있다는 의미는 프로그램의 기획, 집행, 평가의 전 과정 속에서 조사기법을 적용하는 것을 의미한다. 사회복지조사와 프로그램 개발의 관계에서 설정된 다양한 기법을 토대로 사회복지 프로그램 개발의 전 과정에서 활용될 수 있는 사회복지조사의 방법을 생각할 수 있다. 아래의 〈표 5-1〉를 보면 프로그램 개발의 각 단계별 이용 가능한 사회복지조사의 방법이 제시되어 있다(서인해, 2004; 우수명, 2005).

〈표 5-1〉 프로그램 개발과 사회조사의 활용

<table>
<tr><th>단계</th><th>프로그램 과정</th><th>활용가능한 사회조사의 방법</th></tr>
<tr><td>1단계</td><td>욕구 및 문제 확인 / 정보수집 (Need & Problem Definition / Information)</td><td>• 욕구조사(Need assessment)
• 문제진단(Problem diagnosis)
• 지역특성파악(Community status)
• 자원조사(Resource research)
• 메타분석(Meta analysis)
• 체계적 조사결과 통합(Systematic Research Synthesis)</td></tr>
<tr><td>2단계</td><td>프로그램 사정 (Program Assessment)</td><td>• 욕구분석(Need analysis)
• 우선순위 선정(Focus item)</td></tr>
<tr><td>3단계</td><td>프로그램 설계 (Program Design)</td><td>• 조사설계(Research design)
• 실패분석(Failure analysis)
• 절차화(Proceduralization)
• 디자인 신뢰도와 타당도(Reliability & validity)</td></tr>
<tr><td rowspan="2">4단계</td><td>프로그램 집행 (Program Execution)</td><td>• 과정평가(Process Evaluation: monitoring)</td></tr>
<tr><td>초기개발과 초기현장실험</td><td>• 개발타당도(Development validity)
• 절차신뢰도(Procedural reliability)
• 개발기록지(Developmental logs)
• 관찰시스템(Observation system)</td></tr>
<tr><td>5단계</td><td>프로그램 평가 (Program Evaluation)</td><td>• 프로그램 성과평가, 만족도 조사
• 양적과 질적을 통합한 다차원적인 평가설계 (Multiemthod evaluation design)
• 평가타당도(Type III error) 3)</td></tr>
<tr><td rowspan="2">6단계</td><td>프로그램 재기획 (Program Re-planning)</td><td>• 평가 결과 활용 및 제언, 간담회 및 토론
• 욕구 재사정</td></tr>
<tr><td>전파</td><td>• 전파전략(Diffusion Strategies)
• 마케팅 조사(Marketing research)</td></tr>
</table>

3) 이것은 프로그램이 결과를 해석하는 데 있어서 프로그램의 디자인이나 집행의 충분함을 확인하여 프로그램 결과해석에 오류를 방지하기 위한 조사기법이다(서인해, 2004: 14).

먼저 프로그램 개발과 운영의 1단계인 욕구 및 문제 확인을 위해서 사회조사로는 욕구조사, 문제확인, 지역특성조사 그리고 프로그램 자원조사 등이 가능하다. 둘째, 2단계인 프로그램 사정에서는 욕구조사 결과 과제 및 프로그램 내용 우선순위 선정이 고려될 수 있다. 셋째, 3단계인 프로그램 설계에서는 조사설계(실험설계, 비실험설계)가 검토될 수 있다. 이 조사설계는 구체적인 조사방법과 내용(조사대상, 조사내용, 자료수집방법 그리고 자료분석 등). 또한 프로그램의 효과성 등을 평가하기 위해서 실험설계를 선택한다면 설계에 필요한 전제조건(비교, 조작, 통제, 난선화 등)와 체계적인 실험과정 그리고 설계 및 결과의 타당성과 신뢰성 등을 고려할 필요가 있다. 넷째, 4단계인 프로그램 집행에서는 프로그램의 과정을 평가하기 위한 과정평가가 활용될 수 있다. 대표적인 방법이 모니터링이다. 다섯째, 5단계인 프로그램 평가에서는 프로그램의 종결에서 확인해야 하는 프로그램 성과를 평가하거나 프로그램의 만족도를 조사할 수 있다. 마지막으로, 6단계인 프로그램 재기획에서는 평가 결과 활용 및 제언, 간담회 및 토론 등을 통해 프로그램 재수정 및 보완 그리고 새로운 프로그램의 개발을 고려할 수 있다.

(2) 프로그램 개발과정과 욕구사정의 적용

프로그램 개발과정은 프로그램이 진행되는 시작과 종결, 재시작의 전체 과정에서 가장 중요한 단계이다. 조사는 앞서 본대로 프로그램 전체 과정에서 각각의 특성에 따라 요구되는 조사방법과 내용이 다르게 적용될 수 있다. 지역사회복지조사와 관련되어 프로그램의 전체과정에서 조사의 활용과 관리가 요구된다. 아래 ▌그림 4-1▌은 프로그램 전체과정에서 욕구사정이 어떻게 활용되고 관리될 수 있는지를 보여주고 있다.

총체적으로 프로그램을 프로그램과 성과관리의 차원에서 접근할 수 있다. 프로그램 성과관리를 위해서는 프로그램 관리, 욕구개발과 관리, 조사관리를 고려할 필요가 있다. 각 분야는 서로 연계되며 통합적으로 활용될 수 있다.

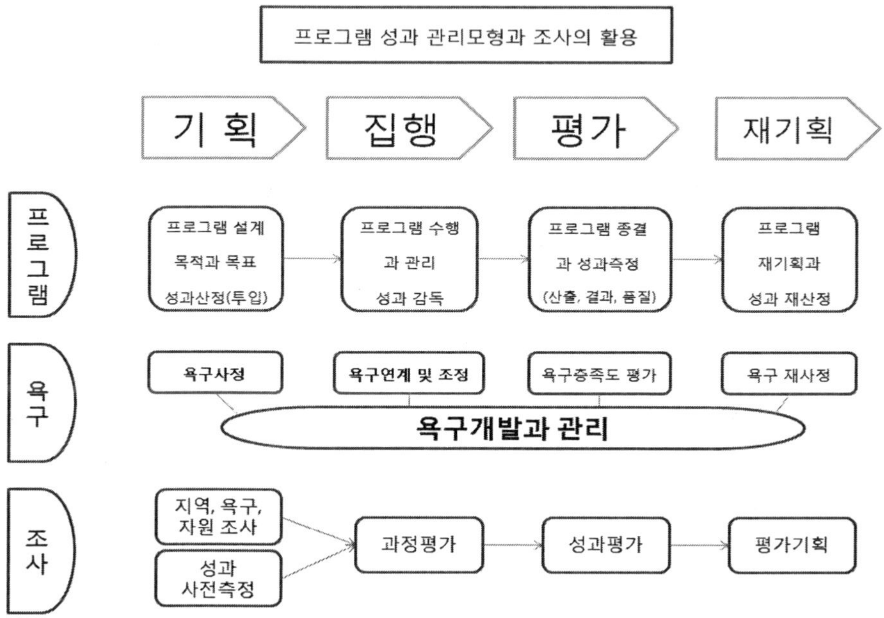

▎그림 5-1▎ 프로그램 과정과 욕구사정의 적용

욕구조사를 단순히 하나의 과학적 조사방법이라는 점 이외에 프로그램 기획 및 개발의 차원에서 생각한다는 것은 욕구조사를 통해서 파악된 욕구를 기초로 프로그램 기획 및 개발을 하려고 하는 접근을 의미한다. 위의 표에서도 알 수 있지만 욕구조사는 프로그램 기획 및 개발을 위해서 다양하게 활용될 수 있다. 그 내용을 정리하면 다음과 같다.

① "욕구 및 문제 확인"은 프로그램 기획 및 개발의 한 과정이다.

② "욕구 및 문제 확인" 과정에서는 다양한 욕구조사 방법을 활용한다.

③ "욕구분석과 욕구의 우선순위를 정하는 욕구사정"은 프로그램 기획의 중요한 방법이다.

④ 프로그램의 집행에서는 욕구사정에 의해서 선정된 욕구를 기초로 진행되는 프로그램에서 실제로 욕구가 프로그램을 통해서 욕구가 어떻게 측정되고 있는지에 대한 욕구 관리 및 감독(모니터)이 활용된다.

⑤ "욕구 분석과 사정"은 프로그램 기획 및 개발의 출발뿐만 아니라 전체 과정에서 활용되며 프로그램 재기획을 위한 방법이다.

정리해보면, 욕구조사는 프로그램 개발의 출발점이다. 욕구조사를 어떻게 하느냐에 따라서 프로그램의 방향이 달라질 수 있다. 단순히 프로그램 기획 및 개발을 위한 방법으로서의 욕구조사로 인식하기보다는 전체 프로그램의 출발, 과정, 종결의 총체적인 관점에서 욕구를 어떻게 파악하고 적용하여 관리할지에 대한 관심이 요구된다.

5) 프로그램 개발과 욕구사정의 실제

(1) 욕구사정과 프로그램 목표 설정

① 욕구사정과 프로그램 목표 설정 체계도

다음은 프로그램 개발과정의 욕구파악에서 사업목표까지를 논리적인 연계를 통해서 제시한 사례이다(김영종, 2006).

〈표 5-2〉 욕구파악에서 사업목표설정까지

대상자	욕구	사업효과	사업목표
주민(People)	파악할 욕구	욕구변화	사업목표
• 노숙자들의	• 배고픔을	• 없애는 것	노숙인 급식지원 프로그램
• 10대 미혼모에 의한	• 아동학대를	• 중지시키기	아동보호 전문상담제도
• 20대 청소년들의	• 실업을	• 줄이기(한정된 수준)	청년 실업 감소위한 인턴십 프로그램
• 지역 빈곤 아동의	• 방임을	• 줄이기(한정된 수준)	방과 후 공부방 프로그램
• 서울시의	• 빈곤을	• 감소시키기(한정된 수준)	서울시 저소득층 자활근로 지원사업
• 여성장애인에 대한	• 차별을	• 철폐하기	여성장애인 차별철폐금지법 제정
• 노인의	• 간병을	• 지원하기	노인 수발과 간병서비스

② 사업계획서에서 사업 필요성 영역 사례 : 『지역 및 욕구분석에서 사업목표까지』

구분	①지역사회	②예상 대상자(주민)	③욕구/문제	④목적	⑤목표
핵심부문					
일반부문					

표 설명

① 지역사회: 지역사회 전반의 상황과 현황

② 대상자(주민): 욕구나 문제를 가지고 있을 것으로 예상되는 주민. 여기서 핵심부문은 서비스의 직접적인 수혜 대상자. 일반부분은 서비스에 대한 잠재적 수요 계층

③ 욕구/문제: 대상자가 가지고 있을 것으로 파악되는 욕구나 문제. 여기서 핵심부문은 시급히 충족되거나 긴급하게 서비스가 필요하여 우선순위로 지원이 요구되는 심각한 욕구나 문제. 일반부문은 그 외 잠재적인 욕구나 문제

④ 목적: 욕구에 기반한 사업목적

⑤ 목표: 욕구와 사업목적에 기반한 목표

※ 각 영역은 핵심부문과 일반부문으로 구분하여 우선순위를 선정하여 작성

- 사례: 성남시 주민생활지원서비스 중 아동지원서비스 사업계획

구분	①지역사회	②예상대상자(주민)	③욕구/문제	④목적	⑤목표
핵심 부문	수정구 5동 (빈곤아동 및 가족문제 심각)	수정구 5동 빈곤아동 중 예상 서비스 대상자 10명	아동방임 (정서, 학업 등)	아동방임을 감소	방과 후 공부방에서 정서 및 학업지원
일반 부문	성남시 수정구 (저소득층 밀집 지역)	수정구 5동 빈곤아동	가족, 학업, 교육, 지원체계 부족	빈곤아동의 생활지원	방과 후 공부방 운영

(2) 사회서비스 개발과 욕구사정

여기에서는 프로그램 개발과 욕구조사의 실제를 설명하기 위해서 사회서비스 개발 분야와 욕구조사의 적용의 실제를 논의하고자 한다.

사회서비스 개발을 위한 욕구조사에는 다양한 측면에서 접근이 가능하다. 먼저 서비스 대상별(아동, 장애인, 노인, 여성 등)로 구분하여 각각의 욕구특성에 맞는 욕구조사를 할 수 있다. 그리고 서비스 내용별(교육, 문화, 돌봄, 생활환경, 보건의료 등)로도 욕구를 파악할 수 있다. 사회서비스 프로그램 개발을 위해서는 사회서비스의 욕구를 측정하는 것이 필요하다. 그리고 사회서비스의 욕구를 측정하는 것과 동시에 향후 예측되는 서비스의 수요에 대해서 예측하는 것도 요구된다. 여기에서는 사회서비스 개발을 위한 욕구분석의 차원에서 사회서비스 욕구측정의 내용과 방법을 소개하고 사회서비스 분야 여성일자리 관련 수요예측 및 분석의 내용과 방법을 소개하고자 한다(강혜규 외, 2007; 민현주 외, 2007).

① 사회서비스의 개념

사회서비스는 사회복지서비스, 대인사회서비스, 사회적 보호 등으로

이해되고 있다. 광의적으로는 공공행정, 국방, 의료, 교육 그리고 사회복지서비스를 포함한다. 반면에 협의적으로는 미국의 대인사회서비스, 영국의 사회서비스 등과 같은 영미계통 국가에서 사용하는 사회적 보호와 유사한 개념으로 이해된다.

② 사회서비스 분류

사회서비스는 내용(분야), 기능, 대상에 따라 분류된다. 먼저 내용(분야)에 따른 서비스는 사회복지, 보건의료, 교육, 문화・예술서비스 등으로 구분된다. 둘째, 기능에 따른 서비스는 기초적 재생산을 위한 의식주 등 생활 보장 서비스, 신체적・정신적 건강 확보를 위한 서비스, 인적자본 확충 및 기회평등을 위한 서비스, 사회적 관계 형성 및 참여를 위한 서비스, 일자리 서비스, 일반 행정서비스 등으로 분류된다. 셋째, 대상에 따른 구분에서는 성인(노인・장애인)서비스, 아동・청소년서비스, 여성・가족서비스, 특수 취약계층 서비스(노숙인, 미혼모, 국제결혼이주자 등) 등으로 구분된다.

③ 사회서비스 욕구

사회서비스 욕구(Social Service Need)는 사회서비스 이용자가 가지는 기본적인 문제 상황 또는 결핍된 상태에 대한 극복하려는 또는 변화되었으면 하는 의향의 정도나 수준을 의미하며 사회서비스와 관련되어서는 그 욕구충족이나 문제해결을 위한 서비스에 대한 참여 또는 이용과 관련된 욕구를 의미한다. 앞서 제시된 바 사회서비스를 내용(분야), 기능, 대상에 따라서 구분한 것을 토대로 하면 사회서비스 욕구도 이런 분류에 근거하여 정의될 수 있다. 사회서비스 욕구사정(Need Assessment in Social Service)을 위해서 욕구의 측면을 다음과 같이 고려할 수 있다.

〈표 5-3〉 사회서비스 개발 대상과 영역

영역 \ 대상	노인	장애인	영유아	청소년	여성·가족	특수취약계층
생활보장	●	○	○	○	●	●
보건의료·건강	●	●	●	○	○	○
보육			●		●	○
교육	○	○	○	●	○	●
일자리	●	●		○	●	●
문화예술	○	○	○	○	○	○
일반행정	○	○	○	○	○	○
이동	○	●				

※ ○표는 해당 대상자의 욕구. ● 표는 해당 대상자의 핵심적인 욕구.
※ 본 내용은 강혜규 외(2007)과 민현주 외(2007)의 내용을 수정·보완한 것임.

④ 사회서비스 수요

사회서비스 수요(Social Service Demand)는 앞서 제시된 사회서비스 욕구와는 다른 개념이다. 사회서비스 욕구는 주로 사회서비스 이용자의 포괄적인 사회적인 욕구를 포괄하여 측정한다. 따라서 사회서비스 욕구를 측정하는 일반적인 방법은 욕구에 대한 정도를 설문조사를 통해서 파악하는 것이다. 반면에 사회서비스 수요는 경제적인 관점을 토대로 이런 사회서비스 욕구에 대해서 서비스를 제공시 서비스 지불의사나 지불능력 등이 있는지를 파악하여 그 정도를 파악하는 방법을 의미한다. 즉 사회서비스 수요분석은 지불능력의 지속성과 새로운 서비스에 대한 수요자의 욕구를 염두에 두고, 누가 어떤 종류의 서비스를 자신이나 다른 지불 주체의 지불능력을 감안하여 얼마나 절실하게 원하는지를 체계적으로 파악하고자 하는 것이다. 그리고 여기서 말하는 수요(Demand)란 아직 관찰되지 않은(실현되지 않은) 의도(량)을 의미한다. 그리고 수요측정에서는 수요의 강도를 단순히 욕구의 정도(높고 낮음 등)으로 질문하기 보다는 화폐단위 등을 이용하여 측정할 수 있다. 예를 들면 사회서비스 수요추정을 위해서 지불의사를 물어본다고 할 때 가장 자연스러운 방법은 '주어진 가상적인 절대 단위 가격(예를 들어, 시간당 가사서비스의 가격이 7,000원이라면)에 대하여 (주어진 기간당: 예를 들어, 주당 혹은 월당) 수요하고자 하는 시간수'를 질문할 수 있다.

그리고 이런 수요예측에서는 사회서비스 수요에 대한 분석과 사회서비스 공급(예를 들면, 사회서비스 공급이 가능한 지역사회 복지 시설 및 기관 등)에 대한 분석을 함께 실시하여 사회서비스 수요와 공급의 적절한 연결(matching)이 고려될 필요가 있다.

⑤ 사회서비스 수요추정

사회서비스 수요를 추정(예측)하는 방법에는 소득계층별 수요 파악과 구매의사(지불의사 또는 지불능력)를 기준으로 수요를 파악하는 방법이 있다. 전자는 소득계층별 수요 파악을 함으로써 향후 사회서비스 부문에 대한 투자가 어떤 집단에 우선이 되어야 하는지를 측정하기 위한 것이다. 반면에 후자는 서비스 대상자의 특성이나 소득수준과 상관없이 서비스에 대한 지불능력이나 지불의사를 기준으로 그 수요를 파악하는 방법이다. 사회서비스가 공공성이 있는 공공서비스의 성격이 강하기 때문에 사회서비스의 수요추정을 위해서는 수요에 대한 지불의사등과 함께 소득요인을 함께 고려할 필요가 있다.

⑥ 사회서비스 욕구분석 방법과 고려사항

사회서비스 욕구분석 시 고려해야 될 사항으로는 서비스의 욕구를 측정하는 것과 동시에 사회서비스의 유효수요(경제적인 관점에서 바라

본 서비스 지불의사나 지불능력과 관련된 수요)와 공급의 실태를 함께 파악하는 것이 중요하다. 따라서 서비스 대상자 개별가구의 사회서비스에 대한 구매의사와 구매능력 등을 고려한 조사를 할 필요가 있다. 동시에 사회서비스의 공급현황에 대한 분석도 필요하다. 핵심적으로 사회서비스 프로그램 개발을 위한 욕구분석에 포함될 내용과 방법을 정리해보면 다음과 같다.

㉠ **1단계** : 지역 현황 분석=인구사회학적 특성 및 경제, 문화, 지리적 현황 등

㉡ **2단계** : 욕구사정 = 서비스 대상자(기존 및 잠재적 대상자 포함)에 대한 광범위한 욕구사정(빈곤, 가족, 가사/간병, 교육, 문화, 보육, 일자리, 보건의료 등)

㉢ **3단계** : 유효수요예측 = 서비스 대상자가 서비스와 관련된 바우처 등에 지불의사나 지불능력이 있는 지를 파악하여 향후 그 수요를 예상하는 방법.

㉣ **4단계** : 공급분석 = 지역사회 자원분석(사회서비스 관련 공급 자원 등)

㉤ **5단계** : 1, 2, 3, 4 단계 종합분석

프로그램 기획에서 어려운 점은 욕구조사와 같은 전문적이고 과학적인 방법의 활용에서 있어서 한계가 있다는 것이다. 서인해・공계순(2008)은 프로그램 개발에서 여러 가지 조사의 개념, 조사과정, 조사기술이 활용되는데, 문제파악과 관련된 욕구조사활동 영역과 프로그램을 평가하는 평가활동 영역에서 문제가 있다고 지적하였다. 이 연구를 보면 욕구조사활동과 관련된 예로서 제안서에서 문제에 대해 기술할 때 문제중심과 인구중심을 균형적으로 사용한 유형이 상대적으로 적

었으며, 그 심각성을 기술하는데 실증적 방식보다는 심정적인 방식이 더 많았다. 또한 문제의 원인에 대한 내용이 아예 없거나 불명확하게 언급된 제안서가 많으며, 설사 문제의 원인이 언급되어 있더라도 문헌과 실무경험의 정보를 적절하게 활용한 경우가 과반수에 미치지 못했다. 뿐만 아니라 대부분 제안서에서 프로그램 대상자들이 거주하는 지역 및 서비스 자원에 대한 정보를 제시하지 않았다. 이러한 혼란은 프로그램 개발 과정에서 적용되는 욕구조사활동의 특징에 대해서 충분히 이해하지 못하기 때문에 발생되었다고 연구자들은 문제제기를 하였다.

욕구의 개념은 인간의 생존에 필요한 무엇인가가 결핍된 상태로 사회적으로 필요한 의미에서 사회적 욕구로 인식된다. 욕구조사의 정의를 인식할 때 욕구확인, 욕구사정, 욕구개발과 관리, 욕구의 질적 측면 접근 등을 고려할 필요가 있다. 프로그램 전 과정에서 기획 및 개발의 차원에서 욕구조사를 인식할 필요가 있다. 욕구조사는 프로그램의 출발이며 프로그램 기획의 과학적 근거가 된다. 단순한 욕구조사로 인식하기보다는 전체 프로그램의 과정에서 욕구를 어떻게 파악하고 적용하여 관리할 지에 대한 관심이 요구된다. 사회복지서비스 욕구 충족과 서비스 실태 및 평가를 수행하여 지역사회 서비스 연계 실태파악, 모니터 및 평가하여 사회 서비스 발전방안 수립해야 한다. 사회복지분야에서 통합적 실천은 연구의 역할과 실천과 연구의 관계를 변화시키고 있다. 여기에 실천과 연구의 연계에 의한 근거중심실천(Evidence based practice), 이론과 실천의 개발에서 지식의 창출을 위해서 연구의 잠재적 역량강화의 역할을 강조하는 참여적(participatory) 또는 비판적 접근 등의 두 가지 중요한 흐름이 포함되고 있다. 통합적 접근에 의한 이런 경향은 사회복지에서 연구, 실천 그리고 이론 사이의 상호관련성을 인식하는 관점을 토대로 한다(Powell, 2002: 17-33). 조사연구에서는 기존의 형태와 방식을 넘어서서 그 내용도 사회정의, 평등, 역량강화, 자기결정, 사회적 배제에 대한 대응 그리고 사회변혁(Social Transformation) 등의 원칙이 중요하게 고려될 것으로 전망된다. 그리고 사회복지 프로그램과의 관계에서도 그 결과에 대한 연구뿐만 아니라 과정을 연구하는 것에 대한 가치도 반영될 필요가 있다. 연구자 스스로도 연구 패러다임, 철학, 지식, 방법 그리고 과정에 있어서 단순한 패러다임에 국한되지 말고 사회적 조건화의 영향과 제도와 사람들에 대한 조사결과의 영향을 인식하는 것이 요구되고 있다(Gibbs, 2001: 687-704). 따라서 프로그램을 기획하는 담당자는 과학적 상상력과 사회에 대한 문제의식 속에서 현실의 문제를 반영하고 전략적인 프로그램 개발과 평가에 주목할 필요가 있다.

06
CHAPTER

목적 및 목표 설정

1. 목적과 목표의 설정
2. 프로그램 대상자의 선정

06 CHAPTER

목적 및 목표 설정

1. 목적과 목표의 설정

1) 목적과 목표의 개념과 유형

(1) 목적과 목표의 개념

사회복지조직에서 프로그램 기관의 정책이나 지시를 따라 권한을 부여받아 광범위한 목표와 목적을 정립해서 공식화 될 때 시작된다. 이러한 과정은 대개 새로운 서비스의 필요성을 인식하고 서비스의 수혜 대상자와 예상되는 결과를 추정하게 되는데 특히 프로그램 담당자는 이러한 사항을 구체화해야 된다. 이것이 프로그램 설계인데, 이는 한마디로 목표달성 가능한 체계를 창출하는 과정이라고 할 수 있다. 프로그램의 목표나 목적이 구체적으로 명시되어 있다 할지라도 실제 목표달성을 위한 실행과정에는 여러 가지 차원의 선택해야할 과업들이 있게 마련이다. 이러한 과업의 기본지침을 마련하기 위해 프로그램의 설계가 요구된다. 따라서 프로그램 설계는 프로그램의 목적을 구체적인 과업과 활동으로 전환하는 과정이며, 각 과업과 활동의 순서 및 적절한 시기를 정하는 단계이다. 이는 프로그램 수행을 주도하고 부수적인 작업수행을 평가하기 위한 근거를 제공하게 된다

(정무성, 2000).

사회복지 프로그램에서 목적(goal)이란, 그 조직이 무엇을 성취하기를 원하는지에 대한 광범위한 서술이다. 목표는 성취되어야 할 결과들과 연관되어 있고, 획득 가능하고, 측정 가능하고, 시간-제한적으로 제시되는 것이다. 이런 목적과 목표는 다음의 원칙에 근거하여 설정되어야 한다.

① 결과와의 연관성 : 조직의 일반적인 사명이나 목적들 내에 들어맞으면서, 프로포절에서 확인된 문제들과 연관을 분명히 한다.
② 획득 가능성 : 현실적으로 실천될 가능성이 있다.
③ 측정 가능성 : 성취가 손에 잡히고, 확실하고, 수량화된 결과들에 기초한다.
④ 시간제한성 : 제안서가 결과가 성취될 수 있는 시간적인 틀을 구체화한다.

(2) 목표 선정의 전제조건

첫째, 목표 내용은 목적과 혼동하지 않아야 한다. 궁극적으로 지향하는 바가 아니라 본 사업을 통해 구체적으로 달성 가능한 지점을 명시하는 것이 목표 내용으로 되어야 한다. 둘째, 목표 간 배타적이어야 한다. 물론 목표 1과 목표 2가 전혀 별개의 것이 될 수 없는 것은 한 목적 아래에서 도출되기 때문이다. 하지만 목표 2가 목표 1의 하위 목표임에도 별도로 설정되어서는 곤란하다. 셋째, 목표는 측정 가능한 것이어야 한다. 목표는 평가 지표 및 도구와 연결되어 있다. 왜냐하면 세워진 목표는 실제 사업 종료 시점에서 달성되었는지, 얼마나 달성하였는지를 측정하여야 하기 때문이다. 그러므로 목표는 이후 평가 부분과 반드시 함께 검토해야 한다. 넷째, 수단과 목표 간의 일치성이다. 제시되어 있는 문장에서 양자 간 논리적 모순이 있는지를 살펴보아야 한다. 다섯째, 프로그램 성립 및 진행의 전제 조건을 목표로 삼아서는 안 된다. 종종 목표에 포함되어야 할 것이 아니라 오히려 프로그램을 진행하는데 필수적인 전제 조건에 해당 하는 것을 첫 번째 목표로 제시하는 경우가 있다(삼성복지재단, 2013).

(3) 목표의 유형

〈표 6-1〉 목표의 유형

<table>
<tr><th>구 분</th><th colspan="3">목표</th></tr>
<tr><td rowspan="6">변화</td><td rowspan="6">성과</td><td rowspan="3">달성시점</td><td>단기성과</td></tr>
<tr><td>중기성과</td></tr>
<tr><td>장기성과</td></tr>
<tr><td rowspan="3">성과목표
/내용</td><td>결과성과</td></tr>
<tr><td>산출성과</td></tr>
<tr><td>품질성과</td></tr>
<tr><td rowspan="2">위계적 관점</td><td colspan="3">상위목표</td></tr>
<tr><td colspan="3">하위목표</td></tr>
<tr><td rowspan="4">내용</td><td colspan="3">영향목표</td></tr>
<tr><td colspan="3">성취목표</td></tr>
<tr><td colspan="3">활동목표</td></tr>
<tr><td colspan="3">이용자목표</td></tr>
<tr><td rowspan="2">프로그램 과정</td><td colspan="3">과정(단위)별 목표</td></tr>
<tr><td colspan="3">총괄목표</td></tr>
</table>

출처: 우수명. 2002. TP 사회복지 프로그램 개발과 평가. 인간과 복지. pp.132-143.

목표 설정에는 목표 범위, 목표 내용, 목표 측정 가능성, 하위 목표의 적절성 등이 포함된다. 목표는 프로그램의 목적으로부터 추출되는데, 프로그램 목적의 달성 여부를 점검할 수 있는 측정 지표에 해당한다고 볼 수 있다. 이러한 목표는 구체적이면서 지향하는 바가 뚜렷하게 제시되어야 하고 측정 가능한 것이어야 한다. 목표는 분류 기준에 따라 상위 목표와 하위 목표, 과정 목표와 성과 목표, 기관 목표와 활동 목표, 영향 목표와 서비스 목표 등으로 나뉠 수 있다. 성과 목표는 일련의 프로그램이 과정 목표에 따라 진행된 결과 종국적인 변화 대상의 변화치를 나타내는 최종적인 목표를 뜻한다. 이 프로그램이 진행되면 '한 부모의 만족도를 30% 향상시킨다든지, 참여자 90%가 자격증을 획득한다든지' 하는 목표를 말한다(삼성복지재단, 2013).

2) 목적과 목표의 설정

(1) 사업의 필요성(문제 및 욕구 포함)을 구성하는 방법

① 사업의 필요성

사업계획서의 인증을 위하여 프로그램의 당위성을 주장하는 근거와 이론적 배경, 클라이언트 욕구의 종류와 심각성의 부각, 통계치와 경험적 연구 등의 객관화된 자료 활용 등

② 논리적 서술

㉠ 클라이언트 욕구와 문제에 대한 통계자료 제시

㉡ 해당 지역 또는 관련 지역내의 클라이언트 수와 현재 문제의 심각성 제시(관련 조사자료)

㉢ 클라이언트 문제의 유형 및 욕구내용과 관련 효과적인 프로그램의 사례 제시

㉣ 본 사업의 필요성 제시함.

(2) 사업목적 및 목표

목적과 목표를 설정할 경우에 각 특징들을 명확히 해야 한다. 먼저 목적(Purpose)은 프로그램을 통해 궁극적으로 달성하고자 하는 추상적인 지향점

을 의미한다. 그리고 목표는 목적을 보다 구체화하여 방향성을 제시한 수준을 말한다. 또한 목표는 프로그램 관련된 총체적인 내용을 담고 있으면서 명확한 결과를 예측할 수 있도록 구성되어야 한다. 프로그램이 변화시키려고 하는 상황이나 문제에 대한 기준을 설정하는 것이며, 또한 프로그램 활동의 결과로서 기대되는 현 수준으로부터의 변화의 정도 등도 포함될 수 있다. 목표설정에 영향을 미치는 사항들은 수혜자의 욕구, 기관이 프로그램을 지지하는 정도, 프로그램 참여자와 담당자 간의 목적에 대한 일치도, 정책적 요구 등이 있다. 아래는 구체적인 목표의 설정 기준을 보여준다(정무성, 2000).

① 목표는 사회문제 분석과 관련이 있어야 한다. 목표진술은 문제진술로부터 얻어져야 한다. 대부분의 사회문제들은 복잡하고 수많은 요인들을 포함하기 때문에 단독의 프로그램은 영향력을 갖고자 하나 미비할 수 밖에 없다. 문제-목표관계를 확인하기 위해 프로그램 관리자는 사회문제를 발생, 유지시키는데 기여하는 요인들의 목록을 작성하고, 프로그램이 그 요인에 영향을 주거나 변화시키도록 힘써야 한다. 이러한 요인들은 프로그램 목표를 위한 본질이 된다.

② 목표는 결과 중심적이어야 한다. 목표진술은 기관을 위해서가 아니라 클라이언트를 위해 쓰여져야 한다. 예를 들어 프로그램 목표는 "프로그램이 제공될 것이다"라는 식으로 표현되어서는 안된다. 이것은 기관이 무엇을 하려고 하는 것이지 기대하는 결과를 반영하는 것은 아니다. "기관이 직업교육과 취업기회를 제공할 것이다"라는 말 대신에 "클라이언트들은 직업교육과 취업을 하게 될 것이다"라는 표현이 목표가 되어야 한다.

③ 목표는 현실적이어야 한다. 목표는 재정적, 기술적, 윤리적, 법적으로 실현가능한 것이어야 한다.

④ 목표는 분명하게 진술되어야 한다. 목표는 대부분의 사람들이 이해하기 쉽게 진술되어야 한다. 목표진술은 전문용어를 피하고, 프로그램의 존재이유에 맞춰져야 한다.

⑤ 목표는 클라이언트 집단을 언급해야 한다. 목표진술은 표적집단을 명시해야 한다. 또한 목표는 클라이언트 집단에 대한 진술이 필요하다. 이 집단은 프로그램 설계의 첫 단계부터 명확해야 한다.

⑥ 목표는 정확해야 한다. 목표는 관찰 가능하거나 추정 가능해야 한다.

⑦ 목표는 긍정적으로 표현되어야 한다. 목표진술은 '무엇이 존재하지 않는다'보다 '무엇이 성취된다'는 형식으로 쓰여져야 한다(예를 들어, 실업률을 감소시킨다보다는 취업률을 증가시킨다). 때때로 목표진술을 긍정적으로 만들려는 시도는 정확성과 명확성에 위배될 수 있다. 이런 경우에는 부정적이어도 무방하다. 어떤 이들은 "입원 감소"가 "지역사회 보호의 증가"보다 더 정확한 것이라고 주장한다. 그러나 대부분의 경우에는 목표를 "~의 증가"로 하는 것이 프로그램 진행자들로 하여금 바른 방향으로 가게 한다.

세부목표(Objectives)는 프로그램을 통해 달성하고자 하는 구체적인 목표로 효과성이다. 이 세부목표를 설정할 때 다음과 같은 원칙을 고려해야 한다.

① 구체적이고 명확하며 실현 가능하도록 작성함.

② 실현되어야 할 내용과 구체적인 방법, 달성될 계량화된 목표수치 등을 포함.

③ 프로포절에서 가장 중요함.

목표는 SMART 해야 한다(정무성, 2006)
목표는 SMART(Specific(구체적이고 명료함), Measurable(측정 가능함), Attainable(목표달성의 가능성), Relevant(목표의 타당성), Time-bounded(시간제한성)의 기준에 근거하여 목표를 수립하여야 한다.

세부목표는 목표를 분할하여 특정 이익을 클라이언트로 하여금 받도록 하는 진술의 형태이다. 이러한 클라이언트 결과중심 세부목표들은 한사람의 요구에 의한 것은 아니다. 프로그램들은 또한 자원획득과 서비스 행사를 필요로 한다. 그러나 개입이론에서는 클라이언트 결과중심 세부목표만이 요구된다. 세부목표는 문제 분석과 클라이언트 집단, 프로그램을 기획하는 대상들에 대한 정보를 필요로 한다. 이것은 관리자가 동시에 다양한 상황을 고려하도록 요구하는 상호작용의 과정이다(정무성, 2000).

사업 목적은 사업을 의도한 바대로 원활하게 진행해서 설정된 목표를 달성함으로써 궁극적으로 도달하고자 하는 바를 의미한다. 그러한 사업 목적에 대한 진술은 제목과 사업 목표 설정 사이에 있다. 즉, 사업 목적은 제목과 방향을 같이 해야 하며, 사업 목표가 달성되면 사업 목적을 이루는 데 직간접적으로 기여하는 것이어야 한다(삼성복지재단, 2013). 따라서 목적, 목표, 세부목표는 연관성, 체계성, 명확성을 기준으로 하여 차례대로 설정하며 각 목표의 달성수준을 고려해야 한다. 아래의 〈표 6-2〉를 보면 사회복지공동모금회에서 제시한 목표 설정 사례가 제시되어 있다. 여기에서 결손가정 아동지원 프로그램의 목적인 한부모가정 아동을 대상으로 방과 후 프로그램 운영을 통해 보호와 학습기회 제공을 기준으로 각 목표와 세부목표를 설정할 수 있다. 특히 세부목표의 경우 매우 구체적이면서 숫자 등으로 측정 가능하도록 설정되어 있다.

〈표 6-2〉 사회복지공동모금회의 목표설정 사례(결손 가정 아동지원 프로그램)

1)목적	2)목표	3)세부목표(필요시 기재)
한부모가정 아동을 대상으로 방과 후 프로그램 운영을 통해 보호와 학습기회 제공	1. 보호	1-1. 월 30명 이상 비행 예방을 위한 교육실시
		(교육 참가자의 70%이상이 비해예방 인식정도가 80% 수준)
		1-2. 주 2회 집단프로그램을 통한 건전한 또래 관계 형성
		(참가자의 70% 이상이 또래관계 향상)
	2. 학습기회 제공	1-1. 연 4회 이상, 박물관 관람 및 캠프 등 다양한 특별활동 기회 제공
		(참가자의 70% 이상이 80% 이상 만족)
		1-2. 매일 10명에 1시간씩 학습지도를 통해 학습능력 향상
		(참가자의 70% 이상이 학습성취도 향상)

위의 〈표 6-2〉를 보면 사회복지공동모금회에서 제시하는 목적, 목표, 세부목표가 서로 연관성이 있도록 구성된 것을 알 수 있다. 목적과 목표, 목표와 세부목표의 관련성이 뚜렷하게 제시되어야 한다. 특히 이 목표의 경우 산출목표와 성과목표로 구분하여 작성하게 된다. 첫째, 산출목표는 성과목표 달성에 기여하는 데 필요한 수단적 성격의 목표이다. 산출목표로 설정될 수 있는 것은 활동에서 기재한 사업내용을 실제로 수행한 것이거나, 활동의 결과, 프로그램 기획자가 마음대로 하기는 어렵지만 실제 성과목표를 달성하는데 반드시 필요한 목표치인 경우를 의미한다. 이 두 가지 중에 보다 집중해야 할 것은 실제 수행한 활동보다는 성과목표 달성에 반드시 필요한 목표이다. 둘째, 성과목표는 인적·물적 노력과 시간을 조직·투여하여 최종적으로 달성하고자 하는 목표이다. 성과목표의 차원과 초점은 매우 다양하게 설정된다. 예를 들어 소년원에 있는 청소년들에게 코딩(coding) 교육을 시킨다고 한다면 코딩 실력의 향상이 성과가 될 수도 있고, 자살 시도 경험이 있는 사업참여자와 상담프로그램을 진행한다면 우울감감소가 성과가 된다. 성과목표는 사업참여자, 사업내용, 성과지표 등과 연결된다. 사업을 수

행한다는 것은 "누구를 어떤 개입을 통해서 어디까지 변화를 이끌어 낼 것인가"를 구체적으로 실행하는 것이며 성과목표는 사업참여자 중에서 핵심 참여자에 대한 내용을 의미한다(사회복지공동모금회, 2018).

2. 프로그램 대상자의 선정

1) 프로그램 대상자의 개념

사회복지 프로그램을 기획하는 데 있어 중요한 과제는 "누가 혜택을 받는가"이다. 대상자들에 대한 부정확하고 부적절한 정의는 기관 간 그리고 기관-정부 간 반목, 적절한 클라이언트에게 돌아갈 귀중한 자원의 낭비, 클라이언트 혜택의 감소 등을 야기한다. 누가 혜택을 받고, 받지 않을 것인가는 클라이언트의 욕구, 프로그램의 이론, 입법부와 행정부 같은 중요 구성체계 등을 고려하여 사려 깊고 분석적으로 결정해야 한다(정무성, 2000).

사회복지 프로그램 대상자 개념의 변화와 서비스 제공을 보면 소비자(Consumer) → 고객(Client) → 참여주체(Participant) → 피플(People)의 역사적 변화의 과정을 거쳐오고 있다. 전통적으로 사회복지분야에서는 사회복지서비스를 받는 대상자를 'client', 'consumer' 등으로 명명해왔다. 하지만 이것은 사회복지 서비스를 제공하는 주체인 사회복지사(또는 국가 등도 포함)와 그 서비스 대상자를 구분하는 관점에서 대상자에 대한 부정적인, 무엇인가가 부족한, 어떤 것이 정상적인 사람보다는 불충분한 비정상적인 사람이라 하는 관계에서 파악하려고 하는 시각이 포함되어 있다. 하지만 사회복지의 주요 가치인 평등의 관점에서 볼 때 서비스 대상자를 서비스를 생산하지 않고 소비해버리는 소비자나 문제해결의 주체가 아닌 객체로서의 일방적인 보호나 도움이 필요한 사람으로 보는 클라이언트라고 보기보다는 욕구충족이나 문제해결은 바로 그 사람이 주체이며 스스로의 역량을 키우는 것에서부터 출발한다는 전제를 생각한다면 한 인격체인 사람으로 표현하는 것은 앞선 명칭보다 더 사회복지의 가치를 구현하는 것이 아닌가에 대한 문제의식을 내포하고 있다(강병노, 2008).

2) 프로그램 대상자의 유형과 설정방법

(1) 프로그램 참여 대상자의 유형 구분

일반적으로 프로그램 대상자는 위계적 대상자 선정에 따라서 일반집단, 위험집단, 표적집단, 클라이언트 집단 등으로 구분할 수 있다.

① 일반집단(general population) : 서비스를 제공할 대상이 속해 있는 전체의 인구집단 또는 지역의 일반 인구집단(전체대상)

② 위험집단(at risk population) : 일반집단 중에서 어떤 문제나 욕구를 가지고 있거나, 잠재되어 있다고 추정(파악)되는 인구집단

③ 표적집단(target population) : 위험집단 중에서 문제, 욕구가 표출되거나 있다고 확인된 집단으로, 당장 혹은 예산이 확보된다면 반드시 문제를 해결해 주어야 할 대상이다. 표적집단은 프로그램의 대상이 되어야만 하는 위기집단의 하위집단이다. 지역사회로부터 분리된 위기집단이 모두 다 특별한 개입의 대상이 되는 것은 아니다. 대상자들을 위기에 빠뜨리는 것에는 복잡하고 다양한 원인들이 존재하기 때문에 하나의 프로그램으로 하나의 기관에서 그 모든 것을 해결할 수 있는 것은 아니다. 프로그램 이론과 기관 자원이 표적집단의 한계를 정하는 두 가지 중요한 요인이 된다(정무성, 2000).

④ 클라이언트 집단(client population) : 프로그램의 직접적인 수혜자로 수행되는 프로그램의 직·간접적인 혜택을 받거나 참여하게 되는 대상이다. 프로그램에 직접적으로 참여하는 집단이며, 목표 달성과 관련성을 갖고 실적 혹은 목표(하위목표)로서도 규정된다. 클라이언트 집단은 표적집단 중에서 이번 프로그램에 참여하게 될 집단이다. 프로그램이 잘 적용되기 위해서는 오직 일 부분의 집단만이 적합하다는 것을 명심해야 한다. 관리자에게 있어 가장 중요한 과제는 표적집단 중에서 누가 서비스를 받을 것이며 누가 받지 못할 것인가를 정하는 것이다(정무성, 2000).

최근에 사회복지공동모금회에서는 프로그램 대상자를 '사업참여자'로 변경하여 표시하는 경우도 있다. 이들을 피동적인 '대상'으로 간주하기보다는 '주체적인 참여자'로 바라보고자 하는 관점의 전환을 의미한다. 첫째는 '핵심참여자(Main Participants, 핵참)'이다. 핵심참여자는 성과목표 달성에의 주인공으로서 성과목표 달성여부와 직결되는 사람을 말한다. 둘째는 '주변참여자(Sub Participants, 변참)'입니다. 성과목표를 달성하는데 또는 핵심참여자가 실질적으로 변화하는데 매우 밀접하게 관여하게 되는 중요한 주 변인이다. 예를 들어, '손자녀에 대한 조부모의 양육기술향상 프로그램'에서 핵심참여자는 ' 조부모'이다. 그런데 이때 손자녀 부모의 매개적 역할이 필요하다면 사업내용 중에 손자녀 부모에 대한 세부 프로그램이 운영될 수 있고, 이들에 대해서도 사업예산이 쓰일 수 있다. 하지만 이 모든 것의 초점은 조부모에게 있다. 이렇게 표현하는 것을 통해서 나타나는 기대효과는 핵심참여자와 주변참여자를 구분하여 제시하게 되면 누가 핵심이고 성과목표 달성여부 측정대상이 누구인지, 그리고 성과목표 달성여부 측정대상이 아니라 하더라도 이 사업에 참여하여 최종적인 목표달성에 조력할 조연이 누구인지를 알게 될 수 있게 된다(김진우 외, 2017).

(2) 프로그램 참여 대상자의 설정 사례

프로그램 참여 대상자의 설정 사례에서는 2가지 주요 사례를 검토한다. 첫 번째, 사회복지공동모금회 배분사업 지원 프로그램 기획서에서는 이런 4가지 대상자 집단으로 구분하여 설정한다. 아래 표를 보면 4개의 집단 유형별로 위계적으로 구성되는 것을 알 수 있다.

〈표 6-3〉 사회복지공동모금회의 대상자 설정 사례(결손 가정 아동지원 프로그램)

대상구분	서비스대상자 산출근거	단위수(명)
일반 대상	00시 전체 결손가정 수	23,321세대 a
위기 대상	일반대상 중 저소득 결손가정 수	230세대 b
표적 대상	위기대상 중 자녀양육이 곤란한 결손가정	100세대 c (위기대상의 40%)
클라이언트수	표적대상 중 아동위탁을 의뢰하는 결손가정에 대한 상담, 조사를 통해 적합성이 인정되는 세대의 아동수 (단, 13세미만 아동을 대상으로 함)	45명(30세대) (표적대상의 30%)

※ 출처: a=통계청(2005), b=OO시 통계연보(2005), c=한국보건사회연구원(2005),

※ c= 한국보건사회연구원(2005) 연구결과 (결손가정 중 자녀양육의 문제가 심각하다고 응답한 가정이 전체의 40%) 를 토대로 산출.

※ 클라이언트 수 = 표적대상 중 예산과 자원을 고려하여 산출, 일반적으로 표적대상의 30%

두 번째, 삼성복지재단의 경우 대상자 선정의 내용, 범위, 규모, 기준을 다음과 같이 제시하고 있다(삼성복지재단, 2013). 첫째, 제목이 결정되고 – 물론 내용이 최종적으로 완성이 되고 제목을 확정하는 경우도 있지만 흐름 그대로만 보면– 이 사업이 왜 필요한지, 이를 수행하는데 역량이 있음을 보여주고, 이 사업의 목표가 무엇인지가 나름 어느 정도 윤곽이 잡혔다. 그런데 여기에서 목표가 나와 버리면 사업 참여자 누구의 무엇을 어떻게 바꿀 것인가가 제시되어야 하는데 아직 사업의 대상이 누군지도 모르는데 목표의 내용이 도출되면 논리적으로 뒤 바뀌게 된다. 그러므로 이 사업에 참여할 대상이 먼저 확정이 되어야 한다. 둘째, 대상 몇 명을 사업에 참여시킬 것인지, 대상을 선정하는 기준과 우선순위를 어디에 둘 것인지, 모집 절차를 어떻게 운영할 것인지, 만약 응모자가 적다면 어떻게 대응해야 하는지 등에 대한 고민도 보다 구체화되어야 한다. 대상자 범위는 프로그램에 직접 참여하여 종결 시까지 함께 할 서비스 이용 대상자의 개념적 경계를 뜻한다. 즉, '누구를 대상으로 이 사업을 전개할 것인지'를 결정하는 것이다. 개념적 범위로서 이는 이 프로그램에 참여할 수 있는 대상을 선정할 수 있는 기준에 해당한다. 예를 들면, '차상위 계층 한 부모 가족 내 부(모)와 초등학교 재학 중인 자녀'라고 정해 볼 수 있다. 셋째, 대상자를 선정하는 기준을 제시하는 것과 그 대상을 어떻게 모을 것인지에 대한 전략을 제시해야 한다. 그러므로 우선 그 기준이 무엇인지, 그 기준이 명확한지를 살펴보아야 하고 대상자 모집을 위한 홍보 방법을 기술해야 한다. 뿐만 아니라 선정에 따른 애로 사항은 어떤 것들이 있을 수 있는지, 그러한 애로사항을 타개할 방법은 무엇인지를 생각해야 한다. 대상은 곧 프로그램에의 참여자이며 프로그램의 성격을 규정하는 주요 요인이기 때문이다. 명확하게 기술되었는지, 주된 참여자와 주변 참여자를 개념 있게 구분하는 것도 프로그램 구성 논리와 흐름과 연결되어 있으므로 이들 간의 관계도 살펴야 한다.

CHAPTER 07

예산수립

1. 예산의 개념과 유형
2. 예산수립의 과정

07
CHAPTER

예산수립

1. 예산의 개념과 유형

1) 예산의 개념과 구성

(1) 예산의 배경

예산은 사업, 정책, 프로그램, 서비스 등에서 공공자원의 활용을 위한 제도화와 그 결과로서 이루어진다. 원래 미국에서는 성과주의 예산은 결과중심 관리 개혁의 일환으로 추진되었다. 1980년대 중반부터 영국, 캐나다, 호주, 뉴질랜드를 중심으로 정부개혁이 보수주의 정부에 의해 추진되었는데 이것은 바로 정책이나 서비스의 결과중심체제로의 전환을 보여준다. 결과중심 관리를 위한 보수주의적인 개혁에서의 결과는 산출이나 성과를 의미하며, 결과중심 관리는 정부부문을 관리·통제하는 초점에 따라 영국, 뉴질랜드 등의 산출중심과 호주, 캐나다, 미국 등의 성과중심으로 지평을 확대하였다. 결과중심 관리를 위한 개혁은 정부 지원의 공공부문에 대한 활동을 성과측정을 통해 평가하고, 이를 통하여 공공부문이 가지고 있는 제한된 물적·인적자원의 효율성과 효과성을 파악하여 그 자원을 민영화나 축소하고자 하는 의도를 가졌다. 1990년대 선진국 예산 제도의 방향은 자율성, 융통

성뿐만 아니라 책임성과 투명성을 요구하였는데, 특히 책임성 확보는 성과평가를 강조하게 되었다(최순영, 2013).

미국의 경우 1993년 의회주도로 정부성과 및 결과에 관한 법(GPRA, Government Performance and Results Acts)이 제정되면서 본격적으로 성과관리예산제도가 시작되었다. GPRA는 정부가 운영하는 프로그램의 목표설정과 성과측정을 할 수 있는 체제를 구축하여 효율성을 높이고자 했다. GPRA의 기본적 목적은 프로그램의 성과목표를 정하고 그 결과를 측정하는 체제를 구축함으로써 연방정부 프로그램의 능률성과 효과성을 제고하는 데 있다(한상도, 2010 재인용).

(2) 예산의 개념

예산은 일반적으로 재정관리 측면에서 사업을 위한 자원을 의미한다. 사회복지조직에서 일정기간(회계년도)에 걸친 조직의 수입 및 지출에 관한 예정액 또는 계획안이 된다. 또한 사회복지법인, 시설 재무회계규칙이 정하는 바에 따라 법인(시설)이 일정한 규칙과 형식에 의거 편성하고 법인이사회 또는 예산(안) 심의의결기구의 심의, 의결을 거쳐 확정된 1 회계연도 기간동안의 재정계획이다.

또한 일정기간에 의도하는 사업이나 활동을 수행하는데 필요한 재원을 얼마나 조달할 것이며 조달된 재원을 여러 가지 사업 중에서 어떻게 배분하여 어떠한 성과를 거두겠다는 의사를 결정하는 과정이자, 이 과정의 결과물을 금액으로 표시한 것이다. 이 중에서 최근 대두되고 있는 성과관리예산제도는 사업 중심으로 편성하여 중장기 목표에 입각하여 성과계획서와 예산(안) 동시에 작성하도록 하고 목표, 계획, 예산의 연계를 통해서 목표와 연계된 성과중심의 평가를 목적으로 한다(서울시, 2021).

예산집행은 조직에서 세입, 세출 예산이 담고 있는 정책목표와 프로그램을 성취하는 데 필요한 수입과 지출을 실행하는 일체의 행위를 말한다. 결산은 회계연도 내에 발생한 모든 수입과 지출을 확정적인 계수로 표시하는 절차이다. 프로그램에서 재정을 다루는 또 다른 측면은 수입과 지출이다. 그것에 대한 개념은 다음과 같다.

① **수입** : 조직에 들어오는 정부보조금, 법인수입, 민간보조금, 후원금, 이용료 등
② **지출** : 사회복지조직에서 재정계획에 따라 재정을 소비하는 행동

따라서 프로그램의 재정관리 차원에서 예산, 결산, 수입, 지출이 기본적인 구성요소가 된다. 이런 예산과 결산을 통해 프로그램의 재정적 자원이 동원, 수행, 평가가 이루어지는데 특히 프로그램 예산 관련되어 회계는 프로그램의 운영과 전반적인 결과를 보여주는 중요한 요인이 된다. 회계에 대한 기본적인 개념은 다음과 같다.

〈표 7-1〉 회계의 개념과 구성

※ 회계 : 재정적 거래를 분류, 기록, 요약하고 그 결과를 해석하는 표준화된 기술적 방법
① **재무회계** : 내부 및 외부 정보이용자의 경제적 의사결정에 유용하도록 일정기간 동안의 수입과 지출사항을 측정 보고하는 회계활동
② **관리회계** : 행정책임자가 행정적 의사결정을 내리는 데 필요하도록 재정관계 자료를 정리하는 회계

(3) 예산의 특징

사회복지 프로그램 예산은 목적과 목표에 따른 사업의 구체적인 실행과정에서 자원 사용의 흐름을 이해할 수 있도록 해준다. 프로그램 예산을 수립할 때에는 기본적으로 내외부의 환경과 예산의 특성을 이해해야 한다. 예

산은 프로그램을 위한 의사결정의 도구이자 수단이 된다. 예산결정은 목적과 수단에 과정에서 이루어지며 의사결정과 프로그램 수행의 중요 요소가 된다. 예산 결정에서 중요한 것은 사업에서 한정된 재원을 배분하는 데 있어서 활용될 기준이나 근거를 제시하는 것이다(최순영, 2013). 일반적으로 예산의 특성은 목적적인 활동에서 유래한다.

첫째, 예산수립은 정치적 과정이다. 자원배분이 초점이 되나, 의사결정은 정치적으로 이루어지게 된다. 둘째, 예산수립은 프로그램의 기획과정이다. 예산수립의 과정은 목표설정, 대안개발 및 기대효과 분석, 효과적인 평가기준 설정 등의 프로그램 기획절차와 병행, 통합되므로 프로그램 기획과정이라 할 수 있다. 셋째, 예산수립은 프로그램의 관리과정이다. 조직의 관리자가 조직 단위의 활동과 그 책임, 시행일정 등을 검토하므로 프로그램의 관리과정이 된다. 넷째, 예산수립은 회계절차이다. 예산서는 회계담당자가 자금의 내/외적 흐름을 통제하고 재정활동을 승인하는 근거가 되므로 예산수립은 회계절차의 성격을 가진다. 다섯째, 예산수립은 인간적인 과정이다. 예산은 클라이언트와 예산을 집행하는 조직성원, 지역사회인들에게 큰 영향을 미치게 되므로 예산수립을 잘하려면 이들과 접촉할 기회를 가질 필요가 있기 때문에 예산수립은 인간적인 과정이라고 할 수 있다. 여섯째, 예산수립은 미래를 변화시키는 과정이다. 장래에 대한 활동계획에 대한 재정계획이므로 미래의 목표를 새로 설정할 수 있고 이에 따른 새로운 활동을 할 수 있기 때문에 미래를 변화시키는 과정이 된다(정무성 · 정진모, 2001).

사회복지조직이나 프로그램의 경우 일반 예산의 특성과 관련되어 좀 더 차별적인 특성을 가지고 있다. 첫째, 비영리조직의 재정은 자원의존성이 강하고 자원 중에서도 재원에 대한 의존성이 높은 편이어서, 비영리조직은 편성되는 예산에 따라 사업을 진행할 수 있게 된다. 조직은 안정적인 재원확보를 위한 노력에 많은 신경을 쓰게 되고 재원확보의 구조와 과정은 구조 및 형태, 의사 결정과정에도 상당한 영향을 미친다. 둘째, 기관은 일반적으로 재원의 지속적인 조달을 직접적으로 통제할 수도 통제하려 하지도 않는다. 비영리조직은 법적으로 위임된 서비스라 할지라도 재정할당 정도를 스스로 정할 수 없고, 입법기관에서 정해 주어야 한다. 셋째, 비영리조직은 매우 다양한 재원을 갖는다. 즉 정부보조금, 재단지원금, 협찬후원금, 개별기부금, 서비스 요금, 수익사업 이익금, 기타 행사 등의 수입이다. 이런 외부지원금으로 인해서 사회복지조직의 경우 예산수립의 임시성과 변화적인 특성을 가진다. 넷째, 다양한 원천으로부터 재원을 확보하기 위해 기관은 특별한 업무나 프로그램을 수행하게 된다. 재단에 사업제안서(proposal)를 쓰거나, 정부와 계약관계를 맺고, 기부자에게 후원금을 요청한다. 또한 사회복지공동모금회 회원단체들과 연대하여 모금행사에 참여하고 클라이언트에게 요금을 지불하도록 마케팅하고, 기부금품을 모집하거나 접수받고, 특별행사를 조직화하는 등의 재원확보전략을 추진하게 된다. 프로그램이나 서비스 예산의 수립에서 이런 비영리성, 의존성, 특별성, 계약성 등의 특성을 포함하게 된다(김봉원, 2008).

2) 예산의 유형

예산의 네 가지 유형은 "품목형 예산", "기능적 예산", "영기준 예산", "프로그램 예산" 등이 있다(Skidmore, 1995: 197-230: 황성철 외, 2020).

첫째, 품목형 예산은 예산의 모든 다른 형태의 기본이 된다. 이 예산유형의 장점은 간단하고 지출을 통제할 수 있다는 것이다. 하지만, 행정비용과의 비교가 어렵고, 정체된 프로그램에 활기를 주기 때문에, 성과관리자에게는 부적절한 것이다. 품목별 예산의 장점은 간결하고 비용조절을 할 수 있고, 지출에 대한 감시가 가능하다. 반면에 단점은 효과성 측정이 곤란, 세부 목표 성취를 위해 부정확한 할당, 효율성, 생산성 등의 정보제공 못함, 창의성에 대한 제한 등이다.

둘째, 기능적 예산 또는 성과주의 예산 유형은 두 가지 중요한 기관지출의 범위로 구분되는 데 그것은 프로그램 서비스와 지지 및 행정 서비스에 관련된 것이다. 이 유형의 장점은 관리자가 두 가지 구분을 기준으로 재정의 비율을 산출할 수 있고 효과성에 대한 측정이 가능하다. 이 예산은 성과관리지향의 예산제도로서 사업계획을 세부사업으로 분류하고 각 세부사업을 '단위원가 × 업무량 = 예산액'으로 표시하여 편성하는 예산이다. 장점에는 비용통제가 용이, 수행업무의 효율성 측정 가능, 미래지출예산에 대한 평가 가능, 기관의 사업과 목적이해 도움, 계획수립 및 예산심의의 간결성, 자금배정 합리화 및 신축성, 행정통제 합리화, 실적분석 미래 반영, 장기계획 도움 등이 있다. 하지만 고정과 변동예산의 구별이 필요, 효율성이 측정이 필요하지 않는 공공서비스에 부적절, 업무측정단위와 단위원가 산출 곤란, 불분명한 책임과 충분한 공금확보곤란, 정책 사업에 치중하여 입법부 통제곤란, 기능의 통합을 지나치게 확대, 실제운영의 난제 등의 단점이 있다.

성과관리예산제도의 기본구조 ① 목표설정, ② 성과계획서의 작성, ③ 성과주의 예산편성, ④ 성과의 측정 및 평가, ⑤ 환류의 요소로 구성되어 있다. 성과관리 체계는 조직의 임무, 전략목표, 성과목표, 성과지표, 성과평가 등이다. 성과예산 체계는 성과관리 체계에 적합하도록 예산서를 작성하는 단계이다. 첫째, 목표 설정단계에서는 각 조직의 상위목표인 전략목표, 세부목표인 성과목표를 설정한다. 조직이나 사업의 궁극적인 목표가 세부적인 하위목표로 연결되도록 목표와 수단을 연계하는 작업이다. 이것은 조직의 관리 및 운영을 효율적이고 효과적으로 수행하는 것을 의미한다. 둘째, 성과계획서의 작성 단계에서는 목표달성을 위한 사업계획을 수립하고, 성과지표 및 측정방법을 설정한다. 셋째, 성과주의 예산편성 단계에서는 성과계획서를 기초로 예산을 편성하고 목표달성을 위한 구체적인 사업을 시행한다. 넷째, 성과의 측정 및 평가단계에서는 목표에 대한 달성도 및 성과를 측정하고 평가한다. 다섯째, 환류단계에서는 성과측정 결과를 외부에 공개하고 각 사업에 반영한다(한상도, 2010).

셋째, 영기준 예산 유형은 생산성을 연계하고 결정과정의 창조에 대한 비용을 지불한다. 이 유형에서는 관리자는 백지상태에서 출발하고, 다음 프로젝트의 기간동안 변화를 분석하며, 생산성의 각 수준에 대한 자원을 사정한다. 영기준예산은 행정기관의 모든 사업에 전년도 예산을 고려하지 않은 영기준을 적용하여 체계적으로 비용-편익분석 또는 비용-효과분석을 한 결과를 토대로 사업의 우선순위를 결정하여 예산을 편성하는 방식이다. 행정기관의 모든 사업에 전년도 예산을 고려하지 않은 영기준을 적용하여 체계적으로 비용-편익분석 또는 비용-효과분석을 한 결과를 토대로 사업의 우선순위를 결정하여 예산을 편성하게 된다. 장점은 재정운영, 자금배정의 탄력성, 하의상달 촉진으로 사업효과성증대, 관리자의 참여확대, 자원배분의 합리화, 관리자에게 관리수단 제공 등이다. 단점은 사업의 축소 폐지가 쉽지 않음, 목표설정 및 계획 기능 위축, 심리적, 정치적 요인의 무시, 업무부담 가중 및 분석기법 적용 한계, 수많은 페이퍼 작업이 소요됨 등이 제기된다.

마지막으로, 프로그램 예산 유형이다. 이 유형은 대부분의 대인 서비스 기관에서 사용하는 것으로, 프로그램 지출과 대표적인 지역과 국가의 자료를 처음으로 결정하고, 두 번째로, 긴 기간이나 즉시 선별적인 행동이 필요하다. 이것은 계획 예산이라고도 하는데 예산의 통제지향, 관리지향, 계획지향적 관점에서 국가의 장기적 계획수립과 단기적인 예산편성을 프로그램 작성을 통하여 결합시켜 자원배분에 관한 의사결정을 하는 예산 방식이다. 주로 조직목표의 정확한 파악, 가장 긴급한 목표 선택 가능, 목표달성을 위한 효율적 수단 분석 가능, 합리적 의사결정 가능, 장기 사업에 대한 객관적 신뢰도 높음, 조직의 통합적 운영 편리 등의 장점이 있다. 반면에 단점은 목표설정의 어려움(이해관계, 정치적), 중앙집권의 초래, 정량화 및 계량화의 어려움, 이사회의 위상저하, 환산작업의 곤란, 간접비 배분의 어려움 등이 제기된다.

2. 예산수립의 과정

1) 예산수립의 과정과 산출

(1) 예산수립의 과정

예산수립 과정은 프로그램 기획 단계에서 비용 예비 산출이 포함된다. 우선 예산을 개발하는데 도움이 되기 위해, 작업시트(worksheet)를 준비한다. 작업시트는 그 프로젝트의 실질적인 운영에 사용되기 위한 계획을 제공한다. 좋은 예산은 목표와 활동들에 직접적으로 연관되어 있는 것이다. 각 예산 항목은 그 프로젝트의 잠재적인 성취에 대한 기여도의 근거에서 정당화되어야 한다. 예산이란 비용이 얼마가 들지에 대한 추정이다. 비용은 크게 직접비용과 간접비용으로 나눌 수 있다. 직접비용은 급여, 공간(임대, 차용), 장비구입, 용품, 시내 외 출장비, 전화비용, 복사, 인쇄비 등이다. 간접비용은 사무실 임대료나 사무기기 비용 등을 의미한다.

예산 편성의 기준을 보면 사업비(인건비 및 수용비 제외)에 대하여 신청분과 자부담분을 구분하여 설명해야 한다. 사업의 내용과 예산 편성의 세부 항목이 연결해야 하며 사업 내용은 있지만 이를 뒷받침할 예산이 편성되지 않고 누락된 것은 없는 지 점검해야 한다. 세부 프로그램을 수행하는 데 설득력 있고 명확하게 객관성을 담보하고 있는 근거를 제시해야 한다(삼성복지재단, 2013).

(2) 예산에서 산출과 전환

예산을 수립할 경우 프로그램 예산에서는 직접비와 간접비를 구성한다. 모든 사회복지 서비스의 지출 항목은 직접비용 또는 간접비용으로 분류될 수 있으며, “직접비용”은 단 하나의 프로그램에 대하여만 사회복지 서비스 기관이 집행하는 비용 항목이다. 이 직접비용에는 한 프로그램에만 소속된 직원의 봉급이나 임금, 한 프로그램에만 사용되는 도구나 소모품비, 한 프로그램에만 관련되는 여비, 한 프로그램과 관련되는 여비, 하나의 프로그램에 배타적으로 사용되는 장비비, 한 프로그램에서만 쓰는 기타 모든 비용 등을 말한다. “간접비용”은 둘 이상의 프로그램에서 발행하는 지출항목이다. 이 항목에는 건물 임대료, 관리비, 청소관리비, 통신비, 회계감사비 등이 포함된다. 모든 간접비용이 규명되어 공동간접비용에 놓이게 되면, 이러한 비용은 합계로 계산되어 기관의 다른 프로그램으로 할당되며, 간접비용을 여러 프로그램에 할당하는 과정을 비용할당이라고 한다. 간접비용을 직접비용으로 전환하는 비용할당에는 여러 프로그램에 간접비용을 할당하기 위해 다음의 네 가지 방식을 사용한다.

첫째, 총 직접비용 방식이다. 총 직접비용을 사용한 비용할당 방법에는 각 프로그램의 직접비용 결정, 총 직접비용의 계산, 간접비용에 대한 각 프로그램의 상대적 지분비율 결정, 도출된 간접비율을 공동간접비용의 각 프로그램에 할당 등의 네 단계가 포함된다. 둘째, 직접노동비용 방식이다. 각 프로그램의 총 직접비용의 상대적 지분비율 대신에 각 프로그램의 상대적 직접노동비용(직접비용으로 간주되는 기관장의 고용관련 비용 "ERE"을 포함한 직원비용)이 기준으로 사용된다. 셋째, 직접노동시간 방식이다. 직접노동시간(직접비용에 포함되는 기관의 모든 직원에 대한 연간 총 근로 시간)을 기준으로 할당하는 방식이다. 마지막으로, 직접비용 전환 방식이다. 간접비용을 직접비용으로 전환하는 것을 말하며, 모든 항목의 간접비용은 할당의 기준이 되는 척도(예: 시간, 평수)를 개발함으로써 직접비용으로 전환될 수 있다. 간접비용을 직접비용으로 전환하기 위한 기준화로 예를 들어서 근로자를 각 프로그램의 근무 시간, 전화를 설치대수 등으로 할당 기준을 정하는 것이다(Skidmore, 1995: 197-230).

2) 예산수립의 구성과 사례

(1) 예산수립의 구성

예산 편성 시 정확성, 구체성, 투명성의 기준들에 근거해서 해야 한다. 특히 사업내용과의 연계성을 위해 제시된 사업내용을 실제 구현하는데 투입되는 자원을 돈으로 표현한 것이 예산이기 때문에 사업내용과 예산편성은 불가분의 관계에 있다. 작성한 사업을 충실히 이행하는데 소요되는 예산을 정확하게 작성해야 한다. 또한 세부 프로그램 이해 도모를 위해서 편성된 예산을 보면 구성하신 세부 프로그램의 맥락과 흐름을 알 수 있도록 구성해야 한다. 산출근거는 구체적으로 어떠한 내역으로 예산이 지출되었는지 실제 단가, 수량, 인원수, 건수, 횟수 등을 구체적으로 기록해야 한다. 예산조달계획에는 신청금액 및 자부담 금액을 기입해야 한다(김진우 외, 2017). 아래 예산 세부항목은 사회복지공동모금회에서 사용하는 예산 구성으로서 인건비, 사업비, 관리운영비로 구성되어 있다(사회복지공동모금회, 2018).

〈표 7-2〉 예산수립할 경우 작성지침의 사례

목	설명	해당항목
인건비	해당 사업을 직접적으로 수행하는 인력에 투입되는 비용	프로그램담당자/보조담당자 인건비
사업비	프로그램의 수행에 필요한 직접비용(실인원수에게제공되는 서비스 에 필요한 비용)	강사비, 자원봉사자 관리비, 자문비, 회의비, 행사진행비, 홍보물품 구입, 프로그램 준비물 구입 사업결과보고서/결과물 제작 등
관리운영비	프로그램의 수행에 필요한 간접비용(사업관리에 필요한 비용)	사무용품, 냉난방비, 우편료, 사업담당자 교통비 등

예산수립 시 주의할 점은 먼저 성과주의 예산을 토대로 사업비의 경우 세부 사업내용을 기준으로 작성해야 한다. 또한 규정준수를 위해서 사회복지법인 재무회계규칙, 회계감사 및 예산사용 지침 등을 고려해야 한다. 사업비와 관리운영비 편성 비율의 적정성을 고려해야 하고 신청금액과 자부담 비율의 적합성, 직접비(프로그램 예산)과 간접비(관리운영비)의 타당성 등을 종합적으로 고려해야 한다.

(2) 예산구성의 사례

사업신청 예산 : 사회복지공동모금회 지원사업

① **프로그램 내용에 따른 분류** : 인건비, 사업비, 관리비

② **예산조달 계획에 따른 분류** : 신청금액과 자부담

③ **예산목적에 따른 분류** : 직접비와 간접비

- 직접경비 : 신청 프로그램을 위해서만 직접 현금으로 새롭게 지출되는 경비
- 간접경비 : 기관의 기존시설이나 인원 중 신청프로그램에 활용될 부분의 비용

〈표 7-3〉 프로그램 예산 구성의 사례(사회복지공동모금회)

항 목			계	1)산출근거	2)예산조달 계획			
					신청금액	3)비율(%)	자부담	3)비율(%)
인건비	프로그램 강사비		2,400,000	월10시간×2만원×12개월	1,200,000	16.9	1,200,000	16.9
	소 계		**2,400,000**		**1,200,000**	**16.9**	**1,200,000**	**16.9**
사업비	숫자야 놀자	교재비	80,000	5천원×8명×2권	80,000	1.1		
		간식비	1,560,000	1천원×30명×52주	1,560,000	22		
		유급자원봉사자	240,000	4천원×2시간×30회	240,000	3.4		
	숙제지도	문구구입	60,000	필기구 및 연습장2천원×30명	60,000	0.8		
		자원봉사자 식대	1,200,000	5천원×20회×12개월	1,200,000	16.9		
	문화체험	버스대여	700,000	버스대여 350,000원×2회	350,000	4.9	350,000	4.9
		진행비	350,000	입장료 1천원×35명×2회 도시락 4천원×35명×2회	350,000	4.9		
	소 계		**4,190,000**		**3,840,000**	**54.2**	**350,000**	**4.9**
관리운영비	냉난방비		500,000	10만원×5개월	300,000	4.2	200,000	2.8
	소 계		**500,000**		**300,000**	**4.2**	**200,000**	**2.8**
기타								
	소 계							
총 계			7,090,000		5,340,000	75.3	1,750,000	24.7

08
CHAPTER

프로그램 실행 계획과 자원개발

1. 프로그램 실행과 자원의 구성
2. 프로그램 설계와 정보관리

08 CHAPTER

프로그램 실행 계획과 자원개발

1. 프로그램 실행과 자원의 구성

1) 프로그램 실행 계획과 서비스 절차

(1) 서비스 절차의 특징

서비스 절차는 프로그램을 처리하는 전형적 단계이다. 모든 서비스 처리는 시작과 중간, 마지막이 있다. 과정에 있어서 클라이언트, 사회복지사, 사례관리자 등은 목표에 초점을 잃지 않는다. 서비스 절차를 기술할 때, 항상 각 단계와 단계의 길이, 각 단계의 결과 그리고 중요한 결정사항들이 구성된다. 가장 일반적인 구성은 사정, 사례 혹은 중재의 기획이나 계약(목표설정을 포함), 개입, 평가 등이다. 다만 이러한 분석은 특정서비스를 잘 기술하지 못하고, 범주들, 특히 개입에 있어서는 너무 추상적이다. 사례관리자는 그의 서비스에 맞춤인 표식을 사용해야 한다. 프로그램 개입전략에는 교육, 예방, 개인치료, 재활, 규제, 제도변화, 기존 프로그램의 강화 등이 있다. 수혜자의 수준, 기관 정책과의 적합성, 지역의 문화적 배경과 지역적 특성 등에 따라 적합한 개입전략이 결정되어야 한다. 개입전략은 프로그램 담당자의 편견이나 기술적 한계성, 지역사회로부터의 압력, 정책적 자극 등에 의해 영향을 받기도 한다(정무성, 2000).

(2) 프로그램 계획과 세부추진계획

프로그램의 구체적인 실행을 위해서 프로그램의 계획 흐름도가 필요하다. 전체적인 프로그램의 진행과정의 흐름을 한 장으로 쉽게 알 수 있도록 도표로 작성하는 것이다. 프로그램 세부계획은 각 목표단위별 요구되는 프로그램으로 구성하고, 일반적으로 사업명, 일정, 목표, 담당자, 사업진행내용, 준비사항 등의 6개 요소로 구성된다. 사회복지공동모금회의 경우 세부목표, 투입(프로그램, 수행방법, 시행시기, 수행인력), 산출근거(참여인원, 시행횟수시간)에 총 7개 요소로 구성된다. 각 구성 요소별로 추진계획에서 포함해야 될 내용은 아래와 같다.

〈표 8-1〉 프로그램 세부추진계획 사례(사회복지공동모금회)

①(세부)목표	②투 입				③산출근거	
	프로그램	수행방법	시행 시기	수행 인력	참여 인원	시행횟수 시간
1-1. 다양한 특별 활동 기회 제공	문화체험 “박물관 탐험”	우리동지 아동을 대상으로 문화체험 기회부여(중앙박물관, 역사박물관 등 견학)	4월, 9월	사회복지사 자원봉사자 3명	30명	연2회 각 8시간
	가족캠프	방학 기간동안 가족, 친구와 함께하는 1박 2일 캠프 진행	8월	사회복지사 2명 자원봉사자 5명	50명	연1회 1박 2일
1-2. 학습능력 향상	수학교실 “숫자야놀자”	수학실력이 부족한 아동에 대한 학습지도	상시	사회복지사 자원봉사자	8명	주2회, 1회 2시간
	숙제지도	아동들의 숙제를 도와줌	상시	사회복지사 자원봉사자	30명	주5회 1회 1시간

앞의 〈표 8-1〉은 사회복지공동모금회에서 제시한 구체적인 실행 추진계획을 보여준다. 이외에도 각 구성요소별로 포함될 수 있는 사례를 제시하면 아래와 같다.

① **목표** : 직업훈련 프로그램에 있는 전과 비행청소년들의 50%를 18개월 이내에 정규직업을 갖게 한다.
② **활동** : "40개 이상의 잠재적인 직업의 풀(pool)을 개발한다." "청소년들에 대해 오리엔테이션을 제공한다."
③ **수행방법** : "고용주와 계약서를 작성하고, 개인적인 접촉들에 대해 후속 서한(follow-up letters)을 보내고, 조사 서한을 발송하고, 계약 양식들을 고안하고, 취업상담자들을 훈련시키고, 취업상담자를 채용한다."
④ **과업들** : "훈련 자료를 준비, 시설확보, 스탭의 훈련, 스탭의 채용."

프로그램의 내용은 사업 기획의 본체에 해당한다. 제시한 목표를 달성하기 위해 구체적인 수단에 해당하는 단위 프로그램 내용과 작동 방식을 모두 포함한다. 이를 담아내기 위해서는 세부 프로그램이 어떠한 성과 목표를 달성하기 위한 것인지를 밝혀야 한다. 또 그 프로그램을 구성하는 세부 활동들이 무엇이며 요구되는 자원들은 무엇인지를 찾아내야 한다. 기획가가 프로그램의 구조를 밝히고, 이를 구성하는 특정한 세부 프로그램을 왜 고려하게 되었고 또 어떻게 작동하는지, 서로의 관계는 어떠한지, 추진 일정 등에 대한 내용을 명료하게 제시해야 한다. 첫째, 성과 목표로부터 도출되는 세부 프로그램을 구성한다. 제시되는 세부 프로그램이 어떤 성과 목표를 달성하기 위한 것인지를 보여주어야 한다. 그러한 세부 프로그램을 기술하는 데 필요한 것은 세부 프로그램을 완결하기 위해 필요한 활동들(activities), 요구되는 전문성(예를 들어, 아동의 그림을 보고 이를 해석하고 행동 변화를 위한 개입 기술을 분석·제시하는 능력, 집단 프로그램 운영 능력 등)이 무엇인지를 제시하는 것이다. 둘째, 세부 프로그램의 구현 방식 및 선정 사유를 명확하게 제시한다. 세부 프로그램을 선정함에 있어 다양한 대안들이 고려될 수 있다. 목표 달성을 위한 방법이 한 가지로 국한되지는 않기 때문이다. 아울러 그러한 세부 프로그램이 어떻게 작동하는지를 설명하여야 한다. 특히 프로그램 세부 추진계획에서 각 세부 프로그램이 어떻게 작동되며 또 실제로 그러한 과정을 통해 성과 목표 달성에 기여할 수 있는 것인지를 검토한다(삼성복지재단, 2013).

2) 프로그램 자원과 환경의 설계

(1) 자원개발과 인력구성

① 프로그램 자원개발과 활용

사회복지 프로그램은 자원을 어떻게 관리하느냐에 따라 존속할 수도 있고 폐지될 수도 있다. 따라서 프로그램 운영에 있어 자원획득은 매우 중요한 과업인데, 이는 특히 설계단계에서 더욱 그 중요성이 있다. 사회복지 프로그램의 주요 자원으로는 재정과 인력, 시설, 설비, 물품 등이 있다. 프로그램 설계에서는 우선 계획된 서비스를 일정한 수의 수혜자에게 제공하는 데 필요한 자원의 총량을 계산해야 한다. 특히 프로그램에 소요되는 비용의 예산수립과 조달계획 및 자원봉사자의 모집계획이 중요하다.

이를 바탕으로 프로그램 계획에서 설정된 개입전략을 수행하는데 필요한 유형, 무형의 자원을 개발 및 동원한다. 프로그램의 규모가 큰 프로그램의 경우는 기관의 공식조직 체계를 그대로 활용할 수 있다. 그러나 단위 부서별 차원에서의 프로그램일 경우는 부서 내에서 수행 내용별로 조직의 재편성을 할 수 있다. 이때는 타 부서 및 상부조직과의 업무협조 체계가 잘 이루어져 효율적으로 자원을 활용할 수 있도록 하여야 하며, 비공식 조직체계의 활용도 중요하게 고려하여야 한다(정무성, 2000).

② 실행인력의 구성

㉠ 실행인력은 프로그램을 직접 수행할 수행 인력을 중심으로 기록하지만, 이를 간접적으로 지원, 또는 지도 감독할 지도인력, 자원봉사자나 보조직원과 같은 보조인력도 포함하여 구성하는 것이 일반적이다.

㉡ 실행인력구성의 사례

〈표 8-2〉 실행인력 구성의 사례(사회복지공동모금회)

이름	담당부서/직위	경력(년)	담당 역할	할당시간(단위 : 일주일)	자격증(신청사업관련)
홍길동	관 장	• 00대학교 사회복지학과졸업 • 00복지관장 경력 10년	프로그램 전체 지도, 감독	주 6시간	사회복지사1급
강감찬	부 장	• 00희망원 생활지도원 3년 6개월 • 00복지관 부장경력 7년 5개월 • 00대학교 사회복지대학원재학중	프로그램 전체 지도, 감독	주 6시간	사회복지사1급
허 준	물리치료사	• 00보건소경력 6년 • 00복지관경력 3년	종합검진, 물리치료	주 4시간	물리치료사

출처 : 사회복지공동모금회(2018).

(2) 피드백과 슈퍼비전

프로그램 실행의 관리체계 구성에서 기본적으로 프로그램에 대한 슈퍼비전을 통해서 프로그램의 수정과 보완하는 작업이 필요하다. 구체적으로 이것은 프로그램의 관리체계에서 수행된다. 우선 내부관리체계에서는 기관의 행정지원체계를 구성한다. 그 다음에 외부관리체계는 사회복지조직 외부에 존재하는 인력, 자원, 정보 등으로 프로그램의 원활한 수행을 위하여 연계되어야 할 관리체계를 의미한다. 이후에 행정체계, 연계망 등이 있다.

① **행정체계** : 사업비 지출이나 차량지원, 보조인력 배치 등 프로그램의 진행을 원활하게 수행할 수 있도록 원조해 주는 체계

② **전문적 연계망** : 슈퍼비전이나 자문회의와 같이 전문적인 프로그램 진행을 원조

③ **지역사회 연계망** : 지역사회 자원을 연결하거나 관리를 도와주며, 지역사회 내 다양한 자원활용

④ **클라이언트 유지관리체계** : 참여하는 클라이언트에 대한 부가적인 원조나 지원을 통하여 지속적인 참여에 도움

(3) 프로그램 설계와 프로그램 환경의 구체화

프로그램의 환경을 구체적으로 설명하는 것은 프로그램의 과정과 결과를 보다 분명하게 보여 줄 수 있다. 이러한 환경을 상세히 기술한다면, 클라이언트와 사회복지사의 업무처리와 궁극적으로 클라이언트의 결과를 향상시킬 수 있다. 서비스 환경(service setting)은 상호작용이 일어나는 물리적이고 사회적인, 전형적인 장소이다. 물리적 장소는 아마도 상담자의 사무실, 사례 관리 동안의 클라이언트의 일터, 또는 옹호서비스 동안의 지역사회기관의 사무실 등이다. 특별한 공간이나 사생활보호 또는 장애인의 편리를 위한 요구들은 명시되어야 한다. 레크리에이션/사회교육 프로그램은 참여와 관계형성을 자극하는 많은 자료들을 제공할 수 있는 환경을 제공하는 것이 중요하다. 사생활의 보장은 필수이지만, 어떤 프로그램들은 동시에 개방적이

어야 접근하기 쉽다. 서비스 환경의 사회적인 관점은 물리적인 관점과 똑같이 중요하다. 얼마나 많은 사람이 참여하는지 다양한 클라이언트들에게 장소와 환경의 영향력을 판단하고 클라이언트의 주거지나 프로그램 장소가 바람직한 장소인지 생각해야 한다. 클라이언트와 사회복지사의 상호작용을 하기 위한 장소를 정하는 것은 조명을 조정하거나 프로그램실을 설치하는 것뿐만 아니라 가치, 목표, 목적들을 규정하는 것도 포함한다. 프로그램의 접근성 또한 구 제적으로 기술되어야 한다(정무성, 2000).

(4) 프로그램 위한 협력과 네트워크 설계와 구축

사회복지조직에서 프로그램의 수행에 있어서 중요한 것은 내부 및 외부 자원, 기관과의 협력과 네트워크이다. 연계·협력의 방식은 사업의 내용과 성격에 따라 매우 다양하게 나타난다. 사업수행기관이 사업을 수행하는 과정에서 필요한 부분들에 대한 협조를 받는 형태도 가능하다. 하지만 유관기관과 네트워크를 구축한다는 것이 단지 사업수행기관과 그림에서 선을 긋는 것으로 또는 협약식을 체결하는 것으로 충분할 수 없다. 네트워크가 구축된다는 것은 사업을 수행함에 있어서 우리 기관이 할 일이 무엇이고, 협력기관이 해야 할 일이 무엇인지, 그러한 순환적 관계를 어떻게 이루어 나갈 것인지를 명확하게 한다는 것을 의미한다. 사업의 내용에 따라 일부 협력기관과 연계·협력하는 방식의 경우에 사업 수행기관과 협력기관간의 보다 자세한 역할분담을 하는 것이 필요하다. 종합적으로 필요한 네트워크는 구축되어야 하며 공동기관이나 연계협력기관과 사업수행기관이 어떻게 협력할 것인지와 관련된 역할이 구체적으로 드러나야 한다(김진우 외, 2017).

2. 프로그램 설계와 정보관리

1) 프로그램 설계와 정보관리의 기초

(1) 정보관리의 배경과 개념

① 정보관리의 배경

정보관리의 중요성은 서비스 활동의 정확한 기록과 효과적인 관리를 통해 하나의 사례에 대한 과정을 명확히 제시할 수 있음은 물론 정보체계의 도입으로 행정에 있어서 투명성과 능률성, 서비스의 경쟁력을 입증하는 것에 있다. 정보체계는 클라이언트의 특성과 욕구가 신속하고 정확하게 파악될 수 있도록 한다. 오늘날 정보기술은 매우 빠르게 발전하고 있으며, 정보의 수집과 공유, 전달 등을 위한 기술의 빠른 발전은 기관 내의 새로운 정보체계의 설계와 함께 직원 훈련 등의 변화를 내포하고 있다. 사례관리 시스템, 지식 공유 시스템, 전문가의 커뮤니티 구성과 함께 명확한 정보관리는 사회복지 기관의 서비스 평가가 효율적으로 이루어 질 수 있도록 도울 것이다. 프로그램 평가는 프로그램의 효과성을 체계적으로 조사하여 정책과 프로그램의 결정에 영향을 미치는 것으로, 적절성, 효율성, 프로그램 과정 및 효과 평가를 통해 이루어진다. 프로그램 평가는 이론 지향적인 조사에 비해 목적지향적이며, 의사결정자를 위한 정보제공에 좀 더 관심을 가지는 차이점이 있다. 그러므로 평가결과는 서비스 제공을 다루는 의사결정자에게 클라이언트의 활동 효과성 뿐 아니라 기관에서 이루어지는 활동 등에 대한 정보를 제공할 수 있으며, 새로운 프로그램의 발전에도 기여하게 된다. 프로그램 평가 논의에서 비교적으로 강조되지 않은 평가수행과 평가결과의 활용을 위한 정보관리시스템 구축을 고려할 필요가 있다.

정보화 사회에 사회복지분야에서 정보관리의 관점에서 프로그램 평가를 접근한다는 것은 평가기획과 평가과정뿐만 아니라 평가결과의 활용에서 발생되는 다양한 정보를 체계적으로 관리하여 프로그램과 프로그램 평가의 개선을 위한 기초자료와 방안을 마련하고자 하는 시도를 한다는 것을 의미한다(강병노, 2008).

② 정보의 개념

정보란 개인이나 조직의 의사결정하는 데 사용되도록 의미 있고 유용한 형태로 처리된 데이터이다. 정보란 특정한 목적이나 용도에 적합하게 사용될 수 있는 자료를 의미한다. 정보는 개인이나 조직이 불확실성을 감소시키기 위하여 사용하는 의미 있고 유용한 형태로 처리된 자료를 의미하며 지식의 교류나 습득을 수반한다. 정보는 정확해야 하며, 필요로 하는 목적에 맞는 관련성, 시간적으로 적절한 가치를 갖는 적시성, 정보의 정확성을 확인할 수 있는 검증가능성, 쉽게 접근하여 저장 활용할 수 있는 접근가능성의 조건을 갖추어야 한다. 정보의 개념에 관하여 논의하면서 주의해야 할 점은 데이터의 개념이다. 일반적으로 데이터란 복지관 건물, 복지관이름, 임금수준 등과 같이 가공되지 않는 있는 그대로의 사실을 말한다. 데이터 그 자체는 의미가 없으며, 유용한 형태로 전환되고 또한 가치를 함유하여 축적되어야 그 의미를 가지게 되는 것이다. 전통적인 자원은 희소성에 따라 가격이 상승하지만 정보자원은 이와는 다른 특징을 갖는다. 즉 정보는 유한한 것이 아니며 정보의 홍수 속에서 이를 종합하고 최대한 활용하는 것에 중요성이 있으며 무형의 것으로 예측하기 어려운 특성을 지닌다. 그러므로 오늘날 관리자는 정보관리자 또는 지식관리자로 정보자원의 효율적 관리의 중요성이 높아가고 있다.

(2) 정보관리 시스템의 개념과 특성

휴먼서비스 조직에서의 정보체계의 목적과 마찬가지로 경영정보시스템의 궁극적인 목적은 통합적인 정보를 제공하고자 하는 것이다. 그리고 적절한 시기에 필요한 정보를 제공하고자 하며, 조직의 목표를 효과적으로 달성할 수 있도록 지원하는 것이다. 기관의 활동과 성과들을 문서화하는 것은 지역사회나 클라이언트, 위원회, 기금 제공자에 대한 책임성을 보여주는 또 다른 방법이 될 수 있다. 정보시스템은 서비스와 클라이언트 성과 단위로부터 직원들의 직무만족 사정에 이르기까지 정보의 많은 형태가 유용하며, 이를 수집하여야만 한다는 것을 제시한다.

Rapp과 Poertner에 따르면 정보 시스템을 구축하는 목적은 3가지가 있다. 그 중 휴먼 서비스 조직과 가장 관련이 깊은 성과지침체계(performance guiding system)에서 정보체계의 중요한 목적은 행동을 일으키는 것이다. 즉 휴먼 서비스 조직에서 조직의 목적에 기초하여 정보체계는 직원의 행동계획과 프로그램 수정에 도움이 되는 자료를 제공하게 된다. 기관은 이러한 정보체계를 사용하여 기관의 목적을 변화시킬 수 있으며, 목적을 설계하는 데 도움을 얻는다.

성과관리와 관련하여 효과적인 정보체계가 갖는 특징에 대하여 Rapp과 Poertner(1992)는 관리자들이 무엇을 달성하려는 것인지를 알아야만 하는 것이 가장 중요하다고 하였다. 기관의 전략과 프로그램 세부 목표에 대한 이러한 지식은 실제적으로는 관리자와 모든 실무자들이 심사숙고하여 논의하여야 한다. "클라이언트에게 가능한 한 최선의 서비스를 제공한다"라고 말하는 것은 불충분하며, 모든 직원은 명확하게 무엇이 달성되어야 하는지 서비스 성과와 그들의 시간의 사용방식, 일상에서 에너지의 집중과 같은 용어로 정확히 기술하여야 한다. 특별히 성과를 향상시키는 정보사용의 원칙들을 다음과 같이 제시하였다.

① 조직에서 정보의 역할은 활동을 시작하고 행동에 영향을 주기 위한 것이다.

② 정보 수집은 활동이 측정되어지도록 한다.

③ 성과를 위한 에너지 소비 증대를 위하여 정보의 수집과 피드백은 반드시 체계적으로 명확한 목적과 성과 기준, 보상과 연결되어 있어야 한다.

④ 정보가 인간의 에너지를 성과 증진, 자료 수집과 피드백에 도움을 주도록 하기 위하여, 반드시 ㉠ 바라는 행동을 촉진시키고 강화하며, ㉡ 성과와 문제 해결에 장애가 되는 것을 명확히 하고, ㉢ 미래의 성과를 위한 목표들을 세워야만 한다.

⑤ 피드백을 통하여 성과를 이루도록 하며, 이러한 피드백은 실무자들이 수정을 위한 방법을 명확히 알도록 실마리를 제공하고, 그들의 수행을 통하여 실무자들이 배울 수 있도록 돕는다.

⑥ 피드백은 행동을 동기화하여 성과가 이루어지도록 하며, 외부적 내부적으로 보상을 창출하며, 성과를 위한 실제적인 기준들과 관련되어 있고, 미래에 대하여 과거의 성과를 평가하는데 사용된다.

사회복지조직의 정보체계 사용과 목적은 정보 시스템을 설계하고 변화시키는데 있다. 모든 형식과 절차, 자료 수집, 자료 요약은 외부적 요구 즉, 기금제공자로부터의 자원의 사용과 성과 보고서를 위한 것을 포함하지만, 모든 기관의 체계들은 기관 그 자체에 의해 설계되는 것이며, 기금제공자에 대한 책임성은 단지 체계의 목적 중의 하나에 불과하다는 것을 알아야 한다.

(3) 정보관리시스템의 의의와 효과

휴먼서비스 조직이 명확하고, 의미 있고, 유용한 방법으로 조직의 성과를 문서화하는 것은 자금제공자들에게 답할 뿐 아니라 클라이언트에게 더 좋은 서비스를 주는 기관의 프로그램 성과를 개선하는 업무에 더 많은 노력을 기울이도록 촉진시킬 수 있다. 프로그램을 통하여 얻고자 하는 결과를 중요하고 달성가능하며 측정 가능한 것으로 관련된 모든 사람들의 동의를 얻는 것이 중요하며, 그 결과에 대한 목적을 세우고, 결과와 과정을 구분하여 초점을 성과에 두도록 하며, 더 폭넓은 책임성의 맥락에서 결과를 도출할 것을 제시하고 있다. 이것은 거시체계에 초점을 맞추는 것이지만 이것의 일부는 기관 수준에도 적용될 수 있다.

과학적으로 설계된 정보시스템은 직원에게 체계의 목적과 자료의 이용가치를 명확하게 전달할 수 있으며 정보자료에 기초하여 의사결정이 더욱 합리적으로 이루어지는데 도움을 준다. 그러나 새로운 정보체계의 구상은 조직 내에서 저항을 일으킬 수 있다. 직원들은 업무 증가에 따른 저항과 사무처리에 있어서 불필요하다고 느낄 수 있으며, 정보체계가 직원을 조정하고 자율성을 막는 관료적인 방법으로 생각할 수 있다. 그러므로 정보체계의 설계자는 조직의 역동성을 아는 것이 중요하다. 정보체계의 설계자는 조직 내에서 저항을 극복할 힘이 충분한 높은 지위의 직원이 적절하며 조직 내 다른 지위의 직원들의 참여를 이끌어 내는 것이 많은 지지를 줄 수 있다. 저항을 다루는 효과적인 방법은 변화를 위한 압력에 주목하는 것이다. 책임성과 결과에 따르는 재정자원은 조직의 노력, 변화에 대한 직원의 흥미를 이끌며 새로운 정보체계가 그들에게 구체적인 이익이 될 수 있음을 보여줄 수 있다. 그러므로 정보체계의 설계과정에 있어서 역동적인 효과가 도입 계획에서부터 고려되어야 할 필요가 있다.

2) 정보관리의 구성과 방법

(1) 정보관리 시스템의 구성

정보자원관리의 통합적 자원을 얻기 위해서 우선 정보시스템 자원 개개의 많은 차원들에 대한 파악이 선행되어야 한다. 크게 정보관리, 기술관리, 유통관리, 기능관리 그리고 전략관리가 있다. 정보자원관리는 기관이 가지고 있는 데이터와 정보의 가치를 인식하는 정보관리이다. 정보관리를 통해서 경쟁 기관보다 더 효율적인 의사결정을 내릴 수만 있다면, 이러한 정보자원은 유용한 것이다. 기술관리는 새로운 기술을 통하여 효율적인 서비스를 제공할 수 있다면 이러한 기술관리는 유용한 것이다. 분산관리는 정보시스템의 관리과정은 모든 부서, 모든 수준에 분산되어서 관리되어야한다는 것이다.

Schoech에 의해 개발된 정보관리 시스템 설계과정은 크게 7단계로 구성된다. 즉, 현재 상황을 사정하는 단계, 기존 체계를 분석하는 단계, 설계, 새로운 체계의 시험 및 기관의 준비단계, 전환, 평가, 시행 유지 또는 수정하는 단계로 구성된다. 이 과정들은 기관체계의 컴퓨터화를 포함하는 기존의 정보체계의 재설계, 혹은 새로운 프로그램이나 기관을 위한 체계를 설계하는 데 사용되고 있다(오재인 외, 1997).

① 1단계 : 현재 상황에 대한 사정

정보관리에 있어서 첫 단계는 현재 기관의 준비성과 실행가능성을 사정하는 것이다. 관리자는 다른 직원들 사이의 토론을 통하여 정보체계 재설계 혹은 컴퓨터화가 필수적이라는 것을 제안하여 기관의 목적과 세부목표에 대한 개요를 직원에게 알려야 한다. 시작할 때부터 직원들의 참여를 위해 운영위원회가 형성되어져야 하며, 크고 복잡한 기관에서는 하나 이상의 설계팀이 형성되어 질 수 있다. 그러나 이러한 위원회와 팀은 기관의 모든 요소를 대표하는 관리자, 감독자, 사무 직원, 정보체계 직원, 노조를 포함하고 있어야 한다. 사정 단계에서 설계팀은 기관의 모든 요소를 대표하여 직원 기술, 가치, 사상과 같은 조건, 존재하는 과정, 직원의 목표와 사명 등을 사정한다. 또한 정보체계에 영향을 미치는 보다 유용한 자료나 수행이나 훈련 중의 비효율적인 것들, 수행 방법의 변화 등에 대하여 포괄적이고 정직하게 검토한다. 설계팀은 이러한 계획과정으로 프로그램 효과성과 효율성을 설명할 뿐 아니라 클라이언트 데이터베이스를 포함하여 프로그램의 계획과 개발에 도움을 준다. 이러한 사정단계의 결과는 직원 행동에 대한 보고서와 과정에 대한 결정 또는 종결로 나타난다.

② 2단계 : 기존 체계의 분석

다음 단계는 기존의 체계를 분석하는 것이다. 이것은 기존의 서비스 구조 모델과 프로그램 목표를 재조사하는 것으로부터 시작된다. 정보체계의 주목적은 프로그램의 성과를 위하여 직원에게 도움을 주는 것이기 때문에 클라이언트 삶과 지역사회 사이의 차이를 아는 것이 중요하다. 정보는 클라이언트 인구 통계학, 직원 직무와 서비스 단위, 클라이언트의 변화과정과 최종 결과 등의 기록을 필요로 한다.

서비스 구조 과정에는 순서도가 유용하게 이용된다. 이 과정은 각 단계로 구성되어 있으며, 서비스의 시작부터 클라이언트에게 일어난 각 단계를 증명하는 것으로 구성되어 있다. 각각의 순서도에는 각 단계에서 사용된 자료가 들어 있다.

각 단계에서는 서비스 구조 모델에 기초하여 사례파일로 작성된다. 초기면접 차트에는 다른 정보와 기초적인 인구통계학이 포함되고, 사정과정 동안 클라이언트 자료가 모아지며, 사례 계획, 세부목표가 포함되어 클라이언트 파일로 발전된다. 서비스 구조 과정에서 각 단계의 행동이 명확히 드러나며, 사례의 결과 및 사후 계획, 평가가 포함되어 있다. 서비스 구조 과정에서 각 단계의 행동은 잘 증명되어 지며, 사례의 결과 및 사후 계획으로 평가 될 수 있다. 정보체계 설계자는 이런 차트, 프로그램 세부목표, 새로운 체계와 관련된 다른 정보를 사용할 수 있다. 기존의 조직과 욕구에 대한 사정은 새로운 조직을 위한 정보를 제공할 수 있다. Rapp과 Poertner(1992 : 101-104)는 클라이언트의 상태와 행동변화의 측정을 위한 표준으로서 타당성이 있는 측정이 되어야 하며 관찰할 수 있고 반복 가능하며 일정해야 한다고 제시하였다. 또한 측정은 요약된 문서로 이해될 수 있어야 하며 그 과정에서 변화할 여지가 필요하지만 많은 측정이 필요한 것이 아니며 단순하면서도 수집하고 보고하기에 효율적일 필요가 있다고 하였다. 정보체계는 한 가지 도구가 갖는 한계점을 보완하기 위해 면접이나 관찰뿐 아니라 여러 가지 도구가 사용되어야 한다.

③ 3단계 : 상세한 설계

이전단계에 모아진 자료를 기초로 플로차트를 분석하여 불필요한 단계는 삭제되고 필요한 새로운 자료와 형식이 추가되면서 설계가 이루어진다. 이 단계는 자료의 사용 방법으로서 서비스 전달이나 직원 배치에 유용하다. 설계는 수집 방법, 자료 축적, 자료 입력, 사례 파일의 형식, 자료 수집과 분석의 형식, 소프트웨어와 하드웨어에 필요한 자료를 포함한다. 사회복지 프로그램 관련 모든 정보들은 사례 파일로 상세히 기록될 것이며, 전산화된 자료에서 사용될 수 있다. 이런 기록은 예산을 비교하고, 비용-효과 분석에 이용될 수 있으며, 자료의 조회가 가능하고 그리고 상호관계와 다른 통계적 분석들이 가능할 것이다.

④ 4단계 : 체계 시험과 기관의 준비

이 단계는 직원 훈련을 통하여 새로운 소프트웨어와 하드웨어를 사용하는 방법을 익히며 정보체계 변화가 일어나는 시기이다. 직원의 기초적인 훈련은 소집단 훈련으로서 단기간에 짝을 지어 이루어지는 것이 효율적이며 사회복지사는 훈련받기 전에 컴퓨터와 소프트웨어에 접근할 수 있어야 한다. 새로운 체계는 기관의 정책과 과정들을 수립하도록 하며, 정보체계 조정자와 같은 새로운 지위의 직원은 다른 많은 변화를 만들어 갈 것이다. 새로운 체계를 시험해 보는 동안 형식과 절차는 세련되어질 것이다.

⑤ 5단계 : 전환

새로운 체계는 모든 것이 동시에 이루어지기 보다는 프로그램에 의해 단계적으로 이행된다. 시험단계 후 모든 필요한 정보를 제공하고 구체계의 사용은 중단될 것이다. 전환은 컴퓨터 입력장치와 같은 사무실 공간이나 위치의 재조정을 포함한다.

⑥ 6단계 : 평가

정보 시스템을 포함하는 조직 체계의 평가는 수행 목적들의 성과를 말한다. 이것은 클라이언트의 서비스 향상에서부터 자금제공자에 대한 책임성을 증가시키는 것이며 비용을 절감하고 근무의 질을 높이는 것이다. 위원회나 체계를 사용하는 모든 사람들이 평가에 참여하여야 하며, 조직의 목적, 세부목표들, 새로운 체계 기대 등을 고찰할 수 있는 기회를 가져야만 하며 실제적 결과들을 비교할 기회를 가져야만 한다. 초점집단이나 서베이를 통하여 직원의 관점을 사정하는 것은 체계의 성과를 명확화 할 수 있는 것과 함께 논란이나 잠재된 문제들을 파악할 수 있게 한다.

⑦ 7단계 : 시행(운영), 유지 그리고 수정

새로운 체계와 그 과정들은 충분히 기능하여야 하며 새로운 욕구와 상태에 적응하기 위한 기제들을 확보하여야 한다. 어떤 체계도 역시 새로운 프로그램적 욕구에 대응하여 새롭게 갱신되어야 한다. 변화가 일어날 때마다 훈련이 제공되어야 하며, 기관은 체계 사용과 직원감정을 모니터 하기 위해 정기적인 토의를 할 필요가 있다. 정보체계에 대한 자료 요약은 직원의 일상적인 자료수집활동을 위한 맥락을 제공하며 그들의 업무가 프로그램 산출에 어떻게 가치 있게 이끌어 내는지를 보여줄 수 있다.

(2) 정보관리의 방법과 프로그램 개발

사회복지조직은 인간의 욕구를 보다 효과적으로 충족시키기 위하여 다양한 정보를 수집하고 분석할 필요가 있다. 그러나 일반적으로 자료는 그 자체로서는 의미를 갖지 않는 비조직화된 단순한 사실들이다. 이러한 기초적 성격을 지닌 자료만으로는 의미 있는 판단을 내리는 데 한계가 있다. 따라서 일련의 과정을 거쳐 자료를 조직화하고 의미를 부여하게 되는 데 이를 정보라 하며, 기초적인 자료를 의미 있는 정보로 조직화하는 과정을 정보체계라고 한다. 따라서 정보를 얻기 위한 효율적인 정보체계의 확보는 효과적인 프로그램 운영을 위한 필수적인 과제라고 할 수 있다. 정보체계는 다양한 하위체계로 구성되어 있다. 예를 들면, 기관 클라이언트와 서비스에 관한 정보를 전달하는 체계, 자료의 흐름을 전달하는 체계, 직원들의 인사 및 직무에 관한 정보를 전달하는 체계 등 기관의 특성에 따라 다양한 하위체계를 갖게 된다. 이러한 정보들로부터 사회복지기관들은 필요한 각종 보고서를 작성하고 보조금 획득을 위한 신청서를 작성하기도 한다. 사회복지 프로그램 개발을 위한 중요한 정보는 정보의 질이 중요하다. 이런 정보의 질을 결정하는 요인은 다음과 같다(정무성, 2000).

① **참신성** : 정보는 시간이 지남에 따라 그 가치를 상실하기 때문에 가장 최근의 정보들이 수집되어 사용되어야 한다.

② **정확성** : 정보는 정확해야 하며, 그 정확성은 기초자료와의 비교, 자료 출처의 추적 및 재확인 등에 의해 증명가능한 것이어야 한다.

③ **관련성** : 정보가 참신하고 정확하다 할지라도 문제와 관련성이 부족하면 문제 해결에 도움을 주지 못한다. 따라서 정보는 프로그램이 다루는 문제와 관련된 것이어야 한다.

④ **완전성** : 정보는 완전한 것일 때 그 의미가 있다. 불완전한 정보는 편견을 낳고 결과를 악화시킬 수 있다.

프로그램 기획 및 실행에 도움을 주는 정보들의 내용은 프로그램의 성격에 따라 다양하다. 일반적으로 다음과 같은 자료들이 수집되어 정보로 활용될 필요가 있다.

① **욕구 및 문제의 빈도** : 욕구가 증가, 감소 혹은 그대로 지속되고 있는지 / 클라이언트의 육체적, 정신적, 사회적, 경제적 상황은 어떠한지? 등

② 문제를 유발하거나 원인이 되는 요인/ 문제와 관련된 자료

③ 프로그램이 대상으로 하는 지역의 문제와 다른 지역을 비교하는 자료

④ 개입하지 않았을 때의 단기적, 장기적 영향에 대한 자료(가능하면 비용분석)

⑤ 유사한 기관 혹은 프로그램의 활동 및 그 결과

⑥ **서비스 욕구를 증명하는 자료** : 대기자 명단, 서비스 요청 건수, 비용부

족, 타 지역에 비해 서비스 결여

⑦ 개입의 효과성 및 기대효과에 관한 전문가의 조언

적절한 정보체계의 개발은 프로그램 운영의 효율성을 증대시킨다. 사회복지조직에서 정보체계의 개발을 위한 고려사항은 다음과 같다(정무성, 2000).

① **수용가능성** : 정보체계는 프로그램 운영자나 관련자에 의해 수용 가능한 것이어야 한다.

② **비용의 적절성** : 최첨단 장비를 갖춘 정보체계를 개발하는 것이 필요하지만, 프로그램 운영을 위한 재정 한계를 초과할 때는 대안적인 체계를 고려해 볼 필요가 있다.

③ **기존 체계와의 양립성** : 정보체계는 기관의 여러 체계에 새로운 체계를 하나 더하는 것이다. 새로운 체계가 기존 다른 체계에 비해 너무 앞서거나 뒤지지 않게 조화를 이룰 때 기관운영의 효율성을 높일 수 있다.

④ **보안의 유지** : 사회복지기관에서는 비밀보장을 요하는 개인 사생활에 관한 정보를 많이 다루게 된다. 특히 컴퓨터에 입력하는 클라이언트에 관한 정보는 많은 사람들이 접속하여 개인정보를 볼 수 있기 때문에 이에 대한 보안장치를 마련하여야 한다. 이를 위해 개인의 이름을 직접 사용하기보다는 고유번호를 부여하여 저장하여 두거나 정보 자체에 암호를 부여하여 관련된 사람들만 접근 할 수 있도록 접근을 제한시키는 방법이 있다.

사회복지 프로그램의 성과를 위한 이런 정보체계의 개발과 관리는 이제 사회복지조직에서 필수적인 과업이 되었다. 조직의 시스템을 구축하고 그것을 위한 총체적인 프로그램 관리는 정보개발과 동원의 중요한 활동이자 요인이 되고 있다.

09
CHAPTER

사회복지 프로그램 평가의 기초

09 CHAPTER

사회복지 프로그램 평가의 기초

1. 프로그램 평가의 개념과 목적

1) 프로그램 평가의 배경

사회복지 프로그램에서 평가의 출발은 오래된 전통을 가지고 있다. 미국의 경우 1940년대 후반부터 사회복지 실천에서 평가방법이 발표되기 시작하였으며(최종혁, 2001), 사회복지 프로그램 평가의 중요성은 미국의 경우 실증주의적 경향이 강조되었던 1960년대 후반부터 공론화 되었고, 유사학문에서 응용한 평가방법론을 발전시켰다(황성철, 1998; 김통원, 2003). 피셔(J. Ficher)는 6개의 사회복지 프로그램의 사례분석을 통하여 유의미한 효과가 보이지 않는다는 내용의 연구를 통하여 사회복지 프로그램의 효과성에 의문을 제기하였다. 물론 이러한 실증주의적 방법의 사회복지적 부적합성에 대한 비판들이 바로 제기되었으며, 이로부터 시작된 사회복지실천의 효과성 논쟁은 전문직으로서의 사회복지가 책임성과 과학성을 확보하기 위한 대안과 노력을 제고하는데 도움을 제공하였다. 이를 통하여 사회복지계에서는 평가의 중요성을 인정하고, 평가를 수행하기 위한 조사방법론의 교육 확대와 단일사례와 실험통제집단의 사전·사후 효과성 검증 등의 보다 객관적인 효과성 평가 방법들이 보급되도록 하는데 많은 노력을 기울였다. 1970년대 들어서면서부터 프로그램 평가의 강조점은 통제연구의 기술적 측정(technical measurement)으로부터 현장 평가의 운영 맥락(operational context)으로 이동하였다(정선욱·김진숙, 2000). 1975년 이전에는 실험·통제 집단의 설계와 같은 실험평가의 방법론적 엄격성이 평가의 적합성을 판단하는 가장 우선적인 기준이었지만, 방법론적 엄격함이 평가 결과의 유용한 실무적 활용과 프로그램의 질적 성장을 보장하지 않는다는 사실이 발견되면서 현재는 "평가 결과의 활용"을 강조하는 추세로 변화되고 있다는 것이다(Kuechler, et al., 1988).

한국의 경우 1999년에 평가를 법제화하면서 본격적인 평가가 수행되었다. 서울특별시는 이미 1996년부터 사회복지관 평가를 실시하기 시작하였으며, 이는 타 지방자치단체로 점차 확대되고 있는 상황이었다. 또한 1997년 사회복지사업법 개정으로 사회복지시설 평가가 법제화되어 평가의 중요성이 더욱 강조되고 있다. 1996년 및 1997년에 실시된 서울특별시의 사회복지관 평가는 사회복지관의 재정운영의 투명성 확보와 운영비 지원을 위한 정치적 목적을 이유로 회계감사 및 운영평가를 실시하기 시작하였다. 이는 현황 및 실적 파악 위주로 진행되어 향후 사회복지 서비스 전달체계에 그릇된 영향을 행사할 가능성을 배제할 수 없었다(최일섭 외, 1998). 1998년 이후로도 서울특별시의 사회복지관 평가는 정량적 평가가 중심이 되어 이루어졌으며, 이는 사회복지 분야에 적합하지 않은 평가방법이라는 비판과 함께 사회복지사들에 의한 평가거부라는 극단적 대립에까지 이르기도 하였다. 이는 평가가 가지고 있는 정치적 특성을 반영하는 한 사례로 볼 수 있다. 김형식(1999)은 평가가 정치적 산물일 수 있음을 제시하고 있다. 특히, 평가의 대상이 되는 정책이나 프로그램 그 자체가 바로 정치적 결정의 산물일 수 있다는 것이다. 기관 상호간에 서로 유리한 유치를 차지하려고 하는 등 경쟁적 요소로부터 완전한 보호를 받을 수 없다는 것을 현실이라고 지적하고 있다. 이러한 추세 속에서 사회복지기관의 평가는 총괄적인 평가방식으로 기관 전체를 평가하는 방식이 중심이 되기 때문에, 사회복지 프로그램에 초점을 맞춘 평가의 필요성이 끊임없이 제기되고 있다.[1)]

2) 프로그램 평가의 개념

사회복지조사평가의 유래를 보면 사회복지분야에서의 사회복지실천과 관련되어 최초의 체계적 연구이면서 전문적 개입에 의한 평가조사의 효시는 1992년에 있었던, "How Foster Children Turn Out"로, S. Theis 여사가 양연기관에서 서비스를 받는 아동들을 대상으로 그 효과를 여러 층으로 나누어 측정한 것이다(남세진・최성재, 1990).

(1) 평가의 기초적인 개념

프로그램 평가는 과학적 측정방법을 활용하여 프로그램의 효과성을 파악하고자 하는 방법이다. 체계적 과정으로서의 평가를 위해서 프로그램 평가가 처음에 떠오르지 않기 때문에 프로그램 설계 시 계획해야 한다. 평가를 통한 효과성 획득을 위해서 평가가 정책과 프로그램의 결정에 있어서 불충분한 자원을 최대한 활용할 수 있게 한다. 평가에 대한 개념은 다른 주요 개념과 마찬가지로 합일된 개념은 없으나 여러 학자들의 의견은 대체로 유사한 개념들을 제시하고 있다.

첫째, 프로그램이 달성하고자 하는 바, 즉 목적과 목표에 대한 달성 여부의 가치판단과 이에 대한 정보획득이 중심이 된다. 이를 위해 필요한 것이

1) 본 9장은 기본적으로 우수명(2007), 강병노(2008)를 토대로 수정보완함.

성공(성과)에 대한 객관적이고 타당한 평가도구에 의한 가치 판단이다. 이 평가도구를 통하여 프로그램의 목적과 목표가 어느 정도 달성되었는가를 판단하게 된다. 따라서 평가도구는 프로그램의 고유의 목적과 목표와 논리적, 경험적 연관성이 있어야만 의미가 있다고 할 수 있다. 둘째, 평가는 프로그램의 시작, 진행, 그리고 종결과 그 후에 이르는 프로그램의 전 과정과 목표와의 관련성에 대하여 가치판단적 관여를 하는 것이다. 평가는 프로그램의 과정 중에 실시하며, 앞으로의 변화와 발전에 초점을 맞춘 경우에는 형성(과정)평가로, 프로그램 종결 후 계속할 것인지? 또는 종결할 것인지와 같은 어떤 정책결정 등에 중요한 정보로 활용할 경우에는 총괄평가로 보는 것이 일반적이다. 재가복지 서비스의 경우 단위 프로그램이 아닌 재가복지 사업 전반에 걸친 존폐여부 등을 결정할 총괄평가는 현실적으로 거의 의미가 없기 때문에 형성평가가 중심이 된다.

셋째, 평가는 프로그램이 가지는 긍정적 요인과 부정적 요인들이 무엇인지, 평가기준을 토대로 총체적이고 체계적인 과정을 통하여 탐색하고, 규정하게 된다. 프로그램 가지는 장점과 효과성 등은 프로그램의 필요 가치와 중요성을 입증하여 정당성과 책무성을 증명하는데 활용된다. 단점과 부족한 요인 등은 프로그램에서 개선되어야 할 것들이 무엇인지 명확하게 알려줌으로써 보다 좋은 프로그램으로 발전하는데 중요한 정보로 활용된다.

넷째, 평가 과정과 결과의 활용이 가지는 특수성은 학습과 성장의 기회가 된다는 것이다. 즉, 평가는 프로그램을 보다 객관적으로 분석할 수 있도록 해주며, 장단점의 분석을 통해 강화해야 할 것과 유지해야 할 것에 대한 새로운 정보제공을 하게 된다. 이 과정 자체가 중요한 학습이라고 할 수 있다. 또한 평가결과를 통하여 각종 문제점을 개선, 해결할 수 있는 도움을 제공받으므로 보다 발전적인 프로그램으로 성장하는데 적지 않은 역할을 한다고 볼 수 있다. 따라서 프로그램 평가는 프로그램 자체뿐만 아니라 프로그램을 진행하는 담당 전문인력의 학습과 성장에도 기여한다. 이는 궁극적으로 프로그램의 질과 수준을 향상시키고, 클라이언트 중심의 사회복지 프로그램이 가능하게 됨으로 사회복지적 책무성의 완성에 보다 한발 다가가게 한다.

평가는 프로그램의 욕구에 대한 적절성, 비용에 대한 효율성, 과정에 대한 체계성, 클라이언트의 변화에 대한 기대효과를 객관적인 방법으로 파악하는 것을 의미한다. 프로그램 평가는 조직 관리 및 경영 시스템의 한 과정이며 기관 결정에 영향을 미친다. 평가로 인한 결과는 프로그램에 관련된 모든 사람들, 즉 기관 직원, 행정가, 지역사회구성원, 자금조달자, 서비스제공자 등에게 설득적이어야 하고 서비스 기획과 전달에 큰 영향을 미친다. 따라서 프로그램 기획가는 조직의 내외부 환경을 고려하여 평가결과의 활용과 평가 적용에 대한 설득과 공유를 감안하는 것이 요구된다. 일반적으로 프로그램 평가는 프로그램의 성과를 과학적으로 평가하는 방법이다. 여기에서 프로그램이란 목표달성을 위해 수단을 구체화한 일련의 계획된 활동을 의미한다(Martin & Kettner, 1997). 즉 목표달성의 차원에서, 프로그램은 목표 성취를 위한 조직된 활동의 집합으로서 사람들을 어떻게 도울 것인가라는 방법을 구조화한 것이다(Rapp & Poertner, 1992).

프로그램 평가의 목적에는 행정적 의사결정, 기관의 기존 프로그램 향상, 책임성 있는 프로그램의 실행, 효과적인 프로그램 지지 체계 수립 그리고 서비스 방법에 대한 지식 확보 등이 포함된다(Lewis et al., 2001: 236-237). 그 외에도 합리적인 서비스의 제공, 가능한 프로그램의 선정, 프로그램 실행 과정 감독, 프로그램 목표 달성정도 사정, 프로그램 참여자 만족도 측정 그리고 프로그램에 대한 학습이 포함될 수 있다(Namkee, 2002: 6-7). 이런 맥락에서 프로그램 평가는 프로그램 발전을 위하여 프로그램의 기획 및 진행의 과정, 종결에서 나타나는 긍정적・부정적 요인의 원인을 총체적・체계적인 탐색의 과정을 통하여 진단하는 과학적인 방법이라고 볼 수 있다(한상철, 1999). 프로그램 평가는 이와 같은 요소들에 대해 프로그램이 갖고 있는 강점과 약점을 파악하게 함으로써 프로그램의 향상을 가져오게 하며, 장기적으로는 이용자에게 제공되는 프로그램을 더 효과적이고 효율적으로 만들어준다(Hoefer, 1994: 233). 결국 프로그램 평가는 프로그램 설계 시 고려하였던 목표와 목표의 달성정도를 측정하여 사회에 대한 의미와 프로그램에의 활용을 위해서 체계적으로 정보를 보고하는 일련의 과학적인 작업으로 볼 수 있다(강병노, 2006).

(2) 프로그램 평가와 기관환경

프로그램 평가는 복잡한 정치환경내에서 불가피하게 수행되어져야 하고, 여러 이해당사자들의 욕구가 설계로부터 프로그램 수행과 보고서준비를 통해서 중점적으로 다뤄져야 한다. 조직의 내부환경 고려를 위해서 직원은 훈련하고 발전시키는 기회로 삼아야 하며 전체조직에서의 평가활동이 무의미하지 않도록 기관내에서 모든 구성원의 설득과 공감대 형성이 전제되어야 한다. 프로그램 평가는 조직 관리 및 경영 시스템의 한 과정이며 기관 결정에 영향을 미친다. 평가로 인한 결과는 프로그램에 관련된 모든 사람들, 즉 기관 직원, 행정가, 지역사회구성원, 자금조달자, 서비스제공자 등에게 설득적이어야 하고 서비스 기획과 전달에 큰 영향을 미친다(Lewis et al., 2001; 정무성, 2001).

(3) 프로그램 평가와 프로그램의 구성

프로그램 평가는 당초에 설정한 목표의 달성정도와 이것이 관련 사회문제에 미치는 영향의 정도를 체계적으로 측정하는 것이다(Kettner, Moroney, & Martin, 1999). 이와 같은 환류적 정보를 이용하여 프로그램 운영계획이나 과정에 필요한 정보를 확보하고, 프로그램 담당자가 프로그램 과정상의 활동에 대한 사회적 책임을 지도록 하며, 프로그램 속에 내재된 변수들 간의 인과관계를 검증하여 이론형성에 기여하는 기능을 가진다(성규탁, 1994). 프로그램의 체계이론에 따르면, 아래 ▌그림 9-1▌에서 보듯이 평가는 그것의 운영에 관한 자료 및 정보(피드백)를 취하여 이를 분석한 다음, 그 체계가 기능을 하도록 조정하는 역할을 한다. 프로그램을 자기 학습 과정으로 간주한 것인데, 프로그램 평가가 프로그램의 운영과 기능에 관한 피드백을 제공하게 된다. 이러한 피드백은 프로그램에의 새로운 투입(input)이 이루어지도록 하고, 프로그램이 설계되어 실행되는 데 있어서의 변화, 조정, 개선을 가능케 해준다(Kettner, Moroney, & Martin, 1999, 정무성 역, 2000).

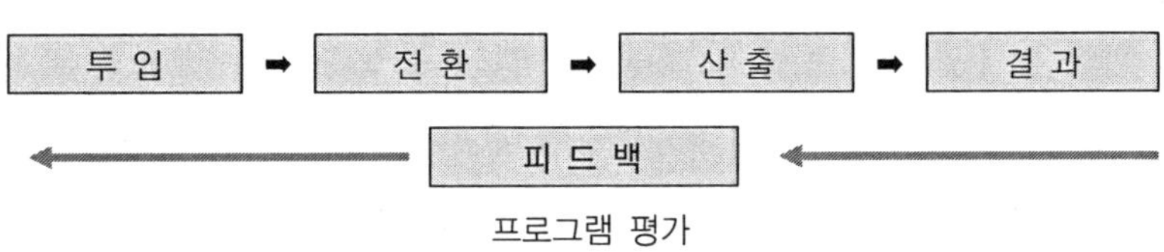

▌그림 9-1▌ 피드백 및 자기학습 체계와 프로그램 평가

3) 프로그램 평가의 목적

프로그램 평가란 프로그램 설계 시 고려하였던 목표와 그 목표의 달성정도를 측정하여 사회에 대한 의미와 실천 현장에의 활용을 위해서 과학적이고

체계적으로 정보를 보고하는 것을 말한다. 평가의 목적은 단순히 프로그램 효과성 검증에 있지 않다. 그것은 예산 배분의 문제를 해결함과 동시에 클라이언트에 대한 다양한 사회적 지지체계를 확립하려고 하는 노력이라고 할 수 있다. 일반적으로 프로그램 평가의 목적은 다음과 같다(Lewis et al., 2001)

① 합리적 의사결정을 위한 체계적 접근
② 기관의 기존 프로그램 향상
③ 책임성이 있는 프로그램의 실행
④ 효과적인 프로그램의 지지 체계 수립
⑤ 서비스방법에 대한 지식

또한 프로그램 평가의 목적은 더 나은 서비스를 제공하고 프로그램의 수행을 위해 더 현명한 자원의 배분을 수행하기 위한 것이다(Weiss, 1974: 675-681). 프로그램 평가의 이런 목적을 이용자(People), 서비스 및 프로그램, 실무자, 기관 그리고 지역사회의 측면에서 정리해보면 다음과 같다.

① **이용자** : 프로그램의 효과성을 입증하여 이용자의 삶의 질 변화
② **서비스/프로그램** : 책임성 있는 프로그램 실시와 서비스의 질 향상
③ **실무자** : 서비스 방법에 대한 학습, 전문성 및 지도력 확보
④ **기관** : 기관 운영의 민주적 의사결정의 근거
⑤ **지역사회** : 지역사회 서비스 제공의 지지기반 마련

4) 프로그램 평가의 정치적 특성과 윤리적 이슈

(1) 프로그램 평가의 정치적 특성

프로그램 평가는 결과의 민감성 때문에 그것을 활용이나 적용에서 정치적인 성격을 가지고 있다. 활용중심적평가(utilization-focused evaluation)의

경우 평가과정에서의 여러 활동가(전문적 평가자, 자금조달자, 정책입안자, 행정가, 서비스제공자)에게 영향을 미치는 평가의 정치적인 성격을 가진다. 이 특성에는 전문평가자의 전문적 개입, 자금조달자에게서의 재정적 확보, 정책입안자와 행정가의 의사결정 근거 제공, 사회복지서비스 제공자의 평가에 대한 발언권 확보, 클라이언트와 지역사회구성원의 만족과 변화 등이 포함된다.

특히 평가과정이나 결과에서 평가를 둘러싸고 있는 이해당사자 예를 들면 전문평가자, 자금조달자, 정책입안자와 행정가, 사회복지서비스 제공자, 클라이언트와 지역사회 구성원 등에 대한 고려가 요구된다(Lewis et al., 2001).

(2) 프로그램 평가의 윤리적 이슈

프로그램 평가는 정치적인 특성뿐만 아니라 윤리적인 이슈와 문제도 함께 포함되어 있다(Weinbach, 2008).

평가에서 윤리적인 이슈는 특별하게 설명할 가치가 있다. 모니터링과 평가는 종종 프로그램과 서비스를 향상하기 위해서 설계되는데 때로는 다른 목적으로 사용되기도 한다. 그것은 윤리적으로 "회색지대"라고 한다. 관리자는 조직을 보호하기 위하거나 부정적 언론으로부터 피하기 위해 평가를 활용할 수 있다. 예를 들면, 프로그램의 속의 문제가 대중에게 노출될 것 같게 되면 관리자는 빨리 평가를 개시하도록 결정해서 결국 문제가 신문에 실리거나 뉴스에서 다음과 같이 설명할 수 도 있다. "우리는 이미 필요한 변화를 가져오도록 하기 위해서 프로그램의 평가를 확대하는 것을 시작했다." 이것은 적대적인 과업환경으로부터 발생되는 비판에 대해 완충 역할을 하는데 도움이 될 수 있다. 이것이 평가의 비윤리적 활용인가? 그것은 평가의 결과가 실제로 프로그램의 향상을 위해 활용된 것인지 아니면 단순하게 대응하기 위한 반응으로서 비판에 대한 응답인지에 따라서 다르게 나타난다.

프로그램 평가에 있어서 윤리적인 이슈와 관리자의 윤리적 책임은 매우 다양하다.

첫째, 일부의 프로그램 평가들은 단순히 프로그램의 지속을 위한 추가적인 재원의 필요성을 획득하기 위해서 정당화하려는 의도로 활용되고 있다. 긍정적인 차원에서 평가는 프로그램의 생존, 직원의 직업 보장, 또는 클라이언트 서비스의 해체를 피하기 위해서 필요하다. 평가가 공정하고 정직하다면 윤리적인 위반이 없을 것이다. 그러나 평가가 유리한 보고서를 생산하기 위해서 고의로 편향적이라면 그것은 윤리적이지 않다. 무엇보다도 프로그램이 실제 효과적이지 않다면 아마도 그것은 지속될 수 없다. 지원재정은 다른 방식으로 도와주는 것이 더 낳은 이익이 될 수도 있다.

둘째, 때로는 모니터링과 평가가 수행되는 이유가 윤리적으로 의심스러운 경우도 있다. 평가의 실제 목적이 프로그램에 대해 미리 결정해 놓고 그것을 정당화하는데 있다고 할 수 있다(예를 들면, 그것이 지속되지 않아야 한다). 또는 프로그램에 일하는 한 명 이상의 인력을 해고하는 것을 정당화하는데 있다고 할 수 있다. 이런 종류의 숨겨진 아젠다를 추구하는 평가의 활용이 윤리적인 것인가? 만약 평가가 공정하고 목표지향적이며 영향을 확인하도록 설계되는 것이 이미 개방되어 있다면 그럴 수 도 있다. 관리자가 오픈마인드가 있고 발견된 것에 근거하여 결정을 재고려할 의지가 있다면 그것은 아마도 별 문제가 없을 것이다. 무엇보다도 연구는 우리가 발견하기를 원하는 것과 관련된 가설을 검증하고 때로는 그 반대도 발견한다. 그러나 만약 평가가 미리 원하는 결과를 생상하기 위한 "농간"이라면 비윤리적이라는 것을 알아야 한다. 그러한 실천은 또한 불필요하다. 예를 들면 인력관리 결정에서 미래의 평가활동의 신뢰성을 위협할 위험이 없다는 관리 결정을 정당화할 다른 방법이 있다.

셋째, 모니터링과 평가에서 다른 윤리적인 이슈는 관리와 보급과 관련되어 있다. 좋은 평가는 정보제공의 영역에서 솔직함을 필요로 한다. 클라이언트와 직원은 프로그램이나 인력의 차원에서 중요하다. 그들을 드러내는 것은 그들의 정체성이 알려져 있다면 그들을 보복에 취약하도록 남겨두는 것일 수도 있다. 관리자는 그들을 보호하고 비밀유지나 익명성의 약속을 지키는 것을 확실하게 할 윤리적 책임이 있다.

넷째, 프로그램 평가 보고서 또한 윤리적으로 작성되어야 한다. 보고서는 정직하고 완벽해야 한다. 비윤리적인 관리자는 다른 자료를 중요하게 생략하거나 발표를 위해서 몇가지 자료만 강조하는 잘못된 방식으로 보고서를 작성하게 된다.

다섯째, 평가의 결과에 대한 접근에 대해 문제제기를 하는 것 또한 윤리적인 의미를 가지고 있다. 사람들은 그 평가결과와는 다른 목적으로 활용하기 위해서 접근하려고 할 수 있다. 자료는 다른 방식으로 잘못 전달되거나 맥락 속에서 추출될 수 있다. 관리자는 또한 평가 결과를 보는 것을 허용하는 것을 주의 깊게 관찰해야 하는데. 예를 들면 "희생자 비난하기" 또는 그들에게 해를 입힐 수 도 있는 다른 활동으로부터 취약한 클라이언트를 보호해야 한다.

여섯째, 모니터링과 평가에 관한 관리과업에서 윤리적인 문제가 쉽게 해결되는 것은 아니다. 관리자의 욕구가 윤리적이 되어야 하는 것과 좋은 재정적 관리 사이에 갈등이 있을 것 같다. 재정자원 동원은 조직에서 매우 중요한데, 목표지향적 평가를 하면서 항상 정직을 주장하는 것은 어렵다. 가정하건데 예를 들면, 조직의 연간 예산의 큰 부분을 차지하는 연방정부의 재정지원을 평가할 때 그렇다. 관리자는 많은 결과를 아직 생산하지 못했지만 약속해야 한다는 것을 알고 있다. 전적으로 목표지향적 평가는 지속적인 재정지원이 정당화될 수 없다고 결정할 것 같다. 관리자가 프로그램의 단점을 감추고 다른 직원을 돕기 위해 은폐해야 하는가? 이것을 프로그램이 궁극적으로 가치가 있다고 증명할 수 있다는 관리자의 믿음에 근거하여 정당화할 수 있는가? 또는 단순하게 비윤리적 행동이라고 할 것인가? 비록 윤리적인 일이 되도록 노력하려고 해도 이런 상황에서 무엇을 할지 알기 어려울 것이다. 아마도 이런 딜레마에서 가장 윤리적인 접근은 프로그램에 대해서 가장 정직하게 평가하는 것을 장려하는 것이며(비록 프로그램을 복잡한 상황에 빠지게 한다고 할지라도) 또한 프로그램의 가능성을 확신할 수 있는 추가적인 자료를 수집하는 것이다.

일곱째, 예를 들면 프로그램을 더 효과적으로 보이게 하기 위해서 클라이언트 파일을 위조하는 것은 비윤리적이다. 그것은 이기적이며 NASW(미국사회복지사협회) 윤리규정을 위반하는 것이다. 그러므로 윤리적인 문제 자체에 포함될 수 있다. 윤리적인 문제나 딜레마는 정의해보면 행동의 과정에서 나타나는 상황이 윤리적 또는 비윤리적으로 명확하지 않을 때 발생한다. 여기에서 설명하고자 하는 평가와 관련된 어떤 윤리적인 문제는 가장 어려운 것이다. 심지어 가장 윤리적인 관리자들도 때로는 그들의 이상을 실제성 또는 실용주의와 약간은 조화를 이루어야 한다. 때로는 해법은 '약간 어렵다'라고 하는 느낌을 남기는 것이다. 이것이 관리자의 직무에 많은 스트레스를 줄 수 있다.

2. 프로그램 평가의 유형과 과정

1) 프로그램 평가의 유형

(1) 프로그램 평가의 일반적인 유형

프로그램 평가는 많은 유형이 있으며 그 목적도 다르다. 첫째, 욕구사정(needs assessments)인데 프로그램 기획단계에서 수행되거나 현재 상황에서 기존 프로그램의 욕구에 대해 질문하고자 할 때 해당된다. 둘째, 형성평가인데(formative evaluations) 프로그램이 진행 중이지만 그것의 성공을 예상보다 빠른 시점에서 평가하고자 할 때 수행된다. 셋째, 총괄평가(summative evaluation)는 프로그램이 종결되거나 끝날 때 하게 된다. 추가적으로 프로그램의 특별한 측면에 관심을 가지고 조사하는 몇 가지 다른 특성화된 형태의 평가가 있는데 예를 들면 그것을 어떻게 잘 관리할지에 대한 방법으로 비용효과분석이나 또는 프로그램의 실패 이유를 조사하는 것이다. 평가는 관리자들이 정기적인 모니터와 피드백을 위해 평가를 하려고 할 때 내부적으로 작동될 수 있다. 또는 외부적으로 발생될 수 있는데, 예를 들면 재정지원조직에서 요구하거나 프로그램의 장점, 가치를 결정하고자 하는 외부 평가자에 의해 수행될 수 있다. 자료는 종종 표준화된 도구를 사용, 지역사회 포럼, 전화 조사, 핵심집단, 우편 조사, 그리고 직접 관찰 등 다양한 질적, 양적 연구방법을 활용하여 수집된다. 자료의 원천은 과거, 현재, 그리고 잠재적 클라이언트, 직원, 핵심 정보제공자, 그리고 심지어 프로그램의 친구와 적들을 포함하게 된다.

프로그램 평가는 크게 두 가지로 나뉜다. 첫째는 산출(과정) 목표와 성과목표가 실제 달성되었는지를 살펴보는 것이다. 실제로 계획한 횟수만큼 모든 것이 진행되었는지, 그리고 그러한 노력의 결과로서 서비스 이용자들이 얼마나 변화하였는지를 살펴보는 것이다. 산출(과정) 목표는 프로그램 선정 이후 변화될 수도 있고 컨설팅 과정에서 끊임없이 산출 목표 변경 또는 달성 정도가 점검된다. 둘째는 프로그램에 대한 과정 평가이다. 이는 과정 목표에 대한 달성도를 뜻하는 것이 아니다. 프로그램의 진행 과정에서 겪었던 다양한 시행착오와 난관들, 그러한 문제점에 대해 실무자가 어떻게 타개 방안을 제시했으며 그 방안을 추진함에 있어 당초 계획과 어떻게 프로그램 내용이 달라졌는지, 그 과정에서 시사해 주는 함의가 무엇인지를 살펴보는 것이다(삼성복지재단, 2013).

관리자는 프로그램 평가에 있어서 몇 가지 책임이 있다. 첫째, 그들은 프로그램의 미션, 목적, 그리고 특히 목표가 프로그램을 평가하는데 가능하도록 명료하게 표현하는 것을 확실하게 할 필요가 있다. 둘째, 프로그램 자료를 수집하고 분석하는 일이 일상적인 활동의 공식적인 부분으로 인식되도록 하고 가치 있는 활동으로서 고려되는 작업환경을 창출하려고 해야 한다. 셋째, 그들은 적절한 프로그램 평가를 수행하고 설계하는 방법 또는 적어도 타당하고, 유용하며 공정하고 정확한 평가가 구성될 수 있도록 학습해야 한다. 마지막으로 그들은 평가가 잘못 사용될 수 있고 윤리적으로 이용될 수 있도록 모든 노력을 기울여야 한다는 것을 인식해야 한다.

참고 기타 프로그램 평가 유형(우수명, 2004)

1. PASSING(Program Analysis of Service Implementation of Normalization Goals) : 이 평가 유형은 SRV(Social Role Valorization; 사회적 역할의 가치화)이론을 바탕으로 하는 것으로, 장애인에 대해서 사회의 구성원으로 하여금 사회적으로 가치를 평가받는 역할을 수행할수 있도록 지원하고 평가하기 위하여 프로그램 질적평가를 중심으로 42개의 지표를 계량한 평가도구이다. (더 자세한 것은, 김용득, 2000, 사회적 역할의 가치화, 장애인복

지시설 종사자교육자료, 장봉혜림원을 참고)
2. TQM(Total Quality Management) : 주로 조직관리와 관련있는 평가유형으로, 지속적인 품질향상을 위해서, 조직의 구성원들이 소비자 중심 마케팅, 사실에 입각한 의사결정, 팀웍을 통한 효과적인 서비스 제공 등을 내용으로 하고 있다.
3. SWOT(Strength, Weakness, Opportunity, Theat): 경영기법의 하나로, 조직내에서 경영능력과 환경변화를 동시에 고려하여 적절한 대응전략을 구사하는 것으로 기관의 강점, 약점, 기회, 위협 등의 4가지 요소의 평가를 통한 경영진단 방법이다.
4. META Evaluation(평가에 대한 평가): 이 평가유형은 평가를 사정함으로써 평가를 더욱 유용하고, 실행가능하며, 윤리적으로 만드는 것을 목적으로 한다. 메타평가의 기준은 유용성, 실행가능성, 윤리성, 정확성 등의 네 가지이며, 사회복지실천현장에서 이런 메타평가를 하기 위한 노력으로(이미 실시하고 있지만), 프로그램 진행과정에서의 회의록을 이 네가지 기준으로 자체적으로 점검하면서 그것에 대한 평가를 하는 것도 한 방법이다.

(2) 프로그램 평가 범주에 따른 분류

① 개념적인 범주에 따른 분류

Shadish와 동료들(1991)은 프로그램 평가를 평가의 개념적인 범주와 관련되어서 다음과 같이 세 가지 유형으로 분류하고 있다. 첫째, 해결방안 모형(Manipulable Solution Model)은 일반대중의 이익을 위해서 사회문제를 해결하기 위해 마련된 정책 및 프로그램의 효과성을 평가하는 것이다. 둘째, 일반화 가능한 설명 모형(Generalizable Explanation Model)은 프로그램 결과에서의 차이 또는 상이한 조건 및 환경에서 나타나는 프로그램 실행에서의 차이를 평가하는 것이다. 셋째, 이해관계자 위주 모형(Stakeholder Service Model)은 프로그램의 이해관계자들을 위해 그들이 필요로 하는 정보를 얻고자 하는 평가하는 것이다.

② 평가 가능성의 사전판단

평가가능성의 사정판단은 평가의 목적과 이론적 근거를 사정함으로써 시작되었다(Lewis et al., 2001). 우선 모든 중요한 이해당사자들(예를 들면, 기관의 직원, 후원자, 정책입안의 대표자, 지역사회의 대표)은 평가의 기대, 현안, 목표에 대해 동의할 필요가 있다. 이러한 요소들은 관련된 프로포절이나 계약서와 같은 문서들을 재고하고, 이해당사자들을 만남으로써 평가되어질 수 있다.

㉠ 평가 결과의 잠재적인 소비자는 누구인가?

㉡ 프로그램 효과성의 평가를 처리하기 위한 다양한 목적들은 무엇인가?

㉢ 일차적인 소비자와 다른 잠재적 소비자들의 통보 요구사항은 무엇인가?

둘째, 프로그램 평가에서 프로그램 관련 문서들은 계획된 과정과 효과를 결정짓는 프로그램의 " 사정도"를 개발하기 위해 재고된다. 프로그램 구성요소들 (서비스 활동)과 의도된 효과(성과)는 프로그램을 통해서 클라이언트에게 의도된 것이 무엇인지를 설명하는 "사정도"에 정리되어 있다.

셋째, 프로그램 관리자의 관점을 가지고 프로그램 실시에 대한 관리자의 관점을 반영하는 "프로그램 관리자의 유형"을 준비한다. 서비스 배달 과정의 관찰자에 의해 서비스 시행과정이 사정된다. 이 유형에 들어가는 내용으로는 정의된 프로그램 요소, 분명하게 명시된 목표와 성과들, 프로그램 수행활동과 기대된 성과들, 완벽한 프로그램 정보체계, 서비스 전달체계가 합의한 방법 등이다.

(3) 프로그램 평가 기능에 따른 분류

① 질적평가와 양적평가

평가방법을 크게 질적평가(qualitative evaluation)와 양적평가(quantitative evaluation)로 구분하는 것은 가장 일반적인 방법이며, 질적평가는 질적 연구방법의 적용을 통한 프로그램 평가이며, 양적평가도 같은 개념으로 정의될 수 있다.

주요 평가는 양적평가와 질적평가 두 가지로 나누어 볼 수 있다. 양적평가 방법으로는 각종 설문 조사와 실험 설계가 가장 많이 쓰이고 질적평가 방법으로는 면접(interview)과 참여 관찰 방법이 사용될 수 있다. 성과 목표－성과 지표－자료 수집 방법 등이 상호 유기적으로 연결되는지, 꼭 필요한 평가 항목으로 구성되었는지, 실제 평가 가능할 것인지, 양적평가와 질적평가가 (필요에 따라) 균형 있게 제시되었는지, 양자 간의 관계가 긴밀하게 연결되어 있는지 등에 대해 고려해야 된다(삼성복지재단, 2013).

양적 연구는 척도나 설문지, 혹은 계량화된 측정 기준을 주로 이용하여 측정되거나 수집된 수량적 결과들에 대하여 통계적·확률적 이론을 기반으로 하여 그 결과를 기술하고 해석하거나 가설을 검증(추리)하거나 모집단의 특성을 추정하는 방법이다. 질적 연구에서는 기술과 맥락을 이해하는 것이 기본이 되기 때문에 질·양적 연구 어느 쪽이든 조사설계 및 초기 단계에서 매우 필요한 것이다. 어떻게 보면 사회복지분야에 있어서 조사설계 과정까지는 질적이든 양적이든 거의 동일한 수준의 사회과학적인 지식과 전문적·경험적 이해와 이를 통한 클라이언트 및 사회문제의 맥락을 충분하게 이해하는 능력을 요구한다고 볼 수 있다.

② 구성체계에 따른 평가방법

구성체계에 따른 평가는 사회체계적 관점과 수행적 관점에서 살펴볼 수 있다. 이들은 종횡처럼 서로 구조를 이루는 유형, 무형의 요소들이라고 할 수 있으며, 평가의 대상이 될 수 있다. 즉, 프로그램을 평가하는데 있어서 클라이언트의 변화만을 평가하는 것이 아니라는 것이며, 프로그램을 구성하거나, 혹은 이에 영향을 미치거나, 프로그램의 결과에 의하여 영향을 받는 모든 체계들은 프로그램의 평가대상이 될 수 있다는 것이다. 프로그램은 그 시작 이전부터 그 사회의 문화나 이데올로기, 혹은 국가제도, 지역사회의 이해, 사회복지기관의 비전과 역할에 따라 영향을 받을 수밖에 없다. 또한 프로그램은 그 결과에 따라 클라이언트 혹은 지역사회의 변화를 이끌어 낼 수 있으며, 이는 장기적으로 문화적 토대가 바뀌게 되는데 기여할 수도 있다. 이러한 논의는 사회체계적 관점과 수행적 관점은 서로 명백하게 분리되지 않는다는 것이며, 상호영향을 주고받으며 '존재'하고 있다는 것을 인식해야 한다는 것이다. 우리는 이러한 관점을 일종의 프로그램 평가에 있어서 '맥락(context)'이라고 이해할 수 있으며, 이러한 맥락을 충분하게 이해하고 적용하는 프로그램 평가는 포괄적이면서도 동시에 구체적인 특성을 모두 갖출 수 있게 된다.

③ 평가기준에 따른 평가방법

평가기준을 어떻게 구성하는가에 따라 표준화된 척도를 이용한 평가와 조작적 정의 척도를 이용한 평가로 크게 구분할 수 있다. 표준화된 척도를 이용한 평가가 이루어지는 경우, 이는 기존 연구자들에 의하여 신뢰도·타당도가 있다고 인증된 척도로써 동일한 여타 프로그램의 평가에 적합한 것으로 인정된 평가 척도를 이용하여 프로그램의 효과성이나 의미 등을 평가하는 방법이다. 표준화된 척도는 이미 만들어져 있기 때문에 바로 활용할 수 있는 편리성을 갖추고 있으며, 항상 그런 것은 아니지만, 측정도구 자체의 오류가 대체로 적기 때문에 안정성이 뛰어난 편이라고 할 수 있다.

④ **평가주체에 따른 평가 방법**

누가 평가자인가에 대한 평가주체에 따른 분류는 내부평가(internal evaluation)와 외부평가(external evaluation)로 크게 나눌 수 있다. 첫째, 내부평가는 프로그램을 직접 수행한 사회복지사나 수행기관, 혹은 프로그램의 영향력이 직접 미치는 대상이 프로그램을 평가하는 방식이다. 따라서 프로그램의 내용이나 맥락을 포함한 흐름에 대하여 경험적 자료를 통하여 충분하게 인식할 수 있으며, 정보 접근성도 폭넓다고 할 수 있다. 반면에 팔이 안으로 굽는 것처럼 프로그램의 단점을 축소하거나(특히 외부 지원을 받는 경우 더 정치적이 된다), 객관적인 접근보다는 주관적이고 감정적인 평가가 이루어질 가능성은 적지 않다. 즉, 평가의 공정성에 있어서 문제가 될 수 있다. 둘째, 외부평가는 프로그램과 직접적 관련이 없는 외부인에 의한 평가라고 할 수 있다. 이 경우 내부평가보다 객관적인 평가가 이루어질 가능성은 훨씬 높아진다고 볼 수 있는데, 특히 관련 분야의 전문가라면 풍부하고 전문적인 슈퍼비전도 가능할 것이다. 외부평가는 제3자의 시각에서 바라보므로 주관적인 평가는 최대한 배제되며, 객관적인 평가를 지향하는 경향성이 커진다는 것이다.

2) 프로그램 평가의 과정

프로그램 평가 과정에서 중요한 것은 평가과정의 주요 특성과 장점들에 초점을 둠으로써, 기관의 특성에 가장 맞는 지침을 제공하는 각자의 평가모형 혹은 조합을 이용해야 한다. 세부적으로 보면 6가지 과정으로 구분할 수 있다(정무성, 2001).

① 측정하고 싶은 결과 선택

② 결과 지표의 구체화

③ 지표에 관한 자료수집 준비

④ 결과측정체계 실행

⑤ 결과물의 해석과 보고

⑥ 결과측정체계 개선 및 결과물 이용

프로그램 평가 과정은 프로그램 결과를 측정하고, 그것의 결과를 이용하는 체계를 개발하기 위한 단계적 접근법을 제공하고 있다. 여기에 제시된 6단계는 단선적인 과정이라기보다는 단계 간의 많은 상호작용을 요구하는 역동적인 과정이다.

프로그램 평가의 유형은 프로그램의 단계에 따라 나누어진다. 첫째, 욕구사정(needs assessments)으로서, 프로그램 기획단계에서 수행되거나 현재 상황에서 기존 프로그램의 욕구와 기대 등을 알고자 할 때 실시한다. 둘째, 형성평가는(formative evaluations) 프로그램 과정 중에 수행한다. 마지막으로 총괄평가(summative evaluation)로서 프로그램이 종결되거나 끝날 때 하게 된다(Weinbach, 2008).

프로그램 평가의 의미를 이해하는 데 있어서 중요한 것은 서비스를 하나의 체계적인 관점에서 기획, 실행, 종결, 재기획의 순환과정으로 인식하는 것이다. 평가를 체계 속에서 과정으로 인식하면 프로그램 기획을 위한 문제형성단계에서는 문제진단과 개념화, 기획단계에서는 욕구와 사회적 파급효과 사정, 프로그램 개발 단계에서는 형성 평가, 프로그램 실행단계에서는 프로그램 모니터링, 프로그램 종결단계에서는 효율성과 효과성에 대한 평가를 활용하며, 이러한 일련의 과정은 보다 나은 서비스로의 변화를 위해 이어지게 된다(Singleton et al., 1999: 427-434).

프로그램 평가를 프로그램 과정과 체계와 결부되어 인식하게 되면 프로그램 평가 또한 하나의 과학적 과정으로서 기획, 집행, 보고의 단계로 이해된다. 이러한 프로그램 평가의 과정은 평가설계, 평가수행, 평가결과보고의 단계로 진행하게 된다. 평가설계에서는 평가의 배경과 목적을 설정하고 평가계획서를 작성하며 평가체계와 지표를 개발한다. 평가수행단계에서는 계획된 평가체계와 지표를 통해서 평가를 집행하고 정보를 수집하며 평가의 전반과정에 대해 모니터한다. 마지막으로 평가 결과보고에서는 평가를 통해 수집된 자료의 결과를 분석하고 결과보고서를 작성하며 평가결과로 얻어진 내용에 대해 활용과 함의를 제언하게 된다.

〈표 9-1〉 프로그램 평가의 과정과 세부사항

단계	활동내용	세부사항
평가설계	평가의 배경과 목적 설정	평가의 필요성, 평가의 목적과 목표 설정
	평가계획	평가계획서 작성: 평가대상, 평가모형, 평가내용, 평가방법, 자료수집, 평가지표 등
	평가체계와 지표 개발	평가체계 및 모델, 평가지표 개발과 적용
평가수행	평가집행	평가기준에 의한 평가 수행
	정보수집	평가를 위한 정보수집, 평가기록 확보
	평가 모니터	평가 과정에 대한 모니터와 피드백
평가결과보고	결과분석	평가 결과에 대한 분석과 해석
	결과보고	평가보고서 작성
	결과활용	평가결과에 대한 적용방안 및 제안

출처 : 정무성 · 정진모(2001: 216-218), 지은구(2007: 339-422), 우수명(2007: 343-359).

프로그램 평가의 개념과 과정을 살펴본 결과 프로그램 평가는 전체적인 하나의 체계와 구조 속에서 이해된다는 점이다. 프로그램 평가에 대한 과정에서 평가설계, 평가수행, 평가결과보고를 종합해서 평가의 기준을 제시해 보면 다음과 같다. 먼저 관점으로는 체계적 접근, 장기적 전략 수립이다. 둘째, 기준으로는 성과, 효과성, 서비스 질, 만족도, 효율성 등을 고려할 수 있다. 셋째, 특성으로는 목표달성, 구체성, 학습, 책임성 등이 추출된다.

10
CHAPTER

프로그램 평가의 설계와 수행

1. 프로그램 평가의 이론적 배경과 원칙
2. 프로그램 평가의 지침과 보고

10 CHAPTER 프로그램 평가의 설계와 수행

1. 프로그램 평가의 이론적 배경과 원칙

1) 프로그램 평가의 이론과 설계

(1) 평가이론의 내용과 동향

프로그램 평가이론은 평가의 기준과 원칙을 이론적으로 규명하는 설명을 제시하는 것이다. 특히 목표, 성과, 체계 등과 관련되어 평가에 대한 이론적 검증과 논리적 준거틀을 제시하고 있다.

첫째, 목표달성이론은 전통적이고 일반적인 효과성 분석방법으로서 평가의 과정을 이해하고 있다. 프로그램 및 조직효과성 분석 시 목표체계 자체가 절대적 중요성을 지니고 있으며 목표달성 접근은 프로그램이나 조직체가 달성하고자 하는 목표를 분명하게 세울 수 있고 프로그램이 추구하는 목표를 산출하는 것을 정확하게 예측할 수 있도록 평가를 설계한다. 또한 주어진 목표를 성취하기 위해 공식적 구조를 통해 인적, 물적자원을 조직화할 수 있도록 프로그램을 구성한다.

둘째, 체계이론은 앞에서도 나오는 봐 조직이나 프로그램의 전체 구조를 기반으로 평가의 방법과 형식을 설명하고 있다. 체계이론의 기본 가정은 평가를 위해서 모든 조직이나 프로그램을 상호연관적인 하위체계로 이루어진 사회적 체계로 본 다는 것이다. 각 조직이나 프로그램은 외부환경으로부터 투입요소를 받아들여 조직 내의 변환과정을 거쳐 환경으로 산출을 내보내는 과정을 지속함으로써 프로그램의 생존과 성장이 보장된다고 전제하고 있다. 체계모델은 목표나 산출 보다는 목표달성을 위해 필요로 하는 수단과 과정에 초점을 두고 있고 있다. 이런 체계이론에 의한 평가는 프로그램의 과정, 성과에 초점을 두고 있다.

프로그램 평가 설계에 따라서도 프로그램 성과측정, 모니터, 프로그램 평가의 개념에 있어서 차이점이 존재한다. 성과측정은 효율성, 품질, 프로그램 효과성을 사정하는 것이다. 성과측정은 산출, 품질산출, 결과, 비용효율성, 비용 효과성에 근거하여 프로그램이 얼마나 잘 수행되고 있는지에 관한 피드백을 제공한다. 프로그램 성과측정의 목적은 원칙적으로 대외보고 있으며, 1993년에 제정된 미국의 정부 성과 및 결과에 관한 법률(GPRA) 규정은 연방의 모든 기관으로 하여금 기관의 집행자나 프로그램에 관한 성과측정 자료 및 정보를 수집하고 보고하도록 요구하였다. 성과측정은 성과자료 및 정보의 수집 및 보고에만 중점을 두기 때문에 프로그램 수행의 계획성, 프로그램 결과의 성취, 프로그램의 영향을 알기에는 한계가 있으며, 피드백을 위하여, 모니터 및 프로그램 평가에 관심을 가져야 한다. 둘째, 모니터는 프로그램이 설계된 대로 수행되는지의 정도와 계획된 대상집단을 지원하고 있는지를 사정하는 것으로 형성평가라고도 한다. 모니터는 프로그램 단위를 분석하고 프로그램 관리를 목적으로 하며, 기관 관리자에게 프로그램 운영에 관한 피드백을 제공한다. 셋째, 프로그램 평가는 프로그램을 분석단위로 하고 프로그램 및 정책개선을 목적으로 하며 정책 결정자 및 기획가에게 프로그램 결과물과 영향에 관한 피드백을 제공한다. 프로그램 성과 측정이 주로 외부 관련당사자에 대한 결과 자료 및 정보의 보고에 관심을 두고, 모니터가 수행 중인 결과 및 영향에 대한 프로그램을 추적하는 반면, 프로그램 평가는 정책과 기획을 개선하기 위한 프로그램 결과와 영향에 관한 피드백 자료와 정보의 이용에 중점을 둔다(Kettner, Moronoy & Martin, 2000).

방법론적으로 프로그램 평가의 이론적 준거틀을 수립하는 것이 필요한데 구체적으로는 우선고객중심, 품질중심, 평가관련 주체의 참여(복지현장의 욕구와 현실 반영), 평가지침의 사전 공개, 시설평가에서 프로그램 평가 중심으로의 전환, 블라인드 평가(다수의 평가자가 평가할 경우 각각 독립적으로 평가하고 그 결과의 평균값으로 최종결과를 산출) 등으로 평가의 방향과 원칙을 정립할 수 있다. 이를 위해서는 첫째, 평가의 이론적 배경으로서 체계이론(System Theory) 접근에 의한 평가 프로그램 개발, 한국의 경우 시설중심이 아닌 개별 프로그램 평가에 대한 연구 확대 방향을 고려할 수 있다. 둘째, 평가모형 개발과 적용을 위해서 시범평가를 통한 피드백, 평가기준과 지침 보완, 평가대상기관 관련 외부기관으로부터의 의견수렴, 장애인기관별 차이에 따른 평가의 적용, 운영 매뉴얼개발과 운영 매뉴얼에 의한 평가, 평가항목의 감소와 평가방법의 정밀화(정량적인 방법의 측정으로 평가 사후에 점수 부여) 등의 방향을 설정할 수 있다. 셋째, 평가방법으로서는 상대평가에서 절대평가로의 전환, 평가주체(이용자, 생활자, 보호자 등)의 참여 보장, 평가의 정보관리시스템 구축(평가결과나 평가로 수행되는 다양한 정보를 전산정보시스템에 의해 관리) 등을 고려한다. 넷째, 평가내용으로는 평가지표의 정교화로 자의적 판단의 가능성 최소화, 시계열적 평가를 가능케 하는 지표 개발, 평가지표의 구분화 개발, 복지시설종류에 따른 평가지표의 세분화, 핵심 평가내용의 구성(프로그램 관리 운영 및 서비스 전달, 전문지식과 기술 사용, 이용자 만족도 등) 등을 주요 방향으로 한다. 다섯째, 평가결과가 도출되면 평가결과의 순위등급화의 배제와 기본적인 수준과의 비교를 통한 보완, 인센티브 제공, 우수 사례에 대한 다른 프로그램에의 모델로서의 역할 수행 지원 등의 원칙을 수립한다. 마지막으로 정책 및 제도적 개선을 위해서 평가인증제 도입, 평가위원 간 신뢰도 문제를 해결하기 위해서 상설평가원 설립, 평가 관련 보수교육 및 연수의 확대, 교육과 개선 등의 목적을 가진 평가결과에 대한 동기부여, 보조금 지급 현실화, 평가보상(총액예산제, 감사 감면 등) 등을 적극적으로 활용해야 한다(강병노, 2008).

한국의 경우 평가제도나 체계 등 평가 전반의 이론적 동향은 평가배경, 동향, 정치성, 유형, 과정, 내용, 방법, 개선방안과 과제 등 세부적인 내용보다는 평가일반에 대한 방향과 개괄적인 제안을 하고 있음을 알 수 있다. 그 근본에는 미국의 평가동향인 '책임성의 시대'를 논의의 배경으로 끌어오면서 한국에서도 책임성을 위해 평가가 필요하다고 주장하고 있는 것으로 보여진다. 하지만 한국은 책임성의 시대를 맞이하기 전에 IMF와 같은 사회적 위기에 직면하였으며 이미 민간위탁 등 서비스의 민영화와 시장화 그리고 지방정부에 대한 재정이양 등 사회복지서비스의 지방화 등이 현실화되고 있는 상황이 전개되고 있다. 그러므로 평가는 국가보다는 민간의 책임을 요구하고 재정확보를 위한 경쟁과 효율의 가치가 중심이 되며 지방정부 등에서는 과학적 활용보다는 정치적 활용의 도구로 이용되는 등 평가의 왜곡 현상과 과학적 평가로 인한 프로그램의 과학화, 시설운영과 프로그램의 개선, 재정확보와 자원개발 등 평가의 긍정적인 흐름사이에 긴장관계가 지속될 것으로 전망된다(강병노, 2008).

(2) 프로그램 평가 설계의 특징

프로그램 평가는 성과를 도출해야 하는 프로그램의 특성이 반영되기 때문에 평가의 방법 또한 프로그램 기획 초기에서부터 목표와 함께 평가의 구체적인 사항이 고려되어야 한다. 일례로 사회복지공동모금회 프로그램 평가의 내용과 방법을 보면 성과와 변화 중심의 평가라고 할 수 있다. 프로그램 기획단계에서 평가를 설계하는 목표중심평가이고 프로그램 성과중심으로서 산출성과, 결과성과에 대해 측정한다. 또한 성과목표측정을 위한 과학적 방법을 적용하면서 변화중심의 평가를 지향한다. 이런 성과목표를 측정하기 위해선 반드시 프로그램의 사전사후설계가 기획되어야 한다. 특히 양적평가 중심으로서 계량화된 지표로 프로그램의 양을 측정하는 것을 강조하고 있다.

〈표 10-1〉 사회복지공동모금회 평가의 한계와 과제

한계	개선과제	사례 및 적용
복잡, 난해, 병렬적	간단, 명료, 핵심적	현재 제시된 목표에서 핵심적으로 달성해야 될 성과가 무엇인지 논의
목표의 타당성에 대한 근본적 한계	프로그램 규모와 목표의 타당성 고려	프로그램 규모에 맞는 목표설정의 타당성에 대한 사회적 합의
목표 및 결과 중심	과정중심	프로그램 논리모델을 적절하게 적용한 평가
품질성과 미측정	품질성과 측정 개발	만족도 설문조사 + 질적 면접
수많은 정보의 도출	프로그램 정보관리	프로그램에 대한 정보관리시스템 구축
계량화 중심 양적평가	질적평가의 개발	프로그램의 질적인 연구방법 적용
긍정적 성과중심 평가의 제한적 적용	평가의 과학적 적용	프로그램 결과로 나타난 긍정적 및 부정적 효과를 모두 평가

이런 사회복지공동모금회 평가의 특징을 검토하면서 그 한계와 과제를 제시하면 위의 표와 같다. 주요 시사점을 보면 앞으로 프로그램 평가의 경

향이 과정중심으로 전환되어 질적평가를 수행할 필요가 있으며 프로그램의 타당성과 질의 수준을 적합하게 도출해야 하는 과제를 안고 있다. 또한 평가에 있어서 현재 제시된 목표에서 핵심적으로 달성해야 될 성과가 무엇인지 논의해야 하며 프로그램 논리모델을 적절하게 적용한 평가가 이루어지고 프로그램 결과로 나타난 긍정적 및 부정적 효과 모두를 평가하는 방법도 수행한다.

프로그램 평가를 설계할 경우에 프로그램의 구조화와 표준화를 생각해 봐야 한다. 프로그램의 구조화는 프로그램의 매뉴얼을 만들어서 프로그램의 전체적인 상을 보여주면서 이 프로그램이 어떻게 진행되는지, 어떤 내용을 가질 것인지 그리고 어떻게 평가되어 결과를 도출할 것인지 등에 대한 내용을 설계한다는 것이다. 프로그램 평가를 위해서는 먼저 프로그램의 구조적인 모습이 보여야 한다. 그리고 프로그램 표준화는 프로그램이 매뉴얼처럼 언제 어디서든지 동일한 진행을 통해 동일한 결과를 도출하고자 할 때 필요하다. 프로그램을 평가할 때 기본조건은 평가의 결과가 프로그램 때문이었다는 것을 확실히 할 수 있도록 충분히 표준화되어야 한다는 것이다. 프로그램이 표준화되어 있는 정도는 클라이언트가 기관에 들어와 프로그램에 참여하고 종결하게 되기까지 모든 과정이 어떻게 진행되는 것인가를 분명히 하여 매뉴얼화함으로써 프로그램의 외적 타당도를 높이는 과정을 말한다. 그러므로 구조화와 표준화된 프로그램은 프로그램 평가의 전제조건이 될 수 있다. 프로그램을 어떻게 평가하여 프로그램의 성과를 보여줄 것인지 등에 대한 구조적·표준적 판단은 총체적인 관점에서 프로그램 개발단계에서부터 고려해야 된다(이윤로, 2005: 6). 평가는 평가로 끝나는 것이 아니라 평가로 인해서 프로그램과 지역사회의 변화를 가시적으로 분명하게 발생시켰다는 것을 보여줘야 한다. 따라서 지역사회 영향의 측면에서 평가로 인해서 나타날 수 있는 사회복지분야의 성과에 대한 관심이 요청된다(강병노, 2008).

(3) 프로그램 평가와 관련된 지역사회 주체의 역할

올바르게 평가를 하려는 노력은 그룹 구성원을 포함하여 전문적 평가자 뿐만 아니라 자금조달자(funding sources), 행정가, 정책 입안자, 서비스 전달자 등을 포함한 지역사회의 전 구성원이 참여하고 관심을 가져야 한다. 이런 여러 사람들은 평가의 공급자와 소비자로서 그 역할을 담당하는데 그들이 그들 스스로 주인이라는 생각을 가진다면 그 과정에서 놀랄만한 영향을 미칠 수 있다. 활용중심적 평가(utilization-focused evaluation) 원칙과 방법은 평가의 설계, 수행에 있어서 매우 유용함을 보여준다. 역사적으로, 평가과정에서의 여러 활동가(전문적 평가자, 자금조달자(funding sources), 정책입안자, 행정가, 서비스제공자)는 공동연구하지 않고, 심지어는 교류도 없이 서로가 그 역할을 분리해왔다. 그러나 이런 구별은 선명하지 못했다. 실천가들은 프로그램을 향상시키기 위해 지식이 필요함을 알게 되고, 정책입안자와 다른 이들은 평가과정이 복잡하기 때문에 협력과 실천의 토대에서 평가자와의 협조가 필요하다(Lewis et al., 2001).

① 전문평가자(Professional Evaluators)

평가의 알맞은 비율은 전문 평가자, 조사자에 의해 수행되는 휴먼 서비스(Human service) 조직에서 나타나는데 이들은 큰 기관의 평가, 조사부내에서 그들의 기술을 활용하는 사람들이거나 특별한 원조를 제공하는 외부상담가이다. 평가자가 자문가로서 조직에 고용되거나 계약 되든지간에 그들이 평가과정의 세부목표를 수행할 것으로 기대한다. 기술적 감식력은 전문평가자에게 긍정적, 부정적 함의를 가져다준다. 최악의 상황은 평가조사자의 노력(헌신)이 진행 중인 기관업무에 방해된다는 것이다. 평가자는 보고서를 작성한다. 그러나 프로그램을 결정하거나 자원을 할당하는 이들에게 그것은 너무 내밀해서 즉시 이해하거나 이용할 수 없다. 기관결정으로부터 너무 떨어진 평가는 서비스에 영향을 끼치는 것에 종종 실패한다. 다른 부정적 관점은 외부 자문가를 평가자로 쓴다는 것은 기관 평가의 경향이 자문가의 손에 있다는 것을 말한다. 평가의 관심이 목표달성과 자료수집에만 있다면 효과적으로 이루어질 수 있다. 오직 전문평가자에게만 목표의 사정에 대한 책임을 지운다면 사회복지사는 평가를 익숙지 않거나, 두렵고 편치 않는 것으로 받아들인다. 효과적인 평가자는 꺼려하는 직원들에게 평가의 짐을 부여하는 것이 아니라 다른 이들과 함께 가능한 설계를 발전시키는데 그들의 기술적인 전문기술을 사용한다. 자문가가 내부평가위원들과 함께 일한다면 그들은 (목표, 기대, 문제를 명확히 하는) 행정가, 서비스 제공자, 소비자에게 도움을 줄 수 있다. 그래서 설계된 연구는 인지된 욕구를 충족시킬수 있다. 외부평가자의 세부목표와 내부 실무자의 활동과 협력하는 것은 평가과정의 좋은 결과를 가져다 줄 것이다.

② 자금조달자(funding sources)

휴먼서비스 프로젝트에 보조금을 제공하는 조직에서 평가의 긍정적인 효과를 보이고 있다. 휴먼서비스 기관에서는 자금조달자는(funding sources) 책임성의 한 부분으로 프로젝트 평가를 해야 한다. 보조금 신청은 평가설계의 논의를 포함하며 그리고 이런 부분은 기금결정전에 자세히 조사해야 한다. 재정원천은 관심이 단순한 형식보다는 평가내용에 좀 더 초점이 잡혀진다면 좀더 긍정적인 효과를 가져올 수 있다. 기부자는 조사 질과 일치하게 평가 자문에 돈이 얼마나 쓰였는지에 기대하지도 않고, 그리고 충분한 것으로 단순히 과정에 대한 감시를 받아들이지 않는다. 재정원천은 프로그램 효과성에 대한 좀더 효과적인 평가를 강조하고, 직접적 소비자와 지역사회에 강조점을 둔다. 결과에 강조를 둔 평가는 현재 사용하는 것보다 창조적인 결과물을 도출하게 되는 설계를 하게 될 수도 있다.

③ 정책입안자와 행정가(Policymakers and Adminstrators)

정책입안자와 행정가는 평가의 주요 사용자이다. 왜냐면 이들은 휴먼서비스 프로그램의 생존을 고려해야 하는 결정을 하기 때문이다. 의사결정자는 고려하고 있는 대안에 대한 정보 때문에 평가자료가 필요하고 평가자는 그들의 업무가 의미 있게 하기 위해 의사결정자가 필요하게 된다. 그러나 행정가와 평가자의 연결고리는 빈약하다. 이사회와 마찬가지로 기관관리자는 만약 그들 기관의 실제적인 정보욕구를 확인시켜준다면 좀 더 효과적인 평가를 할 수 있다. 평가는 빨리 끝나지 않고 행정가와 평가자가 형식적인 조사현안에 대해 같이 일한다면 그 결과는 보다 효과일 수 있다.

④ 휴먼서비스(Human Service) 제공자(Human Service providers)

서비스제공자는 평가과정에서 누락되는 경우가 종종 있다. 그래서 그들은 희생된다는 느낌을 가지게 된다. 그들에게 정확하게 기록하고 많은 형식을 채우게 하면서, 어떤 자료가 진짜로 필요로 하는지에 대한 결정에 있어서는 동참시키지 않는다. 그리고 자문가와 함께 평가해야 할 것이 무엇인지에 대해 정확하게 말하지는 않고서 기관에 한번 방문하는 자에 대해 자문가와 연합하라고 한다. 갑자기 특별한 효과를 요구하며 목표달성을 위한 과정을 사정하는데 격려하지도 않는다. 휴먼서비스 인력들은 평가는 기관운영에 부정적이고, 그들 업무의 단기결과물을 강조하고, 그들의 프로그램이 보호되는 방식으로 정보를 제공하고자 한다고 본다. 서비스 제공자는 평가과정을 설계하고 활용하는데 격려해준다면 평가에 있어서 좀 더 활동적이고 유용한 역할을 수행할 수 있다. 서비스 제공자는 소비자 욕구변화, 다양한 접근법의 효과성, 그리고 기관자체에 익숙하다. 그들이 평가위원회의 중심을 이룬다면 프로그램의 실제목표, 평가되는 세부목표, 그리고 업무에 확신을 가진다. 최근에 기관은 "조사에 기초하여 프로그램을 실시하는 기관"이 늘어나는 추세이며, 이것은 평가 수행뿐 아니라 보조금제안서 작성과 사회정책 형성을 위한 문제제기와 정책입안에 가치가 있다.

⑤ **소비자와 지역사회구성원**(Consumers and Community Members)

소비자와 다른 지역사회구성원들은 초기목표에서부터 기관 효과성 사정, 평가설계를 통해 평가와 계획에 동참되기를 원한다. 소비자는 서비스 전달체계의 장, 단점을 알고, 지역사회 욕구가 충족된 정도를 알 수 있는 좋은 위치에 있다. 중요한 사실은 서비스제공자의 힘과 소비자의 힘은 휴먼 서비스 체계에서 동등하게 균형 잡혀 있어야 한다라는 것이다. 참여적 행동 조사는 클라이언트 또는 지역사회구성원(프로그램의 성과에 있어서 명확하고 합리적인 이해관계를 가진 구성원)을 직접적으로 포함시키는 방법이다. 시민들은 그들 자신의 평가결과를 준비하거나 내부평가위원회에 참여하여 사회복지사와 협력한다. 그들의 참여형식을 갖춤에 관계없이 시민은 휴먼 서비스를 어떻게, 왜, 누구를 위해 제공해야 할지를 결정하는데 있어 중요한 역할을 한다. 휴먼 서비스 기관은 그들이 봉사하는 지역사회에 책임성을 가지며, 그들의 목적은 원조자와 소비자를 이해하고 소중히 하는 목적달성에 있다. 행정의 기능은 이런 생각을 실제화하는 데 있다.

2) 프로그램 평가의 원칙과 수행

(1) 프로그램 평가의 원칙

프로그램 평가란 조직 관리 시스템의 한 영역이며, 클라이언트의 변화라는 성과에 초점을 두어, 프로그램의 효과성을 검증하기 위한 일련의 과정으로, 특히, 사회복지조직에서는 평가를 통해서 조직경영의 혁신, 비전의 수립, 욕구의 발굴과 개발, 클라이언트의 만족과 변화뿐만 아니라 조직의 학습과 훈련, 사회복지사의 전문성을 향상시킬 수 있는 도구로서도 작용한다.

이런 평가를 위한 기본적인 원칙을 선정해서 프로그램 평가의 효과적인 방향을 설정해야 하는데 첫째, 합리적 의사결정을 위한 체계적 접근으로 클라이언트의 활동과 효과성을 기술, 수행하는 활동들에 대한 정보를 제공, 자원할당, 표적집단에 서비스제공, 조직의 합리적 결정을 도출, 새로운 프로그램 발전 또는 서비스의 대안들의 선택에 대한 결정 등이 필요하다. 둘째, 기관의 기존 프로그램 향상을 위해서는 프로그램의 질 향상, 전문적, 법적 위임, 기관자체 계획, 정책 지침서 등의 검증, 서비스 결과물에 대한 프로그램 적절성의 사정과 지역사회의 요구에 비교되는 결과, 서비스의 본질 또는 전달방법의 향상을 고려한다. 셋째, 책임성이 있는 프로그램의 실행을 위해서는 지역사회에 대한 책임성(Accountability)을 강조해야 하는데 책임성 모델에서 세 가지 중요한 평가의 구성요소가 있다(Windle & Neigher, 1978 ; Lewis, 2001에서 재인용)

① 대중 또는 다른 지지자들에게 원조를 고려한 현명한 결정을 내리게 한다.

② 대중과 다중 지지자들을 프로그램 목표와 활동에 포함시킴으로써 그들이 프로그램을 잘 할 수 있도록 동기 유발시킨다.

③ 직원 활동이 모니터 된다는 사실을 알게 함으로써 대중서비스와 효율성에 큰 기여를 할 수 있게 역량강화를 한다.

과거에는 책임성과 평가는 분리된 활동들이었다. 전자는 행정가와 회계감사관의 분야였고 후자는 사회과학자들의 분야였다. 그러나 현재에 와서는 책임서비스는 과정을 모니터하는 것에서 결과를 모니터하는 것으로 되었다. 평가는 신비성을 제거하고 그것의 기술은 점점 발전하게 되었다. 적용성은 넓어지고 그것의 자료는 더 이상 좁지 않다. 기관 활동과 그것의 효과를 기록한 평가보고서의 유포는 프로그램 책임성을 강화하는데 일조한다. 기관수행과 관련된 사람들은 서비스결과에 대한 지식을 획득할 수 있고, 이런 정보를 정책과 프로그램에 영향을 끼치는 지역사회구성원을 늘리게 한다. 따라서 프로그램 기획자는 구체적인 서비스 효과성을 염두해 둔 판단을 할 필요가 있다.

(2) 프로그램 평가의 과정과 기준

프로그램 평가의 수행에서 효과적인 평가와 성과 있는 결과를 도출하기 위해서 고려해야 할 전문적인 기준과 진행 절차가 존재한다. 프로그램 평가도 또한 하나의 과학적인 프로그램이다. 이런 이유로 평가의 과정이 세밀하게 설계되어야 하는데 평가준비－평가도구 구성－평가수행－평가결과 분석 및 활용 등의 절차가 수행된다.

첫째, 평가의 준비단계(Preparation of Evaluation)에서는 다음과 같은 절차가 이루어진다.

① **문제의식 형성** : “왜 우리는 평가를 해야 하는가?”

② **평가팀 구성** : 전문적 지원체계 확립, 프로그램 평가 역할 수행,

③ **평가 계획** : 평가계획서 작성(평가목적과 목표, 대상, 평가모형 평가방

법, 평가도구, 자료수집방법, 측정과정, 분석 및 해석방향 등)

둘째, 평가도구 구성 단계(Scale of Evaluation)에서는 프로그램 평가도구를 개발하는 것인데 프로그램의 목표 등 평가대상을 측정 가능한 변수로 전환시키는 조작적 정의를 하는 것을 말한다. 여기에서 평가도구를 만드는 기준에는 절대적 기준과 상대적 기준이 있다. 평가도구 작성 시 유의사항으로는 프로그램 특성에 맞는 평가도구인가?"라는 문제의식을 가져야 하며 적합성, 유용성, 타당성(내용 일치성), 편의성, 클라이언트 인권보장, 지역사회 파급효과 등을 고려한다.

셋째, 평가수행 단계(Evaluation)에서는 평가수행을 통해서 프로그램 평가기준에 따라 정보를 수집 또는 조사가 이루어진다. 정보수집방법에는 프로그램 기록, 자기기입 평가, 면접, 훈련된 관찰자 평가 등이 있다. 여기에서는 특히 평가의 주체로서 누가 평가할 것인가?를 판단한다.

넷째, 마지막 과정으로 평가결과의 분석 및 활용단계(Analysis of Evaluation)에서는 평가결과의 분석을 위해 양적분석(통계분석)과 질적분석(질적자료분석)을 수행한다. 평가결과의 활용을 위해서는 과학적인 프로그램 개발, 프로그램의 개선과 폐지, 내부용과 외부용을 구분한다. 마지막으로 평가가 잘 되었는지 평가를 평가하는 메타평가(Meta Evaluation)를 통해서 평가의 타당성과 과학성을 확보한다.

(3) 프로그램 평가의 수행 과제

이 과제에서는 클라이언트들이 경험한 이익에 대한 결과를 규명해야 한다. 효과적으로 이 단계를 완수하기 위해 여러 과제들을 수행한다. 프로그램 평가에서 측정하고자 하는 결과가 명확하게 어떤 내용인지 밝히는 것이다(정무성, 2000).

첫째, 결과가 서로 다른 수준들이라고 하는 것을 구별하는 것은 중요하다. 많은 경우 클라이언트들이 단지 하나의 성취되기를 원하는 결과가 있는 것이 아니라 일련의 결과들이 있는 것으로서, 개별적인 것들은 어떤 프로그램들이 클라이언트들에게 성취하기를 바라는 궁극적인 결과로 더욱 가깝게 이끄는 또 다른 혜택이나 변화에 기여하고 있다. 여기에서 최초의 결과들(initial outcomes)은 클라이언트들이 최초로 경험하는 혜택이나 변화이고, 그 프로그램의 산출물과 가장 밀접하게 관련되어 있고 영향을 받는 것이다. 이것은 클라이언트의 지식, 태도, 혹은 기술 등의 변화이다. 그리고 중간 결과들(intermediate outcomes)은 최초의 결과와 클라이언트들에게 바라는 장기적인 결과를 연결한다. 따라서 클라이언트들의 새로운 지식, 태도, 혹은 기술로부터 생기는 행동상의 변화이다. 마지막으로 장기적인 결과들(long-term outcomes)은 한 프로그램이 클라이언트들에게 성취하기를 바라는 궁극적인 결과들이다. 이것들은 클라이언트들의 의미 있는 변화들을 반영하고, 종종 그들의 조건 혹은 지위의 변화를 의미한다.

둘째, 프로그램을 위한 논리적 모형을 구축하는 것이다. 프로그램 논리모형이란 클라이언트에 대한 혜택을 성취하기 위해 프로그램이 이론적으로 기능하는 방법을 기술한 것이다. 다시 발해 프로그램이 투입, 활동, 산출물을 통해 작용하도록 의도한 일련의 "If-Then" 변화들이다. 논리모형은 프로그램에서 결과들을 조사하는데 유용한 작업 모델이다. 논리모형은 적절한 프로그램 결과들을 인식하기 위한 많은 원칙들을 제시한다. 프로그램 결과에 대한 다양한 측면이 고려되어야 하며 이것은 복합적인 많은 "If-Then" 고리들이 작용하여 동일한 산출물을 만들어 낸다는 것을 의미한다. 결과가 더 직접적일수록, 프로그램은 일반적으로 그것을 성취하는데 더 많이 영향을 미친다. 반대로 결과가 장기적일수록, 프로그램이 그 결과를 성취하는 데 영향력이 직접적이지 못하며, 따라서 다른 외부적 영향력이 개입할 가능성이 더 높다. 프로그램이 클라이언트 혹은 지역사회에 대한 의도하지 못한 부정적 영향력들이 무엇인지 조심스럽게 고려하는 것이 중요하다.

셋째, 평가에서 프로그램의 어떤 내용을 평가할 것이지 결정하는 것이다. 결과가 측정할 수 있는지, 혹은 측정하는데 얼마만큼의 노력이 필요한지에 대해 고려해야 한다. 클라이언트에 대한 의도한 이익과 잠재적인 부정적 결과들을 반영하는 일련의 결과들을 인식하는 데 초점을 둔다. 주의해야 할 것은 기관행정부, 이사회 구성원, 그리고 기금제공자와 잠재적인 클라이언트와 같은 프로그램 외부관련자들이 장기간 결과의 성취에 가장 관심이 있다하더라도 최초 및 중간 결과들을 측정체계로부터 누락하지 않는다. 프로그램 관리자는 이런 정보를 통해 프로그램의 모든 요소들을 상기에 제시된 사람들이 알게 하고, 또한 문제영역의 위치를 정확히 집어낼 필요가 있다. 프로그램의 결과가 매우 포괄적이 될 수 있기 때문에, 그 결과들을 배제하지 않도록 한다. 문제들이 완전히 해결되었다고 확신하지 않는 이상, 그와 관련된 결과들을 계속 추적, 보고해야 한다.

넷째, 적절한 평가를 위해서 선별된 결과 및 논리모형에 대한 피드백을 해야 한다. 피드백을 하는 주체는 프로그램 관리자, 서비스전달자, 자원봉사자 리더들, 전국적인 서비스 혹은 전문 단체의 대표들, 그리고 기금제공자 등 프로그램이 결과들을 구체화하기를 요구하고 있는 사람들이 포함된다. 이런 검토자들로부터의 피드백이 있은 후에 프로그램 논리모형과 결과들에 대한 심도 있는 논의를 가질 수 있다. 이렇게 함으로써 더 과학적인 프로그램과 성과의 도출이 가능하다.

2. 프로그램 평가의 지침과 보고

1) 프로그램 평가의 지침

평가에서 올바른 측정을 위한 지침을 위해서 프로그램 평가를 할 경우 먼저 제대로 된 측정결과가 필요한데 정확한 측정을 위해서는 다음의 여섯 가지 지침이 올바른 평가에 도움이 될 수 있다(Rapp & Poertner, 1992).

① 측정은 유효할 필요가 있다.

② 측정은 관찰 가능해야 하고 반복 가능해야 하고 일관성이 있어야 한다.

③ 측정은 이해될 수 있어야 한다.

④ 측정은 변화에 대하여 융통성이 있어야 한다.

⑤ 측정은 개발되어야 한다.

⑥ 측정은 효율적이어야 한다.

이런 지침은 사회복지 서비스와 프로그램이 효율적이고 효과적으로 수행되고 있는가를 점검하고 지역특성을 반영하는 창의적이고 질적인 서비스 제공의 정도를 평가하는 데 그 목적이 있다(정무성, 2001).

특히 프로그램 평가 결과의 보고에서 결과물과 관련된 설명적 정보를 제공하는 것이 중요하다. 다양한 관련당사자들에게 결과를 단지 제시하는 것으로는 미흡하다. 그 숫자나 통계가 의미하는 것을 이해하도록 하기 위해 결과물에 대한 논의와 설명을 제공해야 한다. 기관의 프로그램이 무엇을 했는지에 관한 관련당사자들의 이해를 심화시키기 위해서는 숫자의 맥락과 해석을 파악해야 한다. 반면에 프로그램 결과물들이 기대를 충족시키지 못할 수 있다. 그 원인은 외부에서 찾을 수 있다. 예를 들면, 지역사회 내 실업의 증가는 가정폭력의 증가를 낳을 수 있다. 다른 원인은 프로그램 내부에 있다. 직원들의 높은 이직, 혹은 효과적이지 못한 자료는 클라이언트의 문제해결에 부정적인 영향을 미칠 수 있다. 결과자료를 제시할 때, 이용자들에게 결과가 왜 유달리 높은지, 혹은 낮은지에 대한 적절한 이유를 말해줄 수 있는 정보를 포함시키도록 한다. 기대보다 상당히 안 좋은 결과에 대해서는, 그 결과를 향상시키기 위해 기관이 하고 있거나, 계획하고 있는 것을 설명한다. 이런 결과 보고의 전략을 통해, 결과에 부정적인 영향을 끼치고 있는 사건들을 인지하고 그것을 극복할 계획을 가지고 있다는 것을 보여줄 수 있다. 또한 책임성을 제시해야 하는 대상인 자금제공자들이나 기타 이해관계자들이 지속적인 프로그램에 대한 관심을 환기시키고 프로그램에 대한 지역사회 인정의 발판을 마련할 필요가 있다(정무성, 2000).

2) 프로그램 평가의 보고와 보고서 구성

(1) 프로그램 평가 보고서의 유형과 특징

프로그램 평가보고서의 유형은 조사방법의 유형과 연관되어 탐색, 기술, 설명, 제안 등으로 구분될 수 있다(김학주, 2004: 278-279). 탐색적 평가보고서는 보다 논리적이고 정교한 평가를 위해서 사전에 탐색적으로 실시된 평가를 보고하는 자료이다. 기술적 평가보고서는 사회현상의 특성, 관계성 등을 중심으로 평가의 대상 즉 표본에 한정하여 기술하는 보고서이다. 설명적 평가보고서는 인과관계 등 정교하게 설계된 평가의 결과를 보고하는 자료이다. 제안적 평가보고서는 평가결과를 근거로 정책이나 제도 개선을 제안하는 보고서이다. 종합적으로 일반적인 프로그램 평가보고서는 탐색, 기술, 설명, 제안 등의 특성을 모두 포함하고 있다. 프로그램 평가보고서는 평가결과를 누구에게 어떤 형식으로 언제 어떻게 보고할 것인가를 계획하고 그에 따라 체계적으로 수행하는 것이다. 따라서 평가결과를 보고하는 것은 단순히 글로 작성된 내용을 문서의 형식으로 제출하는 것 이상의 의미를 가진다. 이런 측면에서 프로그램 평가보고서는 프로그램 전체 과정과 연계하여 다양하게 분류될 수 있다(강병노, 2008).

프로그램 평가보고서를 제출할 때에는 평가의 목적과 그 강조점에 따라 어떤 방식으로 평가 상황의 진전과 그 결과를 보고해야 하는 가를 결정해야 한다. 평가보고의 형태는 평가 요구자의 희망에 따라, 평가 상황에 따라, 평가 내용에 따라, 평가 방법과 절차에 따라 그리고 평가자에 따라 각기 다를 수 있기 때문이다. 평가 목적을 프로그램의 개선에 두고 있다면 형성 평가의 기능을 강조하여 프로그램의 진전 상황과 진행 과정에 의미 있는 정보를 보고해야 할 것이다. 반면에 평가의 목적을 프로그램의 존속 여부를 결정하기 위한 것으로 삼고 총괄 평가의 기능을 강조하는 경우에는 최종적인 보고 양식을 택하여 프로그램이 종료된 후에 최종적으로 프로그램의 목적 달성 정도를 주로 평가해서 보고해야 한다. 이처럼 평가의 목적과 기능에 따라 보고 형태가 달라질 수 있으므로, 평가 결과 보고는 최종적으로 그 결과만을 보고하는 것이 아니라 과정까지 보고에 포함되는 것을 고려해야 한다. 위에 제시된 프로그램 평가보고서의 형태를 보면 크게 공고와 발표, 진행보고서, 중간보고서, 결과보고서, 내부보고서 등 프로그램의 과정과 결과보고의 형태에 따라 다양하게 구분되고 있음을 알 수 있다(김경화 · 조용하, 2005: 175-176).

프로그램 평가보고서가 이런 다양한 형태를 가지는 것은 평가의 목적과 기능에 따라 다양한 결과보고 형식을 가지기 때문이다. 평가의 과정순서대로 보면 프로그램 평가 전에는 공고와 발표를 통해 프로그램 평가의 진행을 알리게 된다. 이런 사전예고방식에서 고려해야 될 것은 평가주체와 피평가자 모두 준비기간을 가져야 한다는 것이다. 프로그램 평가 과정 중에는 진행보고서나 중간보고서가 제출될 수 있다. 특히 중간보고서는 대부분의 프로그램 평가에서 요구하는바 프로그램의 점검의 의미도 담고 있다. 결과보고서에서는 요약과 본 보고서가 핵심이다. 특히 대중적인 그리고 지역사회에 홍보를 위한 프로그램 평가에서는 이 요약보고서의 기능이 중요할 수 있다. 내부보고서는 반드시 보고서의 형태에 포함되지 않지만 실천현장에서 프로그램 담당자의 업무수행을 위해서 필요한 내용이다(강병노, 2008).

(2) 프로그램 평가의 보고서 작성 방법

프로그램 평가 보고서를 작성할 때 우선 자료 분석 및 해석에 주의해야 한다(최일섭・이창호, 1993). 평가보고서에서는 통계적 수치를 분석하는 경우가 많은데 여기에서 분석틀은 평가를 통해 수집된 자료들을 어떻게 분석하고 해석할 것인가에 대한 기준이 된다. 첫째, 통계적 유의미성은 사회복지조사방법론과 관련된 결과추정의 정확도를 판단하게 된다. 둘째, 분석결과의 유용성을 통해서 평가 정보가 실제 의사 결정에 얼마나 영향을 미칠 수 있는가를 판단하게 된다.

평가보고서를 작성할 때에는 평가의 주요결과를 정리하고 내용을 기준에 따라서 기술해야 한다. 일단 사회복지 행정가가 무엇을 측정해야 하고 그것을 어떻게 측정해야 하는지 결정되면, 목표는 조직의 직원들에게 프로그램 수행을 개선하는데 사용하는 촉진제의 한 방법으로서 기관의 정보를 제공하는 것이 된다. 다음은 관리자가 고려해야 할 평가보고서 작성의 원칙이다 (Rapp & Poertner, 1992).

① 모든 보고서는 기준이 필요하다.

프로그램 평가를 통한 수행 기준 확립을 위해서는 평가보고서 작성시에 프로그램의 효과, 등급, 경험 등을 강조해야 한다.

㉠ **프로그램의 과거 경험** : 프로그램의 과거의 경험은 새로운 프로그램을 위한 기준을 세우는데 적절하며 새로운 적용실천을 위한 토대가 된다.

㉡ **다른 프로그램 효과의 경험** : 완전히 똑같은 두 개의 프로그램은 없는 반면, 그 내용과 형식이 매우 유사한 서로 다른 프로그램의 경험은 성과를 모델링하거나 프로그램 실행에 도움을 준다.

㉢ **프로그램 실천지혜** : 대부분의 사회복지 프로그램 설계는 현장에서의 사회복지 실천가들의 숙련된 경험으로부터 나온다. 예를 들어, "양육보호 경향"으로부터 자유로운 아동을 지양하는 장기 계획을 위한 프로그램은 가) 보호를 진정으로 필요로 하는 아동은 부적합한 부모로부터 영구적으로 분리될 수 있고, 나) 쇠약해지고 심각하게 복합적인 장애를 가진 아동은 때로는 입양될 수도 있고 다) 부적합한 부모가 될 소지가 있는 아동들은 바르게 훈련받아야 한다는 것 등을 처음으로 실시해 본 실천가의 경험이 중요한 관건이 된다.

㉣ **프로그램 등급이 있다** : 프로그램의 서열화의 핵심은 직원들이 수행 행위가 어떻게 서비스 목표에 명백히 관련되어 있는지를 명확히 하는 것이다.

② **너무 많은 정보는 프로그램 수행능력을 감소시킨다**

㉠ 한 페이지 당 하나의 개념, 하나의 주제, 하나의 내용을 적는 것이 적절하다.

㉡ 자료는 읽는 사람에게 적절해야만 기여할 수 있다.

㉢ 너무 많은 자료는 폭넓은 범위의 목표, 목적 그리고 수행 지표로서 적용되어서 노력을 요구한다. 약간의 핵심적인 수행 지표는 독립적

인 직원, 단위 그리고 기관의 노력에 초점을 맞춘다.

㉣ 표에서 행과 열의 숫자를 7±2로 유지해야 한다. 9×9의 표는 81개의 정보를 포함한다. 이는 사람들이 읽고, 이해하고, 분석하는데 너무 많은 시간이 필요하다.

③ 미학은 중요하다

프로그램 평가 보고서는 읽는 사람이 쉽게 읽을 수 있어야 하고 자료가 적절함이나 부적절함 혹은 현저한 수행을 반영하는지 평가될 수 있어야 한다. 그래프는 좌표형식으로 제시된 자료보다 더 읽기 쉽게 이해하기 쉽다. 그래프는 자료를 분명히 할 수도 있지만 그렇지 않을 수도 있다. 그래프를 구성할 때 주의해야 할 점이 세 가지 있다. 첫째, 자료의 범위의 통합에 의해 증가분을 세워야 한다. 둘째, 일정한 줄을 따라 증가분을 유지하는 것은 중요하다. 셋째, 종종 그래프에 대한 숫자나 주석을 표시할 때 주의해야 한다. 단위, 간격, 수량 등의 내용이 적절하고 통일되어 있는지를 판단해야 한다.

④ 집합의 법칙

프로그램 평가 보고서는 자료 집합체 수준의 적절성을 고려해야 한다. 예를 들어, 직원에게 할당된 지역사회 전체에 관한 자료는 팀의 슈퍼바이저에게는 중요하지 않다. 왜냐하면 그것은 그의 영역에 대해 아무것도 말해주지 않기 때문이다. 비율이나 숫자에 대한 구체적인 해석이 필요하며 평가에 대한 설명회 등에서 청중을 위한 정보 나누기를 해야 한다. 보고서의 꾸러미는 프로그램 수행에 관한 스토리를 말해야 하고 조직화되어야 하고 아마도 에세이 같은 형식이어야 한다. 그것은 수행 스토리를 전달하는 흐름을 가지고 있어야 하고 관리자가 어떻게 자료를 사용할지를 반영한다. 첫 번째 페이지에는 핵심적인 수행지표를 목록화해야 하고(기관의 보고서 카드), 그러고 나서 각각 수반된 표들은 지표에 대한 더 세부적인 정보를 주어야 한다. 보고서는 관리에 대한 해석과 행동을 용이하게 해 주어야 하고 가능한 읽기가 쉽고 간략해야 한다. 특별한 부분에서 강조하는 것은 관리자가 특별히 관심 있는 주제를 찾는 데 도움을 준다. 다음은 사회복지공동모금회에서 제시하는 프로그램 평가 보고서와 관련된 프로그램 심사기준이다.

㉠ 프로그램 제목이 프로그램 심사에 큰 영향을 미친다.

㉡ 프로그램이 시간적으로 향후에 미칠 파급효과나 지역적으로 다른 기관에 모델이 될 만한 프로그램이어야 한다.

㉢ 프로그램에 철학이 담겨야 한다. 방법론적으로 완벽한 프로그램이라도 사회복지사의 고민 속에서 나오지 않는 철학 없는 프로그램은 선정되기 어렵다.

㉣ 프로그램은 평가를 통해서 그 성과가 확실히 현저하게 나타나고 프로그램 평가 보고서에도 이런 상황이 정확히 표현되어야 한다.

보고서가 어떻게 작성되고 조직되고 구성되는지는 궁극적으로 정보가 어떻게 사용되느냐가 중요한 문제이다.

11

CHAPTER

질적평가와 과정평가

1. 질적평가의 배경과 개념
2. 과정평가의 개념과 유형
3. 과정평가의 실행

11 CHAPTER

질적평가와 과정평가

1. 질적평가의 배경과 개념

1) 질적평가의 배경과 동향

프로그램 평가를 위해서 질적조사를 사용한다는 것은 질적연구의 방법론 예를 들면 참여관찰(Participation Observation), 심층면접(In-depth interview), 클라이언트나 전문가 집단과의 토론, 사례기록(Case Record) 등을 이용하여 프로그램을 평가한다는 것을 의미한다. 질적접근을 통해서 프로그램 평가를 하게 되면 기존에 실증적 양적 접근의 한계(조작화, 측정, 표집 등)를 보완할 수 있다(한동우, 2001: 137-140).

전통적으로 평가에 대한 양적접근과 질적접근은 평가의 큰 흐름을 양분하여 왔다. 하지만 최근에는 그 논쟁을 넘어서 양적과 질적을 포괄하는 통합적 접근이 과학적 평가를 위해서 설득력을 얻고 있다. 두 방법의 통합은 평가를 수행할 때 각각의 한계를 보완하는 측면에서의 방법론으로 보인다. 그러므로 통합적인 평가 방법은 프로그램의 성과를 보다 정확하게 보여줄 수 있는 방법이 될 수 있다. 기존의 평가가 주로 양적평가에 기울여져 있다는 비판에서부터 출발하여 사회복지 프로그램의 질적평가를 제안한 최종혁

(1999)은 프로그램 평가를 위해 질적평가의 적합성, 모델, 방법 등을 제안하였다. 그 이후 좀 더 구체적으로 현상학적 접근을 토대로 사회복지조직에서 프로그램의 질적평가의 한 방법으로 현상학적 자기평가의 활용을 소개하고 있다(최종혁, 2001). 프로그램 질적평가에 대한 이런 관심은 사회복지 프로그램 평가에 대한 질적 접근의 이론과 실제로 종합되었다(최종혁, 2002). 질적평가에 대한 이와 같은 이론적 동향에서 보여지는 의미와 시사점은 다음과 같다(강병노, 2008).

첫째, 양적평가와 질적평가에 대한 이분법적 사고를 지양하고 과학적 접근을 위해 상호보완적인 관계에서 통합적인 평가를 수행하고 있다.

둘째, 사회복지실천과 질적평가의 공통점과 차이점을 인식하여 사회복지 프로그램 평가에 적용하고 사회복지실천에서 질적평가의 유용성이 확대되고 있다.

셋째, 구체적으로 사회복지실천과 사회복지프로그램의 질적평가를 위한 철저한 자기학습적 준비과정이 필요하다(사회복지실천 접근법의 명확화, 장기간의 조사기간, 프로그램의 구성과 진행에 따른 역량강화, 질적조사방법의 체계적 훈련, 윤리적 문제 고려, 겸손한 자세, 조사 전 조사 대상에 대한 사전 문헌조사 여부 검토, 결과의 파급효과에 대한 관심 등).

넷째, 질적평가의 신뢰성과 타당성 확보에 대해서 노력해야 하고 질적평가의 장점과 한계를 인식해야 한다. 장점으로는 프로그램의 진행과정에서의 역동성과 상황에 대한 융통적 대처, 질적평가의 결과에 대한 편리한 활용, 연구자의 직관과 상상력을 강조하는 질적접근의 사회복실천현장에서 적합성 등이 있다. 한계는 목표달성적인 접근을 하는 프로그램과 프로그램 평가에서 탈목적인 질적평가의 적합성 여부, 주관성 등에 관심을 갖는 질적평가에 대한 비과학적이라는 비판, 질적평가 수행의 비현실성 등이 있다.

다섯째, 질적평가를 통해 프로그램을 평가할 때 기본적인 관점은 프로그램 자체에 대해 관심을 가지는 '프로그램 중심'과 프로그램을 둘러싼 환경도 평가에 포함되어야 한다는 '환경중심'의 두 가지 접근을 고려할 수 있다.

여섯째, 현상학적 자기평가 등과 같은 질적평가가 사회복지 프로그램에 주는 중요한 의미는 평가과정과 결과를 통해 반성적 자기훈련, 사회복지에 대한 폭 넓은 시각, 실천지의 형성, 서비스 질의 향상 그리고 전문성 강화 등이다.

일곱째, 단기적인 성과에 집중하게 되는 양적평가와는 달리 질적평가는 프로그램에 대한 장기적인 성과에 관심을 기울이게 된다. 질적평가를 통한 프로그램 성과에 대한 장기적인 관점은 프로그램 평가 시 장기적인 성과를 어떻게 평가해야 되는지에 대한 방법과 내용을 제공 할 수 있다. 따라서 사회복지분야에서 질적평가의 적용과 실천을 위해서 평가와 조사 연구에 대한 다양성에 대한 관점 인식, 질적평가 수행의 현실적 한계에 대한 인식과 대안 형성을 논의, 질적평가에 관한 교육 프로그램과 실제 적용 사례의 보급, 대학교육 등에서의 조사연구와 프로그램 평가에서 질적 접근에 대한 교육 강화 등이 요구된다.

최근에는 프로그램 평가의 방법 측면에서 프로그램 평가에 대한 통합적 연구방법론의 접근을 고려한다. 양적평가와 질적평가의 통합적 실천은 프로그램 평가의 한계를 개선하는 노력으로 인식된다. 인간과 사회를 연구하는 사회복지분야의 특성을 이해한다고 할 때 프로그램 평가에 대한 이런 통합적 접근은 사회복지연구방법론의 발전과 밀접한 관련성을 갖게 될 전망이다. 특히 평가모형개발과 같은 프로그램 평가의 모델화의 경우 통합적 평가방법에 대한 관심이 필요하다.

2) 질적평가의 개념과 방법

질적 연구는 관찰과 면접을 주로 이용하여, 연구의도에 적합한 개별화된 집단이나 개인에서 나타나는 내·외면적 인간행위와 상호작용, 그리고 그 흐름과 총체적 증거에 대하여 심도 깊은 통찰을 활용하여 객관적인 관찰기록 또는 세부묘사를 추구하여 통찰력 있는 연구결과를 도출하는 연구방법이다. 아래 〈표 11-1〉는 질적연구를 토대로 하는 평가방법의 개괄적인 개요를 제시한 것이다(우수명, 2004).

〈표 11-1〉 질적평가의 개요

□ 개념 : 질적연구를 응용하여 프로그램을 평가하는 방법.
□ 질적연구의 구성요소 : 대상, 방법, 측정, 기술, 특징
□ 이론적 토대 : 존재론, 현상학, 해석학, 철학,
□ 평가과정 : 7단계 과정
　① 평가계획 : 문제의식, 평가목적과 목표, 평가주체의 전문성 고려.
　② 평가설계 : 프로그램 내용 구조화 설계방식과 단계적 접근 설계방식
　　※ 평가대상선정 : 질적평가에서는 평가대상을 선정하는 것보다는 평가대상과의 관계형성에 더 중요한 관심을 둔다.
　③ 평가자 역할설정 : 질적연구자의 역할은 관찰과 참여에 따른 역할 정립
　④ 자료수집 : 면접, 관찰, 기록, 2차자료.
　⑤ 자료기록 : 기술, 묘사, 매체기록
　⑥ 분석 : 해석, 데이터 가공(질적자료의 양적분석), 이미지 분석(사회복지 가치의 실현)
　⑦ 적용과 한계 : 평가목적의 적합성(평가의 일관성), 평가자의 객관성, 배경적 요인과 사회적 맥락 이해, 낮은 일반화의 가능성과 클라이언트 문제에 대한 적용, 윤리적 문제 등

2. 과정평가의 개념과 유형

1) 과정평가의 개념과 목적

(1) 과정평가의 개념

과정평가는 사업수행에 대한 과정을 분석하기 위한 것으로 성과평가에서 간과하기 쉬운 프로그램의 준비, 진행, 종결 과정에서의 환경적인 요인과의 관련성을 프로그램의 과정에 따라 분석해 가는 기법이다. 따라서 질적관찰 연구가 중심기법이며, 충분하게 훈련된 연구원이 완전관찰자로서의 역할을 수행하게 된다. 이를 위하여 필요한 것이 질적 관찰에 있어서의 일관성을 유지할 수 있는 평가틀의 개발과 적용이라고 할 수 있다(강병노, 2008). 과정평가의 개념은 프로그램이 계획과 기대에 부응하여 시행되고 있는지를 결정하기 위한 기관의 활동을 사정하는 것이다. 표적집단의 구성원이 의도했던 인원에 도달했는지, 그리고 명시된 서비스가 의도한 품질과 단계에 제공되고 있는지를 결정하는 수단을 제공한다(Lewis et al., 2001).

과정평가는 투입과 활동이 당초 계획에 따라 적절하게 진행되었는지를 평가하는 것을 말한다. 과정평가에서의 평가대상은 사업전체 수행과정 전반이 된다. 과정평가를 통해 관심을 가져야 할 관점에 따라 계획에 따라 잘 진행되지 않은 것, 정보부족으로 계획할 때 미처 생각하지 못한 것, 생각하지 않은 것들이 발생하는 것 등을 평가할 수 있다. 과정평가의 종류에는 양적 과정평가(과정평가는 투입 또는 활동에 대한 양적으로 평가하는 것)와 질적 과정평가(사업수행과정의 흐름이 어떻게 이어져 왔는지 그 과정을 질적으로 평가)가 있다(김진우 외, 2017).

(2) 과정평가의 목적

과정평가는 프로그램의 중간에서 프로그램이 이행되는 상황을 파악하여 프로그램의 결과가 어떻게 도출되는지를 평가하기 위한 것이다. 그 목적은 다음과 같이 기본적인 4가지 목적이 있다.

첫째, 프로그램이 실시되는 동안에, 이 프로그램을 향상시키는 데 유용한 정보를 제공하기 위함이다.

둘째, 프로그램 목표와 목적들의 달성에 대한 정보를 제공하기 위함이다.

셋째, 프로그램 비용(효율성)에 대한 프로그램의 성과의 정보를 제공하기 위함이다.

넷째, 프로그램의 수행활동이나 투입(노력)의 유형 양에 대한 서술적 정보를 제공하기 위함이다.

(3) 과정평가의 특성과 원칙

과정평가는 프로그램의 과정에서 나타난 다양한 요인과 그 결과를 주목한다. 반면에 성과평가는 성과(Outcome), 산출(Output), 품질(Quality)의 영역을 평가하는 것이다. 성과평가가 가지는 장점은 휴먼서비스(Human Services)에 적합하도록 질적 부분에 대한 평가를 강조하면서, 대부분의 평가지표를 구체적이고 명확한 목표를 설정하게 하여 측정가능하거나 계량화하도록 유도한다. 이는 기존의 계량주의적 평가에서 무조건 수식화된 결과를 추구하는 것과는 매우 다른 측면을 가지고 있다. 즉, 프로그램이 달성하고자 하는 궁극적인 목적과 목표를 달성했는가가 가장 중요한 기준이 되므로, 평가의 중심도 목적과 목표의 달성에 초점이 맞추어지게 된다. 이는 책임성을 더 강조하게 되므로 기존의 무조건 많은 실적이 좋은 것이라는 고정관점을 벗어나도록 도움을 제공한다. 성과평가와 다르게 과정평가에서는 질적관찰 연구가 활용되며, 충분하게 훈련된 (가급적) 3명 이상의 평가자가 완전관찰자로서의 역할을 수행하게 된다. 3명 이상의 평가자가 필요한 이유는 질적영역에 대한 관찰을 통해 평가를 수행함에 있어서 신뢰성의 확보가 중요하기 때문이다. 물론 충분하게 훈련된 전문가라면 그 이하라도 가능할 것이나 측정오류를 줄이고 측정 신뢰도를 높이기 위한 좋은 방법은 아니다. 만약 평가결과에 대한 이견이 있을 시에는 서로 토론하고, 그래도 결론이 나지 않는다면 프로그램 수행자와의 토론을 통하여 결론을 도출하는 방법을 사용한다. 과정평가는 현상중심의 관찰기록과 이를 통한 이미지 또는 해석을 중요시하는 2차 분석을 수행하는 질적 평가방법이다. 상호작용과 성장, 진행과 연계, 장점과 단점의 영역에 중점을 두게 된다. 따라서 과정평가에서는 다음의 5가지 원칙이 있다(강병노, 2008).

① **평가과정의 상호작용** : 평가가 진행되는 과정에서의 상호작용, 이를 통한 성장과 발전이 고루 분배되는가에 관심을 가진다.

② **평가과정의 구조화** : 연구의 각 단계별로 구조화하고, 구조화된 단계별로 각기 또는 서로 어떻게 진행되거나 영향을 미치는지에 관심을 가진다.

③ **평가의 기록** : 프로그램 과정에서 나타난 현상과 상호작용에 대한 체계적인 기록을 중요시한다. 정확한 기록은 평가의 생명이며, 동시에 프로그램의 역사이자 근거자료가 된다. 따라서 정확하고 객관적인 기록은 매우 중요하다고 볼 수 있다.

④ **평가내용의 분석** : 현상과 상호작용에 대한 기록을 토대로 추정될 수 있는 프로그램의 적합성이나 목표달성 등에 대한 2차 분석을 수행한다. 2차 분석은 프로그램 과정 기록이 제대로 이루어졌을 때 가능한 것이기도 하지만, 프로그램 평가의 전문성을 보여줄 수 있는 중요한 요인이기도 하다. 따라서 많은 훈련과 노력이 요구되는 부분이라고 할

수 있다.

⑤ 평가결과의 함의와 효과 : 사회복지 연구가 가지는 총체적인 장점과 효과는 무엇이며, 단점과 어려운 점은 무엇인지 구체적으로 고찰하는데 관심을 가진다. 연구의 과정에서 나타난 예상하지 못한 돌발 상황이나 시행착오, 특수요인에 대한 고찰도 포함한다.

2) 과정평가의 유형

(1) 형성평가

형성평가는 개념적으로 기관의 자원, 특히 인적자원의 활용을 정확하게 사정하고 평가하기 위해서 기본적인 과정평가의 논제(어떤 서비스가 제공되었는지, 누구를 통해서, 누구에게, 몇 사람에게나, 얼마동안, 얼마의 비용으로? 등)들을 측정하여 전체 프로그램의 목적에 부합되는지를 평가하는 방법이다(Lewis et al., 2001).

(2) 모니터링

모니터링은 프로그램의 목표와 진행과정에서의 정도를 측정하는 것이다. 아래 [참고]는 급식 서비스에 대한 모니터링을 하는 방법과 주요 내용을 소개한 것이다.

〈표 11-2〉 모니터링 사례

참고

예 만약 연간 계획으로서의 급식서비스가 수행 연도 동안 100명의 클라이언트 각각에게 날마다 음식배달을 하게 하거나, 혹은 연간 36,500건이 실시되기로 했다면, 한 달에 대략 3,042건이 제공될 것이라 기대할 수 있다. 과정평가는 그들이 수급자격이 있는 클라이언트(예 목표집단)에게 음식을 제공했는지의 여부, 할당된 음식배달을 위한 월별의 노력, 전달 중간에서 발생한 클라이언트의 반응과 도움여부 등에 대한 사정을 의미한다. 이 평가유형은 또한 기관의 인적자원이 이 서비스에 얼마나 활용되었는지에 대해서도 평가한다.

모니터링에서는 기관의 행정가가 서비스 전달의 수단이나 목표들을 조정하는데 얼마나 도움을 주는지에 대한 정보를 자금지원자와 기관의 이사회, 다른 이해당사자들 모두에게 제공해야 한다. 피드백(feed-back)은 관리자들이 프로그램이 재정적인 면과 양적인 면에서 방침대로 진행되고 있는지의 여부에 대한 정보를 제공받을 수 있도록 서비스 전달체계에서 설계될 수 있어야 한다.

(3) 활동조사

활동조사는 프로그램에서 확인된 문제에 대해 어떤 활동이 효과적인가에 초점을 두며, 무엇보다 문제에 대한 자료를 수집하고(욕구사정), 그런 다음에 활동과 프로그램의 실행의 과정을 거친다. 또한, 프로그램의 영향에 대한 자료를 수집하고, 자료를 분석하며, 프로그램의 조정을 실시하거나, 새로운 활동을 기획하는 것이다.

3. 과정평가의 실행

1) 프로그램 평가전략 수립과 실행

(1) 프로그램 평가와 정보수집

프로그램 평가 전략 수행을 위한 세 가지 접근법에는 프로그램 평가 모델

기준 확립, 외부 전문가 이용(프로그램 회계감사 등을 위한 회계사 이용), 위원회, 지역사회 구성원들에 의해 평가 형성 등이 있다. 평가를 위한 자료 수집에서 기관에 가장 큰 도움을 주는 자료 원천은 평가자의 직접적인 관찰과 서비스 기록의 사용, 기관 정보 체계를 통한 자료 그리고 프로그램 참여자에게서 얻은 정보 등 이다.

① 직접 관찰

객관성이 있지만, 관찰 자체가 행해지는 활동에 변화를 가져올 수 있다는 위험성도 있다. 다른 방법으로, 정선된 서비스 수행 에피소드의 오디오 테이프나 비디오 테이프의 사용은 이런 문제점을 보완할 수 있다.

② 서비스 기록의 사용

서비스 수행 단위의 수와 성격뿐만 아니라 이용자 집단의 성격을 분석하는 데 좋다. 일일, 주간, 월간 활동 보고서 같은 기록은 서비스를 받은 개인들의 수나, 서비스의 종류, 프로그램 과정의 다른 양상과 관련해 프로그램 통계 발전의 기본이 된다. 대상자 자료도 어디까지가 본래 서비스의 대상자 집단의 일원인가를 정하는 데 이용된다.

③ 서비스 이용자와의 접촉

이 경우에는 서비스 이용자 만족도 조사가 일반적인 것이다.

(2) 프로그램 분석

① 분석(모니터링)은 프로그램이 의도했던 대로 적절한 기준에 따라 기능을 하고 있는가를 알려주는 방법이다. 프로그램 수행에 있어 주요 양상을 적은 체계적 기록물이다(Lewis et al., 2001).

② 분석의 유형

㉠ 프로그램 구조와 서비스에 관한 정보 분석(프로그램의 배경과 세부

프로그램의 내용)

㉡ 품질 보증(quality assurance) : 프로그램이 검증된 표준을 얼마나 만족시키느냐를 사정하는 것을 말한다. 이 방법은 대부분 의료나 진료기록 그리고 의료 프로그램이나 의료 기관 운영의 다른 양상들을 평가할 때 많이 쓰인다.

㉢ 플로차트를 이용한 과정 분석 : 프로그램이 어떻게 진행되는가를 평가하는 것이다(프로그램 체계도).

㉣ 직원들의 시간 사용 연구(time and motion study) : 서비스 수행 단위에서 기관 목적 달성을 위한 자원을 효과적으로 사용하기 위해서 기관의 직원들의 프로그램에 투입되는 시간을 분석하는 것이다(예 사회복지공동모금회 프로그램 계획서에 있는 프로그램 투입인력의 시간과 비율).

(3) 프로그램 기획서에서 과정평가의 구성 방법과 내용 사례

과정평가를 수행함에 있어 프로그램 기획이나 실행과정에서 고려해야 할 핵심사항이 있다. 사회복지공동모금회 배분사업에서는 과정평가의 수행 방법과 구성에 있어서 다음과 같이 안내하고 있다. 과정평가에서 중요한 것은 ① 어떠한 과정을 통해 사업이 진행되었는지, ② 당초 계획과 시행이 달라졌다면 그 이유가 무엇인지, ③ 주요과정별로 얻은 교훈이 무엇인지, 다시 사업을 추진한다면 어떻게 할 것인지 등에 대해 가능한 한 자세하게 기록해야 한다. 또한 전체 사업 흐름 중에 어느 부분에 대해 보다 집중하여 과정평가를 할 것인지, 그 이유가 무엇인지, 어떻게 자료를 수집·관리·분석할 것인지 제시해야 한다. 사업은 늘 변화하기 마련인데 오히려 상황에 맞게, 사업진행 과정에서 생기는 여러 가지 변수를 고려하여 수정될 필요가 있다. 하지만 이러한 수정 외에도 예상치 못한 위험요인을 만나 수정이 불가피해지기도 하고, 당초 사업계획 수립 시에 예측하지 못했던 요인 때문에 변경되기도 한다. 여기서 주목해야 할 것은 이러한 변화과정에서 어떤 교훈을 얻을 수 있고, 이 사업을 해 보겠다고 하는 타 기관 실무자에게 어떤 조언을 줄 수 있을지에 대한 내용을 적절하게 구성해야 한다(김진우 외, 2017).

2) 과정평가 결과의 확인과 검증

과정평가에서 가장 중요한 것은 관찰평가활동을 수행한 평가자들간의 의견일치라고 할 수 있다. 주관적 관찰에 의한 분석을 배제하고 객관성을 확보하기 위해서는 평가자(보통 3명이상)들이 평가를 실시한 결과에 대해서 논의를 하는 것이 중요하다. 과정평가에서는 평가자간 의견 일치 원칙이 적용되기도 하며, 이에 따라 동일한 시점에서 관찰평가를 수행한 평가자의 평가결과가 일치되는 경우 그 의견을 반영한다. 그러나 한 평가자가 우수라는 평가를 내렸으나, 다른 평가자가 동의하지 않는다면 이에 대한 관련 자료나 내용으로 전체토론을 통하여 최종결론을 내린다. 전체토론에서도 어떤 특별한 결과가 반영되지 않았을 경우 더 높은 점수를 준 연구원의 의견에 따라 높은 점수를 주는 것으로 한다. 그러나 전체토론을 통하여 대부분의 사업들에 대한 평가자의 의견은 거의 일치하는 것이 일반적이다.

과정평가의 자료수집과 분석의 이런 문제를 해결하기 위해서 질적평가에서는 신뢰성 확보를 고려하는 삼각측정방법(triangulation)이 활용된다. 관찰과정자체에서도 3명의 관찰자를 두는 것도 이 방법의 원리를 응용하는 것이다. 삼각측정방법을 통해서 과정평가 수행과 그 결과에 대한 다차원적인 분석과 비교·검증을 할 수 있다. 삼각측정방법은 질적조사를 활용하여 평가를 수행할 때 결과의 신뢰도를 높이기 위한 방법이다. 삼각측정방법은 접근방법에 따라 다음의 4가지 유형이 있다(Denzin, 1978; 이익섭 · 이윤로, 2004: 317에서 재인용).

① **자료삼각측정** : 같은 질문에 대한 자료를 다양한 정보로부터 얻는다. 예를 들어, 다른 지위나 위치에 있는 사람들을 면담하거나 다른 견해를 가지고 있는 사람들을 면담한다.

② **조사자 삼각측정** : 한 명의 조사자가 갖는 편견을 없애기 위해서 몇 명의 조사자를 조사과정에 포함시킨다.

③ **이론 삼각측정** : 일련의 자료를 해석하기 위해서 다양한 이론을 활용한다.

④ **방법론적 삼각측정** : 어떤 문제를 연구하기 위해 다양한 방법을 활용한다. 예를 들어, 참여관찰, 기록분석, 심층면접을 함께 사용한다.

12

CHAPTER

성과평가

1. 성과평가의 개념과 유형
2. 성과평가의 모형과 내용

12
CHAPTER

성과평가

1. 성과평가의 개념과 유형

1) 성과평가의 개념과 목적

성과평가는 프로그램 평가에서 성과지향적인 목표달성과 프로그램의 구제척인 성과를 측정하는 방법이다. 본 장에서는 성과평가의 개념, 유형, 실행, 측정, 주요 사례를 설명하고 프로그램 평가에서 성과평가의 유용성을 제시하고자 한다(Lewis et al., 2001; 정무성, 2001). 성과평가의 목적은 "프로그램 개입의 결과로서 클라이언트나 지역사회가 어느 정도까지 변화되어지는가?"를 측정하는 것이다.

프로그램 성과평가는 체계모델을 근거로 하는 포괄적인 접근으로, 산출측정, 품질측정, 결과측정의 세 가지 유형이 있다. 첫째, 효율성 관점에서의 산출측정은 체계가 생산하는 산출의 유형과 양에 대한 정보를 획득한다. 최종 산출 성과측정은 한 명의 클라이언트가 완전한 서비스의 전량을 받는 것으로 정의할 수 있다. 중간산출은 최종산출을 생산하는 데 소비되는 서비스의 양으로서 서비스의 단위이며 클라이언트와의 접촉단위, 서비스의 물적단위, 서비스의 시간단위 등이 있다. 둘째로 품질관점에서의 품질측정은 사회복지 프로그램의 질적인 측면을 결정하여 이에 대한 정보를 얻을 수 있는 측정유형이다. 사회복지서비스에서 품질 차원이 총 15개(접근성, 확실성, 의사소통, 능력, 준수성, 정중함, 결핍성, 지속성, 감정이입, 인격성, 수행성, 신뢰성, 즉응성, 안전성, 가시성)가 있는데(Martin, 1993), 이 중 신뢰성과 즉응성이 가장 중요한 품질이다. 이 자료를 얻기 위해 기관의 자료를 이용하여 품질범주에 의한 산출을 측정하거나 클라이언트 만족도 조사를 통해 서비스 품질을 측정할 수 있다. 셋째, 결과관점에서의 결과측정은 클라이언트 삶의 질 변화를 측정하는 사회복지서비스 프로그램의 결과, 영향, 또는 성취들을 측정한다. 수량집계, 표준화된 척도, 기능수준척도, 클라이언트만족도 등이 있다. 수량집계에서는 단순히 생활의 질적인 향상을 보인 클라이언트의 수를 집계하는 방식이며, 클라이언트의 상태, 지위 또는 행동을 측정한다. 표준화된 척도는 클라이언트의 삶의 질의 변화를 측정하는 사전-사후 검사로 표준화되어 있는 것으로 클랑이언트의 인식, 느낌, 그리고 태도를 측정한다. 기능수준척도는 클라이언트 생활의 질적인 향상을 측정하기 위한 목적으로 기관 또는 프로그램에 의해 만들어진 사전-사후검사이며, 주로 클라이언트 또는 클라이언트의 가족의 기능적인 면을 측정하는데 널리 사용된다. 클라이언트 만족도는 클라이언트에게 직접 생활의 질적인 향상을 묻는 자기보고서 형식으로 주로 생활의 질적인 변화에 대한 클라이언트의 생각을 측정하기 위해 널이 사용되는 방법이다(유주영, 2001: 17-19).

이런 성과평가의 개념은 프로그램을 평가하는 여러 유형 중 하나이며 주로 책임성과 관계된 외부 보고를 목적으로, 프로그램의 효과성, 품질, 효율성 등에 관한 피드백을 사용하는 것과 관련되어 있다. 사회복지 프로그램의 성과평가는 어떤 특정 프로그램이 제공한 서비스의 양, 서비스의 질, 프로그램 결과와 영향, 화폐단위나 직원으로 측정되는 비용 등 이러한 정보들을 규칙에 따라 모아 보고하는 것이다.

성과평가에서 말하는 "성과(Performance)"란 프로그램을 통해 나타난 클라이언트의 변화나 유익함을 말한다 그리고 프로그램이 달성하고자 하는 목적과 목표이며 그 달성정도까지를 포함한 객관적 가치기준이다. 이 성과를 효과성, 효율성 그리고 품질의 세 가지 관점에서 평가함으로써 프로그램의 결과에 대한 총체적인 접근이 가능하게 된다(우수명, 2008). 성과평가에서 성과는 서비스 프로그램의 결과로 나타나기 때문에 성과를 적절하고 측정하고 정의하기 위해서는 논리모델을 통해 프로그램 구성요소들의 논리적 연결을 이해해야 한다. 성과평가와 논리모델은 불가분의 관계에 있다. 다만 논리모델은 단지 논리적인 것이다. 그 논리에 적절했는지에 대한 경험적인 평가는 성과를 경험적으로 측정할 수 있을 때 가능하다. 성과를 평가하지 않고 하는 논리모델은 단지 논리적으로 그럴듯한 가정에 그친다. 사회복지 프로그램은 논리모델로 개발되어 성과평가를 통해서 그 성과를 정확히 파악할 수 있다(김영종 외, 2007: 24). 미국과 외국 등 휴먼서비스 기관에서는 파급효과(impact), 효과성(effectiveness), 성과(performance) 등을 강조하는 환경이 나날이 증가하는 추세이다. 일반적으로 이 3개의 용어는 서로 번갈아 가며 사용되지만 개념적으로 다소 다른 차이가 있다. 파급효과(impact)는 종종 조직이 가지고 있을 거대한 수준의 변화를 위한 매우 광범위한 범주로 인식되고 있다. 효과성(effectiveness)은 특정 목적을 충족할 때 발생하는 좀 더 좁은 범위의 개념을 의미한다. 성과("Performance)는 조직이 어떻게 하고 있는지를 좋은 성과와 빈약한 성과로 구분해서 하는 전반적인 측정이다. 예를 들어서 조직이나 프로그램이 효과적이라면 그것은 아마도 좋은 성과가 있다고 할 수 있고, 좋은 성과가 있다면 그것은 좋은 파급효과를 가진다고 할 수 있다(Mosley and Smith, 2018). 또한 성과와 관련되어 프로그램 평가의 활용 측면에서 목표지향적 관점을 포괄하고 다양성을 확보하는 차원에서 프로그램 과정과 평가 결과에서 보여주는 "의도하지 않은 결과", "무의미한 프로그램" 등에 대한 과학적 보고 등을 생각해야 한다. 기존의 관점에서 보면 "성과"는 성공적인 결과"를 중심으로 이해되지만, 현실적인 과정 속에서는 예기치 않은 부정적 결과나 영향, 효과성이 부족하거나 없다고 분석된 프로그램 등은 프로그램 발전방향 수립을 위해서 필요한 사항이 될 수 있다. 아직 한국의 사회복지 프로그램이 짧은 역사 등으로 인해 실시해 온 것보다는 수행할 것이 많다고 할 수 있다. 앞으로 많은 점을 고려해야 하는 프로그램의 성과를 평가하는 과정에서 의도하지 않은 결과, 부수적인 효과, 새롭게 발굴된 결과 등은 프로그램과 평가의 과학화를 위해서 프로그램 평가의 대상으로 포함될 수 있다(강병노, 2008).

2) 성과평가의 유형

(1) 심층적인 평가

기금확보가 잘 되고 프로그램의 책임성이 확실한 프로그램에 대한 평가

(2) 임시변통적인 평가

일반적인 사회복지기관에서의 평가

〈표 12-1〉 성과평가의 예

[성과평가의 예]
'아이들의 천국'이라는 6~17세의 학대 아동 대상의 주거형 치료센터는 비슷한 환경에서 12~14세 아동들의 자존감 강화에 유용했던 도덕성(도덕성X) 치료법을 도입하기로 결정했다. '아이들의 천국'은 도덕성X 프로그램이 이 치료에 참가하는 아이들의 최소 80%에서 의미 있는 자존감 향상을 꽤할 수 있을 것이라고 가정했다. 12~14세 아동의 총 인원 중에서,

절반의 인원을 무작위 추출하여 실험집단으로 구분하였으며, 나머지 반은 통제집단으로 지정하였다. 각 그룹은 ISE(Index Of Self-Esteem)에 측정되어졌다. 그러고 나서, (도덕성X) 프로그램은 통제집단을 제외하여 실험집단에게만 6개월 동안 실시되어졌다. 이 기간의 종결시점에서, 각각의 집단은 ISE를 재측정하였다. 각 집단의 첫 번째와 두 번째 ISE측정의 결과물은 성과변동에 대한 통계적 유의미성을 비교·분석 받았다. 이 예에서, 만약 프로그램의 목적(실험집단 구성원의 80%가 뜻 깊은 자존감의 향상)을 경험했다면, 아니면 통제집단 아동의 평균점수로부터 긍정적이고 통계적으로 유의미한 특성으로 변화되었다면, 이 프로그램 개입의 효과에 대한 확신 있는 사례발표가 가능케 될 것이다.

2. 성과평가의 모형과 내용

1) 체계 모형

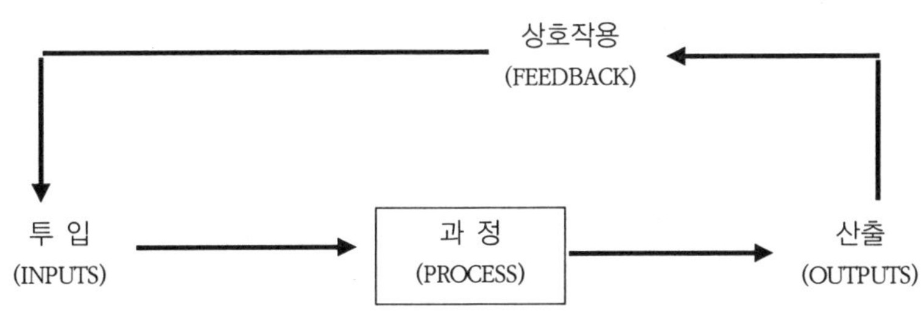

▌그림 12-1▌ 체계 모델

위의 ▌그림 12-1▌에서 보는 바와 같이, 체계모형의 핵심요소는 투입, 전환, 산출, 피드백이다. 투입은 목적을 달성하기 위해 활용되는 하나의 체계 또는 사회복지 프로그램과 같은 것들이다. 더 구체적으로, 투입은 사회복지 프로그램에 들어가는 자원과 재료들(예를 들면, 자금, 직원, 설비, 장비, 클라이언트, 나타난 문제점 등)로서 간주될 수 있다. 과정은 투입이 산출로 소비되고 변형되는 동안 이루어지는 서비스 전달(즉, 사회복지 프로그램)이나 실제적인 치료(처치)로 구성된다. 산출은 한 체계나 사회복지 프로그램이 생산한 것들이다. 상호작용은 사회복지 프로그램, 즉 한 체계의 성과에 대한 정보로서, 그것은 그 체계에 투입으로서 다시 도입된다(강병노, 2008; 김통원, 2005).

2) 성과평가 모형

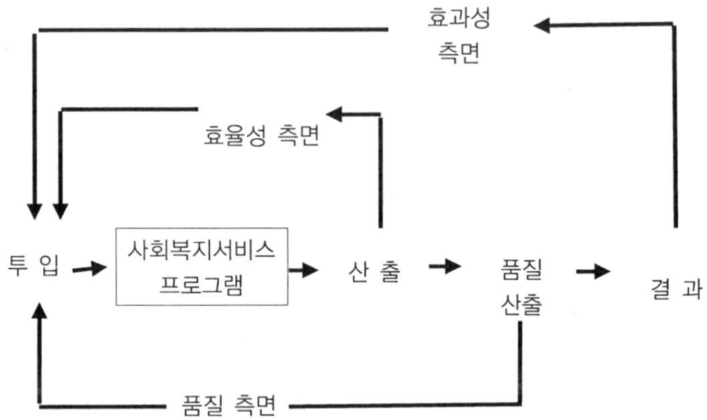

┃그림 12-2┃ 확장된 체계 모델과 성과측정

위의 ┃그림 12-2┃에서 보는 바와 같이, 성과측정은 세 가지 관점 모두에 다 의존하기 때문에 책임성에 대한 하나의 포괄적인 접근을 창조하고, 이 세 가지 관점에 따라 성과측정은 세 가지 유형, 즉 산출측정, 품질측정, 결과측정 등으로 나뉜다.

이 성과평가의 모형에서 주목해야 될 기본적인 원리는 프로그램의 순환 및 체계 그리고 단계별 성과의 설정과 그것의 최종 결과물이라는 것이다. 먼저 프로그램의 순환 및 체계라는 의미는 프로그램을 중심으로 평가가 투입부터 결과까지 지속적으로 순환된다는 것을 의미한다. 그리고 체계라고 하는 것은 프로그램을 중심으로 평가가 하나의 체계 속에서 시행된다는 것을 의미한다. 이런 순환과 체계가 의미하는 것은 결국 프로그램 평가가 단선적인 또는 일회적인 것이 아니라 지속적이며 체계적인 하나의 과정으로 이해되어야 한다는 것을 의미한다. 둘째, 단계별 성과의 설정과 그것의 최종 결과물이라는 것은 프로그램을 중심으로 투입부터 결과까지 성과가 단계별로 설정되어 있다는 것을 의미한다. 즉 산출, 품질, 결과를 가리킨다. 그것의 최종 결과물이라는 것은 이런 각각의 단계에서 제출된 성과가 각각 따로 존재하는 것이 아니라 프로그램이라는 체계 속에서 축적되고 모아져서 프로그램의 최종 결과물로 나타난다는 것을 말한다. 결국 성과의 단계별 설정과 최종 결과물이 의미하는 것은 프로그램 각각의 단계에서 확인해야 될 성과나 결과가 있다는 것을 의미한다. 최종적으로 프로그램을 평가할 때 이런 각각의 성과들이 모아져서 프로그램의 결과로 측정되어져야 한다는 것을 가리킨다(강병노, 2008: 정무성, 2001a).

3) 성과평가의 세 가지 관점

성과평가를 위해서는 목적과 목표에 따른 성과가 구체적으로 어떻게 설정되어 있는지 고려해야 한다. 첫째, 성과평가를 수행하기 위해서는 프로그램의 목적과 목표를 프로그램 계획단계에서부터 구체화되고 측정 가능한 수준으로 조작적 정의가 되어야 한다. 둘째, 성과평가에서 결과, 산출, 품질은 서로 상호작용적인 관계에 있다. 따라서 프로그램이 어떤 목적과 목표를 갖는가에 따라서 프로그램의 결과, 산출 그리고 품질에 대한 성과평가의 방법이 비중이 달라질 수 있다. 셋째, 성과평가의 핵심은 측정 가능한 목표의 설정과 구체화 작업에 있다. 넷째, 성과는 목표달성이므로 목표를 구체적, 계량화, 검증 가능하도록 작성하고 프로그램의 목표 관리방법에 의한 성과달성이 필요하다.

성과평가는 프로그램 성과를 종합적으로 평가하기 때문에 효율성, 효과성, 품질의 크게 3가지 기준으로 평가를 수행하게 된다. 아래 〈표 12-1〉는 성과평가의 기준에 따라서 문제의식, 주체, 대상 등을 제시한 것이다.

〈표 12-2〉 성과평가의 기준과 구성내용

관점/기준	성과	프로그램 성과를 바라보는 문제의식	관심사	평가주체	평가대상	평가사례
효과성	결과성과	프로그램을 통해 클라이언트의 변화가 이루어졌는가?	클라이언트의 변화	사회복지기관 또는 사회복지사	프로그램의 목적과 목표	프로그램 사전사후검사를 통해서 청소년의 자아존중감이 유의미한 변화 있음.
효율성	산출성과	프로그램이 적은 투입(비용, 시간, 인력 등)으로 많은 양적 결과가 나왔는가?	프로그램 양적결과	사회복지기관 또는 사회복지사	프로그램으로 나타난 계량화된 정보	프로그램에 투입된 비용대비(100만원) 인력(10명)효과 =1인당 10만원의 비용이 투입됨
품질	품질	프로그램의 질(CT의 만족, 느낌, 의지 등)은 어떠한가?	프로그램 질적결과	클라이언트	클라이언트의 느낌, 의견 등	클라이언트 만족도가 5점 만점에 평균 3.5점으로 나타남.

- **효율성 관점** : 프로그램은 투입과 산출을 비교 예 인원, 실적, 방문횟수
- **품질관점** : 특별한 품질 기준을 충족하는 산출과 투입을 비교 예 클라이언트 만족도조사
- **효과성 관점** : 프로그램 활동에 참여하는 동안, 혹은 그 이후 개인들 혹은 인구집단들에게 일어난 혜택이나 변화, 다시 말해 결과(outcomes) 대 투입을 비교하는 효과성 관점 예 부적응청소년 자아존중감 향상 집단 프로그램에서의 자아존중감 변화정도의 측정

(1) 효율성 관점 : 산출측정

체계와 사회복지 프로그램은 두 가지 유형의 산출(중간산출과 최종산출)을 생산하고, 그러므로 두 가지 유형의 산출 성과측정을 필요로 한다. 최종 산출 성과측정은 한 명의 클라이언트가 완전한 서비스의 전향을 받는 것으로 정의할 수 있다. 중간 산출은 최종 산출을 생산하는데 소비되는 서비스의 양으로서, 서비스 단위라고 알려져 있고, 클라이언트와의 상황 혹은 접촉, 서비스의 물적 단위, 서비스의 시간 단위 등으로 나뉘고, 단위의 객관성 면에서 서비스 시간단위의 사용이 권장된다. 이것은 하나의 프로그램이 실제로 무엇을 했는지는 알려주지 못하지만, 책임성 관점뿐만 아니라 행정가가 계획 및 예산 수립 시 의사소통의 수단이 된다.

〈표 12-3〉 산출측정과 산출성과 주요내용

1. 개념

프로그램 활동을 통해 얻게 되는 모든 생산물, 서비스 단위. 산출성과를 평가한다는 것은 프로그램 자원의 투입대비 산출을 계량적 비율로 파악하여 생산성의 수준을 측정하는 표준화된 평가방식을 적용한다는 것을 의미한다.

- 서비스 단위 : 프로그램의 결과(Output)를 측정할 수 있도록 표준화된 방법으로 계량된 프로그램의 구성요소, 사건이나 접촉단위, 물질적 단위 그리고 시간단위로 구성됨.

2. 산출성과 측정방법

1) 기획대비 결과(Output)분석 : 처음에 기획했던 자원의 투입량과 프로그램의 종료 후 나타난 결과의 비율을 분석. 예 프로그램 기획 시 10명이 참가할 것으로 계획하고 프로그램 종료 후 8명이 참여하였다면 인원목표달성은 80% 달성.

2) 비용효과분석

① 전제조건 : 제공된 프로그램의 실적 자료 및 근거 확보.

② 개념 : 프로그램의 산출(인력, 시간, 실시횟수 등)에 따라서 비용(예산)을 산출하여 투입대비 산출의 효과를 분석하는 방법.

③ 문제의식 : 비용을 효율적으로 사용하였는가? 최소의 자원 투입으로 최대한의 효과가 나타났는가? 프로그램의 효율성이 있는가?

④ 방법

- 실적중심 분석과 성과중심 분석
- 비용효과에 대한 비교분석: 산출에 의한 효율성 평가는 단일사례로 평가할 경우

비교대상을 정하여 다른 결과(표준화된 산출, 전년도 산출, 관련 프로그램 산출 등)와 비교

3. 고려사항
1) 비용효과, 프로그램의 비효율성과 사회복지 프로그램의 모순된 관계를 고려 "비용효과가 높다면 사회복지 프로그램의 질이 높아지는가? "
2) 산출성과를 평가하기 위해서 비용효과분석을 할 때 다양한 실적이 존재할 경우 어떤 실적이 효율성의 판단 기준에 가장 과학적인지를 객관적으로 규정하고 적용해야 할 것이다.

자료 : 우수명(2008)

(2) 품질 관점 : 품질 측정

사회복지서비스제공에 있어 중요한 질적 측면을 결정하여 이것에 관한 정보를 얻을 수 있는 측정유형이 품질측정이다. 예를 들면, 아래 〈표〉에 나타난 것처럼, Martin(1993; Kettner 외, 1997 재인용)은 품질 요소를 15개로 분류하고 이 중에서 휴먼서비스 프로그램에서 가장 중요한 품질을 신뢰성(reliability)과 즉응성(responsiveness)으로 조사하였다. 이에 대한 정보를 얻기 위해 기관자료를 이용하여 품질범주에 의한 산출을 측정하거나, 클라이언트 만족도 조사를 통해 서비스 품질을 측정할 수 있다.

〈표 12-4〉 품질의 요소

요소	정의
접근성	제품 또는 서비스에 접근하거나 얻기가 쉽다.
확실성	직원이 친절, 공손, 신중하고, 관련지식을 많이 가지고 있다.
의사소통	프로그램에 대한 정보가 간단하고 이해할 수 있는 언어로서 제공된다.
전문성	직원이 제품이나 서비스를 제공하는데 대한 필수 지식 및 기술 요건을 갖추고 있다.
준수성	제품이나 서비스가 표준을 준수한다.
정중성	프로그램 직원들이 클라이언트를 존중한다.
결핍성	프로그램이 어떤 특징이나 요소가 결여되어 있다.

지속성	성과, 산물, 결과가 즉시 사라져버리지 않는다.
감정이입	직원들이 클라이언트에 대한 개별화된 이해와 관심을 보여준다.
인격성	클라이언트의 존엄성과 자존심을 보호하는 방식으로 프로그램이 제공된다.
수행성	제품이나 서비스가 계획대로 수행된다.
신뢰성	시간적으로 또는 클라이언트 사이에서 변이가 최소한으로 하여, 신뢰할 수 있고 일관되게 프로그램이 운영된다.
즉응성	프로그램 전달이 시기적절하다.
안전성	프로그램이 안전한 환경에서 제공되며 위험이 존재하지 않는다.
가시성	프로그램 전달과 관련된 시설, 장비, 인력, 출간된 자료 등의 외형이 적절하다.

자료 : Martin, L.(1993). Total quality management in human service organizations. Newbury Park, CA: Sage. 정무성(2001)에서 재인용

〈표 12-5〉 품질측정과 품질성과 주요내용

1. 개념
   - 품질관점에서 품질은 프로그램의 질을 말한다. 즉 높은 만족도, 좋은 이미지, 프로그램에 대한 신뢰 등 수준높은 질적 서비스가 실시되었는지를 측정하고자 할 때 사용한다.
   - 프로그램의 품질을 평가하는 이유는 높은 수준의 품질을 가지고 있는 서비스는 클라이언트의 문제나 어려움을 보다 잘 해결해줄 수 있는 원동력이 되기 때문이다.
   - 따라서 품질 성과란 프로그램으로 나타난 프로그램의 질적인 측면의 결과를 의미하며 품질성과측정이란 이 프로그램의 질을 측정하여 보고하는 방법을 의미한다.

2. 품질성과측정방법
   - 프로그램 수행과정 : 접근성, 지속성, 감정이입, 안정성 등을 측정
   - 프로그램 구성요인 : 사회복지사, 프로그램 내용, 시설 및 환경 등을 측정

   ※ 주의점 : 품질은 앞선 결과성과나 산출성과와 다르게 클라이언트의 입장에서 접근하는 성과평가의 한 기준이다. 따라서 품질의 개념과 측정의 내용이 클라이언트마다 다르며 주관적일 수 있기 때문에 프로그램의 속성과 대상에 따라 그 결과가 왜곡되거나 변형될 수 있는 단점이 있다. 따라서 품질을 다차원적인 관점에서 접근하여 그 기준을 정하고 측정하는 것이 필요하다.

3. 만족도 조사
   - 배경 : "프로그램의 품질을 측정하기 위해서 클라이언트의 관점과 의견을 반영한다."
   - 관점 : "품질이 우수한 서비스를 받게 된 클라이언트는 서비스에 대하여 만족할 것이다."
   - 정의 : 프로그램에 참여한 후 클라이언트가 느끼는 주관적인 의견을 측정하는 방법.
   - 방법 : 만족도 조사는 품질성과의 구체적인 내용을 기준으로 만족도를 측정하기 위한

조사도구(설문지)를 작성하여 설문조사방법으로 클라이언트의 느낌을 파악하는 것을 말한다.
1) 품질영역 설계법
2) 인과관계 설계법 : 프로그램 구성요인의 인과관계에 따라서 만족도 조사도구를 구성하는 것을 의미한다.

자료 : 우수명(2008)

(3) 효과성 관점 : 결과 측정

① 결과 성과측정은 클라이언트 삶의 질 변화를 측정하는 휴먼서비스 프로그램의 결과, 영향 또는 성취들이다. 결과측정은 클라이언트 생활에서 질적으로 향상되는 어떤 측면을 측정하느냐에 따라 수량집계(numeric counts), 표준화된 척도(standardized measures), 기능수준 척도(LOF; level of functioning scales), 클라이언트 만족도(client satisfaction) 등으로 분류된다.

② 산술적인 평가는 단순히 생활의 질적인 향상을 보인 클라이언트의 수를 집계하는 방식이다. 표준화된 척도는 클라이언트의 삶의 질 변화를 측정하는 사전-사후 테스트로, 표준화되어 있는 것을 말한다. LOF척도는 클라이언트 생활의 질적인 향상을 측정하기 위한 목적으로 기관 또는 프로그램에 의해 만들어진 사전·사후 테스트를 의미한다. 클라이언트 만족도는 클라이언트에게 직접 생활의 질적인 향상을 묻는 자기보고서 형식을 참조하여 측정한다.

③ 산술적인 측정이 일반적으로 클라이언트의 상태, 지위 또는 행동을 측정하는데 사용된다면, 표준화된 측정은 클라이언트의 인식, 느낌 그리고 태도를 측정하는데 사용된다. LOF척도는 클라이언트 또는 클라이언트의 가족의 기능적인 면을 특정하는 데 널리 사용되며 표준화된 평가방법의 사용 자체가 불가능하거나 또는 표적집단의 연령 같은 기타

요소들로 인해 표준화된 평가의 사용이 적절하지 못한 경우에 사용된다. 클라이언트 만족도는 생활의 질적인 변화에 대한 클라이언트의 생각을 측정하기 위해 널리 사용되는 방법이다.

④ 이상과 같은 4 가지의 결과측정유형은 사용 시기에 따라 중간결과성과측정과 최종결과성과측정 등 크게 2가지 범주로 재분류할 수 있다. 중간결과성과측정은 치료 종료 후 바로 나타나는 클라이언트 생활의 질적인 변화를 진단하거나 또는 서비스의 완전 종료를 확인한다. 다시 말해서 중간결과성과측정은 치료의 효과를 진단한다. 사회복지 프로그램 중에는 중간결과성과측정과 최종결과성과측정 모두에 동일한 평가방법을 사용하는 프로그램도 있으며 서로 다른 평가방법을 사용하는 프로그램도 있다.

⑤ 이상의 성과측정을 요약하면, 성과측정은 측정기준인 효율성, 품질, 효과성에 따라 산출성과측정, 품질 성과측정, 결과 성과측정 등으로 나뉜다. 이것은 산출 성과측정의 결과물은 자료의 이용종류와 시기에 따라 중간산출과 최종산출로 이루어진다. 중간산출은 다시 서비스에 대한 상황 단위, 물적 단위, 시간 단위를 활용한다. 최종산출은 서비스 완료라는 측정을 이용한다. 품질성과측정은 품질차원을 가진 산출측정, 클라이언트 만족도이다. 결과성과측정은 중간 성과와 최종성과, 그리고 수량집계, 표준화된 척도, LOF척도, 클라이언트 만족도 등이다.

〈표 12-6〉 결과성과 주요내용

1. 개념
   - 결과성과 : 프로그램의 과정이나 그 종결에서 나타나는 프로그램 참가자의 이익이나 변화
   - 기본관점 : 효과성 관점(프로그램 목표 달성이나 클라이언트의 변화 측정)
2. 결과성과에서 성과의 종류
   - 단기성과 : 프로그램의 종결 직후에 나타나는 직접적이고 즉시적인 클라이언트의 지식, 태도, 기술 등의 변화.
   - 중기성과 : 프로그램의 단기성과로 나타나는 클라이언트의 행동 또는 상태 등의 변화.
   - 장기성과 : 프로그램이 클라이언트를 위해 달성하고자 하는 궁극적이고 이상적인 목표.
3. 결과성과 작성방법
   - 프로그램 논리모형에 따른 결과성과 측정표 작성 : 프로그램에 대한 투입, 진행과정, 산출 그리고 프로그램의 결과를 논리적으로 구성하여 측정표와 측정지표를 작성한다.
   - 프로그램 논리모형 : 투입－과정－산출－결과 즉 프로그램의 논리적 수행과정을 통해 성과평가를 하는 방법이다.
4. 고려사항
   - 과학적인 프로그램 관리의 측면에서 단기, 중기, 장기성과를 프로그램의 개발단계에서부터 고려할 필요가 있다.
   - 프로그램 성과평가의 기준을 정하는 데 있어 프로그램의 단기, 중기, 장기 성과를 예측하고 규정하는 가에 따라 성과달성의 측정과 평가가 가능하다.
   - "잘못된 목표설정은 잘못된 결과성과로 나타난다"
   - 지나치게 낮거나 단순하거나 너무 높은 결과성과는 프로그램의 가치를 대변하기 어렵다.

자료 : 우수명(2008)

4) 성과평가의 실행

(1) 정기 결과 측정

결과 목표는 과정 목표와 마찬가지로 구체적이고 측정 가능한 것이어야 한다. 구체적인 목표가 있다는 것은 대상자 결과가 정기적으로 점검되면서 평가가 계속 진행될 수 있게 한다. 측정 비용이 많이 들지 않고 사용하기 편리하면 자원이 별로 없는 작은 기관에서도 쓰일 수 있을 것이다. 모든 대상자를 위한 서비스 결과는 일반 프로그램 작업의 일부로 측정할 수 있다.

이미 말했듯이 결과 측정의 두 가지 큰 유형은 효과성(effectiveness)과 효율(efficiency)이다. 효과성은 사회 문제나 환경을 설명하려는 세부 목표 성취 범위의 측정이다. 예를 들어 효과성 측정은 복지 대상자가 자립할 수 있는 일자리를 얻었는가, 만성적 정신 질환 대상자가 자립할 수 있는가 아니면 비행 청소년이 사법 사건에 연루되지 않았는가를 사정하는데 쓰인다. 효율성은 보통 비용효율(cost-effectiveness)이나 비용 대 편익비(cost-benefit)의 측면에서 측정한다.

(2) 프로그램 세부 목표의 성취

훈련 프로그램은 적절한 표준으로 선택된 특정 수준으로 훈련자의 기술을 측정할 수 있다. 알코올 중독자 처방 프로그램은 대상자의 장기간 금주로 성공을 측정할 수 있고, 교정 프로그램은 재범률을 측정하며, 정신 건강 프로그램은 재입원율을 측정할 수 있다. 결과 세부 목표들을 측정하는 방법을 정하고 적절한 기준과 표준을 고르는 것이 쉬운 것만은 아니다. 바람직한 대상자 변화는 가끔 측정 불가능한 것으로 보인다. 특히 집단 전반에 간접적으로 서비스가 제공된 경우나 바람직한 결과에 밀접한 연관이 있는 것으로 여겨지는 변수의 평가를 간접적으로 이용, 결과를 측정해야 할 때 그렇다. 어려움과는 상관없이, 세부 목표를 고쳐 쉽게 측정할 수는 있지만 결과가 가치가 없는 것보다는 실제 서비스 목적을 측정하는 창의적 방법을 찾아 노력하는 것이 더 적절하다.

프로그램 목적과 프로그램 세부 목표, 실행 세부 목표, 실행 활동 사이에는 제휴와 호환성이 있어야 한다. 개인 대상자를 상대로 한 직무(프로그램 디자인이나 처방 모델(treatment model)을 기초로 한 활동)는 대상자 세부 목표 성취와 직접적으로 연관되어 있어야 한다. 세부 목표의 총체적 성취는 실행 세부 목표, 실행 활동으로부터 도출되어야 하고, 이것은 곧 프로그램 목적 성취나 최소한 확인된 사회 문제의 부분적인 개선을 이끌어야 한다.

(3) 대상자 기능 사정

자아존중감 척도, 사회성 적응 척도, 정상화 척도, 적응유연성 척도, 분노 대처적응척도 등의 다양한 클라이언트의 변화를 측정할수 있는 척도 등이 포함된다.

(4) 단일체계 디자인

대부분 임상 실행 평가에서 많이 쓰이는 이 설계의 가장 중요한 요구사항은 확인된 문제나 결과의 신뢰할 수 있고 유효한 측정과 이 측정의 반복 사용이다. 또한 주로 개별사회사업이나 사례관리 등에서의 소규모 프로그램에서의 적용 가능하다.

(5) 목적 달성 척도

목적 달성 척도(GAS : Goal Attainment Scale)는 각 대상자의 처리 목적(treatment goal)에 기반을 둔 특정 평가 기준이다. 평가를 위해 리커트 척도인 5점 척도에 기반을 두는데, 대상 목적(target goal)이 가운데, 가장 바람직한 결과가 한 쪽 끝, 가장 바람직하지 않은 결과가 다른 쪽이다. 각 목적을 달성하는 대상자의 과정이 측정되어 각 개인 척도의 평균점을 재는 요약(summary) 목적 달성 점수뿐 아니라 각 목적에 대한 점수를 매긴다. 그 점수의 평균과 합계를 측정하여 나타난 점수에 대한 평가를 하는 것이다.

(6) 대상자 인식의 측정

① **대상자 만족도 조사 사용에서의 지침**(Royse & Thyer, 1996,; Lewis, 2001, 재인용)

㉠ 신뢰도가 높고 다른 연구에서 성공적으로 쓰인 척도를 이용하라

㉡ 반복된 상황에서 같은 도구를 이용하고, 표준에서의 출발을 관측할 수 있도록 지역사회와 관련된 자료의 기준을 개발하라

㉢ 적어도 하나의 가능하면 두 개의 주관식(open-ended) 질문을 넣어 클라이언트가 당신이 미처 생각하지 못한 문제에 대해 말할 수 있게 하라

㉣ '건의함' 방법을 이용해 일주일 동안 기관에 들어가는 모든 대상자들이(기존 회원이든 새 회원이든) 짧은 질문지를 받아 기다리는 동안 작성할 수 있게 하라.

② **클라이언트 만족도 조사를 수량집계로 전환한 사례**(정무성, 2000)

㉠ 클라이언트 중 78%의 응답자가 정보제공과 의뢰 프로그램이 필요한 서비스에 접근하는 데에 매우 도움이 되었다고 평가하였다.

㉡ 클라이언트 중 82%의 응답자가 가정배달 식사 프로그램이 그들의 건강과 영양을 유지하는 데 매우 도움이 되었다고 평가하였다.

㉢ 클라이언트 중 55%의 응답자가 상담 프로그램이 생활 중의 스트레스를 대처하는 데에 매우 도움이 되었다고 평가하였다.

(7) 성과평가의 이해

성과평가는 프로그램의 변화를 평가하는 것을 목적으로 하기 때문에 프로그램으로 인해서 클라이언트가 어떤 변화가 있었는지를 명확히 분석하고 평가해야 한다(우수명, 2001). 아래는 성과평가의 결과에 대한 단기성과, 중

기성과, 장기성과를 설명한 사례를 제시한 것이다.

① 만약 금연집단이 건강에 유해하고, 효과적인 금연기술(산출)을 훈련시킨다면, 그렇다면 흡연자들은 지식을 습득하고, 그들의 태도를 변화시키는 것과 흡연을 멈추는 기술을 얻는 것(단기성과)들을 배우게 될 것이다. 만약 흡연자들이 흡연은 유해하고, 금연하기를 원하고, 그리고 금단증상을 최소화 할 수 있는 기술을 갖게 된다는 것을 알게 된다면(단기성과), 그렇다면 그들은 프로그램 이후에도 금연할 것이다. 또는 시도하게 될 것이다(중기성과), 만약, 그들이 금연하게 된다면, 그들 중 더 적은 수만이 흡연과 관련된 질병과 관련되어 질 것이다(장기성과).

② 만약 여성들을 위한 고용상담이 최종적으로 직장 면접 기술을 포함한 자급자족이 되기 위하여 시도하는 것이라면, 여성들은 직장 면접을 더 효과적으로 할 수 있을 것이다(단기성과), 만약 그들이 더 좋은 인터뷰를 받게 되면(단기성과), 그들은 직업을 찾을 확률이 더 높아진다.(중기성과), 만약 그들이 직업을 찾는다면, 그렇다면, 그들은 재정적으로 자급자족에 더 가까워질 것이다(장기성과)

③ 만약 청소년들이 교육을 중요성을 강조하는 이에 의하여 교육을 받았다면(산출), 그렇다면, 그들은 교육을 중요하게 볼 것이다(단기성과), 만약 청소년들이 교육을 중요하게 보았다면, 그렇다면 그들은 학교를 더 정규적으로 출석할 것이다(중기성과), 만약 청소년들이 학교를 더 정규적으로 출석하였다면, 그렇다면 그들은 더 졸업을 많이 할 것이다(중기성과), 만약 그들이 졸업하였다면, 더 고용될 가능성이 많을 것이다(장기성과).

(8) 성과평가의 실제 사례

성과평가에 의한 프로그램 평가방법은 효율성, 효과성, 품질의 3가지 관점에 따라 수행된다. 특히 평가지표, 측정도구, 평가방법을 실천적으로 구성하여 구체적인 성과를 평가하고 프로그램의 목표달성정도를 측정할 수 있다. 아래 〈표 12-7〉은 약물남용 예방을 위한 프로그램 성과평가 방법의 사례를 제시한 것이다.

〈표 12-7〉 프로그램 성과평가 사례

성과평가	평가지표	측정도구	평가방법
자존감 향상	① 자아인식도 ② 자기주장능력	자존감척도	사전사후설문의 자존감척도를 통해 평가
올바른 직업관 형성	① 직업 필요성의 인식도 ② 장래인생계획	직업인식에 관한 설문지	사전사후설문의 직업인식 항목을 통해 평가
약물남용 예방	① 약물남용에 대한 이해 ② 약물남용청소년의 발견과 전문기관의뢰	① 약물남용 인지에 대한 설문지 ② 의뢰기록지	약물사용고위험검사와 약물남용인지도에 관한 사전사후설문을 통해 평가
건전한 여가활동	취미활동의 종류	여가활동내용에 대한 설문지	사전사후설문의 여가활동 항목을 통해 평가
지각 · 결근 일수의 감소	지각 · 결근 일수	근무일지	교육전 교육후의 근무일지를 통해 평가
서비스의 질적 향상	이용자 만족도	만족도 설문지	교육이수 3개월후 사용자에게 설문하여 평가
안전사고 발생률 감소	안전사고 발생율	전년도 안전사고 통계자료	전년도 안전사고율과 교육년도의 안전사고율비교 평가

13
CHAPTER

만족도 조사

13 CHAPTER 만족도 조사

I. 만족도 조사의 배경과 개념

1) 만족도 조사의 배경

일반적으로 사회복지 프로그램 평가에서 클라이언트의 상태를 평가하는 가장 보편화된 방법은 서비스 이용자나 프로그램에 참여한 사람에게 만족도를 측정하는 만족도 조사이다. 이용자 차원의 결과성과평가 기준으로서 이용자 만족도는 복지서비스의 전달에 대한 평가를 위한 기준으로 활용되었다(강병노, 2008). 외국에서는 이용자 만족이 갖는 역할의 중요성이 강조되면서 이용자 만족을 성과지표로 사용하고 있는 추세이다. 국내에서는 이용자 만족도 조사는 사회복지분야에서 2000년 이후 사회복지시설평가가 진행되면서 평가항목 중 이용자 만족도에 대한 비중이 높아지면서 그 관심이 증대되기 시작하였다. 이런 관심은 기존의 평가가 주로 시설위주의 하드웨어적인 평가에서 프로그램 중심의 소프트웨어 중심으로의 이동이라는 경향과 관련이 있다. 또한 기존에 이용자 만족도 조사를 진행할 경우에 평가를 받는 복지관이 자체적으로 진행하였던 것을 최근에는 전문평가단이 직접 이용자 만족도를 측정하는 방법까지도 활용되는 등 그 관심이 확대되고 있다(김용석 외, 2007).

사회복지 서비스 부문에서 시행되고 있는 이용자 만족도 조사 유형은 크게 외부 기관에 의한 이용자 만족도 조사와 복지관 내부 이용자 만족도조사로 나눌 수 있다. 외부 기관에 의한 가장 대표적인 형태는 보건복지부에서 3년마다 시설 평가시 함께 시행하고 있는 이용자 만족도 조사이다. 내부 자체 조사는 개별 시설에서 고객만족 경영의 일환으로 하는 이용자 만족도 조사가 있다. 또한 대부분의 사회복지시설은 자체적으로 개발한 만족도 측정도구를 사용하여 정기적, 비정기적으로 복지관 전반적인 사항에 관한 이용자 만족도 조사 또는 복지관 주요 프로그램, 팀별 주요 업무에 관한 이용자 만족도 조사를 실시하고 있다. 첫째, 단위사업별로 각기 다른 설문내용을 가진 설문지를 사용하여 이용자 만족도를 측정하는 경우이다. 예를 들면, 단위사업인 사회교육사업, 주간보호사업, 건강관리사업, 재가복지사업, 노인일자리사업, 고령자취업알선사업, 기능회복사업 등으로 구분하여 조사를 실시한다. 각 단위사업의 조사 내용은 대체로 조사 대상자의 일반적인 사항, 프로그램 참여 및 이용서비스에 관한 만족도, 향후 희망 및 개선 사항 등에 관한 내용들이다. 둘째, 전체 이용자를 대상으로 하는 만족도조사와 팀별 및 부(병)설 시설별 이용자 만족도 조사를 나누어 각각의 만족도를 측정하는 경우이다(박영민, 2008).

2) 만족도 조사의 개념과 특징

(1) 만족도의 개념

일반적으로 만족도는 인간이 생활이나 재화를 통해서 얻는 활동(예를 들면 서비스)에서 만족스럽게 인식하는 주관적인 느낌을 의미한다. 만족도는

인간이 생활하면서 느끼는 삶 속에서의 안녕감이자 주관적인 만족감이다.[1)]

첫째, 품질이론에서는 기업 경영과 마케팅의 관점에서 출발한 서브퀄(Service Expectation-Performance difference; SERVQUAL)과 서브퍼프(Service Performance; SERVPERF)를 토대로 한다. 전자는 서비스 기대와 성과의 차이를 측정하는 것을 근거로 하기 때문에 서비스 기대－성과차이 모형이라고 한다. 이 모형은 Gronroos의 서비스 품질 연구를 근거로 1988년에 Parasuraman, Zeithaml 및 Berry(1985)가 개발한 것이다. 기본 가정은 '고객의 서비스 품질에 대한 기대와 인지된 서비스 품질의 차이에 의해 결정된다'라는 것이다. 그러므로 서비스에 대한 기대와 인지한 서비스의 차이(gap)에 의해 서비스 품질을 측정하게 된다(유삼희, 2004). 이와 다르게 후자는 Cronin and Taylor (1992, 1994)가 전자를 비판하면서 제시된 것이다. 서비스 성과에 근거하여 단일지표로 측정하고자 하는 서비스 성과 모형을 의미한다(윤기찬, 2004). 서브퀄의 한계는 주로 측정상의 문제로 요약된다. 여기에서 서비스의 질은 성과자체이므로 서비스의 질을 측정함에 있어서 기대수준을 측정할 필요가 없으며, 기대의 개념이 오히려 설문대상자에게 각기 다른 유형으로 해석되어 객관적인 해석을 방해한다고 지적된다. 그리고 서브퀄의 경우 기대수준과 지각수준을 측정하기 위해서 먼저 기대수준을 측정하고 시간이 지난 후에 지각수준을 측정해야 하는 과정이 존재한다. 하지만 기대수준을 측정한 후 일정기간이 지난 후 지각수준을 측정하는 종단적 조사가 현실적으로 불가능하기 때문에 횡단조사로 지각수준만을 측정하는 서브퍼프 기법이 더 타당하다는 문제가 제기되었다(윤기찬, 2004: 136: 강병노, 2008). 서브퍼프의 장점은 서브퀄보다 측정방법상에서 나타난다. 서브퀄보다 내용타당도와 판별타당도가 높고, 서비스 품질이 고객의 만족도에 미치는 영향뿐만

1) 만족도 개념은 주로 강병노(2013)을 참고함.

아니라 재이용의도에 미치는 영향을 파악할 수 있다. 그리고 측정방법상 항목의 수가 절반으로 줄어드는 장점이 있다. 그리고 단점은 분석상의 문제가 지적되었다. 서브퍼프가 서브퀄의 한계를 극복하기 위해서 제시된 것이기는 하지만 고객만족과 서비스 품질과의 관계, 서비스 품질과 구매의도와의 관계 그리고 고객만족과 구매의도와의 관계에 대한 분석에서 단일 변수에 의한 분석이 이루어진 문제점을 가지고 있다(강병노, 2008). 둘째, 삶의 질 이론에서는 인간의 삶이나 생활에서 느끼는 주관적인 감정에 대한 설명을 중요시 한다. 삶의 질(Quality of Life)은 인간과 사회에 대한 총체적인 관점에서 이해되어 왔다. 이런 삶의 질을 측정하기 위한 사회지표는 1966년 사회학자인 Bauer 교수가 처음 제안하였다(김홍규・유현정, 2004). 특히 OECD에서 1970년에 개발한 사회지표는 인간의 삶의 질을 파악할 수 있는 전세계적인 기준으로 활용되고 있다(이영균・김동규, 2007).

앞서서 품질이론에 의하면 만족도는 품질, 이용자만족도, 서비스만족도와 관련이 있다. 품질은 고객 만족과 관련이 있는데 서비스 이용 후에 고객이 인지하는 주관적인 만족감을 의미한다(김용석 외, 2007). 다만 품질은 고객만족과 연관은 있지만 고객만족의 선행변수로서, 서비스 이용자가 지각하는 주관적인 질적 느낌이나 상태를 의미한다고 할 수 있다(강병노, 2008). 최근에 서비스의 품질에는 질에 있어서의 변화량, 서비스 질과 성과의 관계, 질에 관한 구조적인 영향 등을 측정하려는 경향이 강조되고 있다(Proctor et al., 2005). 이런 품질의 개념을 사회복지서비스에 대입해보면 사회복지서비스 품질은 사회복지서비스의 제공과정 및 그 결과에 대하여 주관적으로 지각한 고객의 태도로 정의된다(전준구, 2006). 특히 비영리조직의 서비스 품질을 연구한 Martin & Kettner(1997)은 서비스 품질을 15개 요소로 분류하고 이중에서 휴먼서비스에서 중요한 요소로 접근성, 신뢰성, 지속성 등을 제시하고 있다. 이용자만족도 또는 고객만족(Client Satisfaction)이라는 관점은 이용자가 프로그램을 경험한 후에 인식하게 되는 프로그램에 대한 주관적인 감정, 의사, 신념 등의 정도를 말한다. 이용자 만족도는 서비스의 질을 평가하는 방법 중의 하나이면서 서비스 효과성을 보여주는 핵심적인 기준이다(McMurtry and Hudson, 2000). 서비스만족도는 서비스의 품질과 관련이 있으며(Lewis et al., 2001: 243), 이용자가 서비스에 참여한 결과 삶의 질이 변화가 있었는지 측정하여 파악한다. 따라서 서비스 만족도에는 이용자의 삶의 질 변화라는 특성이 포함되어 있다(Martin & Kettner, 1997: 96-100).

(2) 이용자 만족도의 유형

이용자 만족도 조사에서 이용자 만족도는 프로그램에 참여한 이용자가 프로그램을 경험한 후에 인식하게 되는 프로그램에 대한 주관적인 감정, 의사, 신념 등의 정도를 말한다. 이용자 만족도를 결정하는 중요한 요소로서 프로그램의 품질이 고려된다. 프로그램의 품질은 이용자 만족도와는 관련이 있지만 차이가 있는 것이다. 프로그램의 질은 프로그램의 주로 무형적인 가치 즉 신뢰, 반응, 확신, 배려, 공감 등을 포함한다. 인원, 횟수, 시간 등의 양적인 부분과 대비하여 인간이 느끼는 감정과 인식을 중심으로 하는 프로그램의 질적인 차원을 대표해주는 개념이다(강병노, 2008).

이용자 만족도의 유형은 대상별, 분야별, 서비스별 등에 따라서 다양한 형식을 가진다. 다음의 유형은 사회복지서비스 이용자에 대한 만족도의 유형을 논의할 때 고려해볼 수 있는 형태라고 할 수 있다. 권영길(2006)은 노인복지관 프로그램 만족도를 측정할 때 이용자의 특성, 환경, 프로그램의 내용 등을 고려하여 참여만족도, 기대충족도, 표현만족도로 구분하였다. 그 이유는 서비스 이용자인 노인의 만족도가 분류기준이나 관심의 중점, 개인의 특성에 따라 여러 가지로 분류될 수 있기 때문으로 설명되고 있다.

첫째, 참여만족도(Participation Satisfaction)는 이용자들이 프로그램의 종류나 내용에 관계없이 자신이 참여함으로써 얻을 수 있는 만족도를 말한다. 이런 정의는 기관에서 제공하는 여러 가지 프로그램이 자신에게 꼭 필요하지 않더라도 참여하는 것은 만족감을 줄 수 있다는 가정을 토대로 한다.

둘째, 기대충족도(Expectation Satisfaction)는 프로그램에서 주어지는 과제가 자신의 건강이나 지식 등의 능력으로 성취 가능한가에 대한 기대, 노력한 만큼의 보상이 주어질 것인가에 대한 기대, 프로그램에 대한 참여로 자신의 주관적인 욕구를 충족시켜줄 것인가에 대한 기대 등의 충족정도를 의미한다.

셋째, 표현만족도(Expression Satisfaction)는 자신의 말이나 행위, 작품을 통한 표현활동으로 이용자들이 느끼는 자신감, 타인들로부터의 안정감, 자신의 효능감을 의미한다.

이런 만족도 유형이외에 공공서비스 만족도에서 일반적으로 개발된 것이 KCSI-PS(Korean Customer Satisfaction Index-Public Sector) 모형이다. 이것은 2007년 기획예산처의 의뢰를 받아 한국능률협회 컨설팅에서 개발한 것으로, 정부산하기관의 공공서비스에 대한 이용자 만족도를 측정하는 것이다. KCSI-PS의 만족모형은 기존의 만족도 측정 모형과는 달리 이용자 만족을 요소별로 세분화하여 정교하게 측정하도록 하여 관리적 포인트를 제시해 줄 수 있는 모형으로 개발되었다. 만족모형의 구성차원은 '전반적 만족', '요소만족'과 더불어 공공부문의 특성을 고려한 '사회적 만족'의 3개의 하위 차원으로 구성되어 있다.

첫째, '전반적 만족'은 문헌연구에 사용된 전반적 만족의 측정항목들을 수집하고 분류한 결과, 인지적 평가를 중심으로 하는 만족반응에 대한 연구가 많았으며, 인지적 평가로서의 만족개념은 '절대적 만족'과 '상대적 만족'으로 구분이 가능하다. 또한 인지적 평가 외에도 감정적 만족을 측정하는 항목들도 다수 발견됨에 따라, 결과적으로 절대적 만족, 상대적 만족, 감정적 만족이 만족모형의 3개 차원으로 구성되었다.

둘째, '요소 만족'은 정부산하기관이 제공하는 서비스를 구성하는 개별적인 서비스 요인들에 대한 만족도를 측정하기 위한 항목으로 포함되었다. 전반적 만족도의 평가만으로는 구체적인 서비스 요소에 대한 만족도가 요소별로 어떻게 구성되고 인지적으로 결합되는 지를 파악할 수 없다. 따라서 요소 만족도를 전반적 만족도와 병행하여 측정하는 것이 지수산출이나 이용자 지각과정을 고려할 때 더욱 타당하다고 볼 수 있다. 요소 만족의 차원은 서비스 품질의 3개 차원인 상품품질 만족, 전달품질 만족, 환경품질 만족으로 분류되어 측정되며, 이 3개 차원은 공공부문이 생산하고 제공하는 서비스의 전체 구성요소들을 의미하고 있다.

셋째, '사회적 만족'은 공공부문의 사회적 역할 수행에 대한 지각을 측정하는 개념이다. 공익기관의 공공서비스로서의 존재의 필요성 및 역할 충족성에 대한 만족을 평가할 수 있는 구성요소로 개발되었으며, 본질적인 기능으로서의 사회적 책임과 부가적 활동으로서 사회봉사라는 두 가지 요소를 갖는 것으로 구성되어 있다(이유재 · 라선아, 2006: 정은아, 2013. 재인용).

정리해보면 첫째, 서비스 전반에 대하여 만족하는가를 질문하는 방식이며 절대적 만족, 상대적 만족, 감정적 만족의 3대 항목으로 구성된다. 둘째, 요소만족도는 전반적 만족도만으로는 구체적인 서비스 요소에 대한 만족도가 어떻게 구성되는지 파악할 수 없기 때문에 개별적인 서비스 요인에 대한 만족도를 측정하는 것으로 상품품질 만족도, 전달품질만족도, 환경품질만족도로 구분된다. 셋째, 사회적 만족도는 기관의 사회적 역할 수행에 대한 지각을 측정하는 개념으로 공적서비스로서 존재의 필요성과 역할 충족성에 대한 만족도를 평가할 수 있는 구성요소로 사회적 책임 만족도와 사회봉사 만족도를 포함한다(강현주 외, 2015).

(3) 만족도 조사의 특징

일반적으로 프로그램 평가와 관련되어 가장 많이 사용되는 방법은 서비스를 제공받은 사람 또는 프로그램에 참여한 사람에게 프로그램 만족도를 측정하는 만족도 조사(Satisfaction Measurement)이다.

프로그램 평가의 유형에는 평가의 가능성 사전 판단, 과정평가 그리고 성과평가로 구성되어 있다. 여기에서 만족도 조사는 성과평가 중 서비스의 품질 측정과 관련이 있다(Lewis et al., 2001: 243). 구체적으로, 이용자 만족도 조사는 기관 프로그램에 참여한 적이 있는 이용자가 프로그램에 참여한 결과 삶의 질의 변화가 있었는지에 대해서 응답하는 결과 성과 측정이라고 할 수 있다(Martin & Kettner, 1997: 96-100). 또한, 이용자 만족도는 서비스에 대해 가치 있는 피드백(Feed-Back)을 제공한다. 그 세부 내용으로는 주로 서비스 내용, 서비스 제공자, 이용자의 인식과 변화, 그리고 서비스 환경 등이 포함될 수 있다(Rapp & Poertner, 1992: 109-110).

이용자 만족도 조사는 일반적으로 사회서비스 기관에서 이용자들의 만족도를 측정하여 프로그램의 질을 평가하고 변화추이를 예측하여 새로운 사업 계획 수립 및 변화를 위하여 주로 사용하는 이용자 만족도 관리의 일반적인 방법이다(서울복지재단, 2006: 449-495). 이용자 만족도 조사에서 고려해야 될 사항은 충분한 사전준비와 홍보, 철저한 비밀보장, 응답의 신뢰성 높이기 위해서 조사대상을 서비스 이용기간(3~6개월 이상)이 지난 이용자로 선정, 가급적 이용자 전원을 대상, 사후보강조사, 과학적인 조사도구 그리고 보고서가 아닌 실천계획서로서의 전략과 과제로 반영 등이 포함될 수 있다.

(4) 만족도 조사에서 만족도 측정의 실제와 사례

프로그램 평가에서 만족도 조사는 성과평가의 결과성과나 품질성과와 관련이 있다. 클라이언트 만족도는 품질성과측정에서도 이용될 수 있을 뿐 아니라, 결과성과측정으로서도 이용되어질 수 있다. 클라이언트의 자기 보고에서, 클라이언트가 사회복지 프로그램에 참여함으로써 경험한 삶의 질의 변화에 대해 질문 받을 때의 클라이언트 만족은 결과성과측정이 된다. 아래 〈표〉는 그런 만족도 조사에서 측정지표의 사례이다(정무성, 2001a).

〈표 13-1〉 만족도 조사에서 측정지표의 사례

▶ 정보와 의뢰

질문 : 정보와 의뢰 프로그램이 당신이 필요한 서비스에 접근하는 데에 도움이 되었습니까?

전혀 도움이 안됨				매우 도움이 됨
1	2	3	4	5

▶ 가정 식사 배달

질문 : 가정 식사 배달 프로그램이 당신이 건강과 영양을 유지하는 데에 도움이 되었습니까?

전혀 도움이 안됨				매우 도움이 됨
1	2	3	4	5

▶ 상담

질문 : 상담 프로그램이 당신이 생활에서 스트레스에 대처하는 데에 도움이 되었습니까?

전혀 도움이 안됨				매우 도움이 됨
1	2	3	4	5

프로그램 평가에서 클라이언트 만족도를 이용하는 실제적인 과정은, 사회복지 프로그램이 이미 클라이언트 만족도에 대한 조사에 근거한 품질성과자료를 수집, 보고하는 과정에서 발생한다. 클라이언트 만족에 대한 질문지는 단순히 한 가지 추가 질문을 첨가함으로써 결과성과측정 자료를 산출하는 데에 이용되어질 수 있다. 위의 표에서 보듯이, 어떤 조사의 하나의 부가적인 클라이언트 만족 질문 각각은 이 세 가지 사회복지 프로그램 각각에 대한 만족도를 측정하는 것이다. 이 세 개의 질문에서는 클라이언트가 삶의 질 변화에 대해 자기 보고를 해야 하기 때문에 그 질문들은 클라이언트의 만족도에 관련된 문항이 된다(정무성, 2000).

2. 만족도 조사의 내용과 방법

1) 만족도 조사의 내용

(1) 서비스 품질과 만족도 조사 내용의 비교

이용자 만족도 조사는 일반적으로 복지기관에서 이용자의 만족도를 측정하여 프로그램의 질을 평가하고 변화추이를 예측하여 새로운 서비스나 프로그램을 개발하는데 활용하는 이용자 만족도 관리 전략과 평가방법이다(서울복지재단, 2006). 만족도 조사는 실제로 사회복지 프로그램이나 서비스 품질을 측정하고자 할 때 많이 적용된다. 다만 서비스 품질과 만족도는 차이가 있다. 아래 〈표 13-2〉는 서비스 품질과 이용자 만족도를 비교한 것이다.

〈표 13-2〉 서비스 품질과 이용자 만족도 비교

구 분	서비스 품질	이용자 만족도
정의	제공되는 서비스의 상대적 우수성 / 열등성에 대한 전반적인 인상	불일치된 기대와 사전적 감정이 경합되어 발생된 복합적 심리상태
선행변수	가격, 지원부서, 전문성	신속성, 서비스회복, 물리적 환경
태도와의 관계	서비스에 대한 장기적이고 전반적인 태도와 비슷함	일시적이고 특정 상황에 따른 판단으로 장기적인 태도의 선행변수역할
기대의 개념	규범적 기준	예측적인 기준
구성속성	한정적	포괄적
이용경험	서비스 실제 경험 필요하지 않는 경우 있음	서비스 실제 이용 경험 후 측정
측정방법	기대와 성과 차이 비교 2회 측정 또는 성과만 1회 측정	서비스 종료 후 1회 측정

출처 : 서울복지재단(2008)(이유재・라선아, 2006 재인용)

두 개념을 비교한 것을 보면 먼저 서비스 품질은 제공되는 서비스의 상대적 우수성, 열등성에 대한 전반적인 인상을 의미한다. 서비스에 대한 장기적이고 전반적인 태도와 비슷하며 서비스 실제 경험이 필요하지 않는 경우도 있다. 이것이 만족도 조사와 큰 차이를 보인다. 반면에 만족도 조사는 불일치된 기대와 사전적 감정이 경합되어 발생된 복합적 심리상태를 측정하며 일시적이고 특정 상황에 따른 판단으로 장기적인 태도의 선행변수 역할을 하는 경우가 많다. 특히 만족도 조사는 서비스를 실제 이용한 경험을 사후에 측정하는 것이다.

서비스 품질이란, 고객의 요구에 의해서 정의가 내려진다고 할 수 있다. 일반적으로 사용하고 있는 품질이란 용어는 연구자나 연구목적에 따라서 매우 다양하게 정의되고 있고, 각 학문영역마다 질에 대한 관점이 다양한 차이를 보이고 있다. 이런 품질은 두 가지로 구성될 수 있는데 객관적 품질이란 제품 또는 서비스의 실질적인 기술적 우월성 등을 나타내는 개념이며,

주관적 품질은 제품 또는 서비스에 대한 사람들의 주관적 반응을 포함하는 개념으로 정의된다. 휴먼 서비스의 경우 서비스만의 고유한 특성들로 인해 제품과는 달리 객관적인 기준이나 척도에 의한 측정이 어렵기 때문에, 대체적으로 서비스 이용 고객들의 주관적인 인식 근거한 접근방법을 택하고 있다. 휴먼 서비스에서의 서비스 품질은 상대적인 개념으로 서비스 제공자와 서비스를 제공받는 이용자 간의 상호작용에 의해 형성된다. 이때, 서비스 품질의 결과는 클라이언트가 제공받을 기대된 서비스와 실제로 제공받은 서비스, 지각한 서비스에 달려 있으며 서비스 전달과정에서 결정된다고 할 수 있다(김현호, 2019).

(2) 이용자 만족도 조사 내용 구성

이용자 만족도 조사는 고객만족(Client Satisfaction)이라는 관점에서 실시하는 조사를 의미한다. 따라서 서비스를 이용한 고객이 서비스에 대해 어느 정도로 만족하는지 그 수준을 측정하는 기법이다. 프로그램 만족도를 평가하기 위해서 먼저 평가방법으로는 프로그램을 종결 후에 질문지를 이용한 설문조사가 가능하다. 그리고 평가내용으로는 프로그램의 내용에 대한 만족도를 측정하기 위해서 프로그램 내용, 방법, 지도력, 환경 그리고 프로그램 전반에 대한 영역으로 구성된다.

이런 만족도 조사를 구성할 때 가장 많이 사용되는 것이 서비스 품질과 관련된 연구에서 가장 먼저 개발되어 연구된 모형은 SERVQUAL이다. A. Parasuraman, V. A. Zeithaml, Leonard L. Berry(약칭 PZB)은 객관적 측정이 어려운 서비스의 품질을 평가하는 적절한 접근방법은 서비스 품질에 대한 고객의 기대와 지각의 차이를 측정하는 것이라 제안하고 이를 위해 SERVQUAL이라는 다항목 척도를 개발하였다. PZB는 1985년도 연구에서 고객들이 제공받는 서비스의 형태와 무관하게 고객들이 서비스 품질을 인식할 때 일반적 기준이 있음을 밝혀내고 고객의 기대에 영향을 주는 서비스 품질 구성요소로 10가지를 제시하였다. 1988년 후속 연구를 통해 서로 중복되거나 유사 한 성격의 요인들을 통합하여 아래와 같이 유형성, 신뢰성, 응답성, 확신성, 공감성의 5가지 요인을 제시하였다(김현호, 2019).

① **유형성** : 유형성은 제공기관의 시설, 장비, 인력용모, 접근성, 홍보물 비치 등 외적 요인에 대한 품질로 정의하였다. 유형성은 서비스 제공자의 세심한 관심과 배려를 나타내는 유형적 증거라고 할 수 있다.

② **신뢰성** : 신뢰성은 이용자와 계약된 서비스 내용을 정확하게 제공하고 기록하는 품질이라고 정의하였다. 신뢰할 만한 서비스는 이용자가 기대하는 일정 · 시간에 계약된 내용과 동일한 서비스를 착오 없이 매번 이용할 수 있는 정도라고 할 수 있다.

③ **응답성** : 응답성은 이용자의 욕구에 맞춰 자발적으로 서비스를 제공하는 품질이라고 정의하였다. 응답성은 변화하는 이용자의 욕구 및 상황에 신속하게 대응할 경우 이용자는 계획된 서비스를 제공받지 못할 경우라도 품질에 대한 만족도가 향상될 수 있다는 것을 의미하고 있다.

④ **확신성** : 확신성은 제공기관을 믿고 안정적으로 전문적인 서비스를 제공받는 것으로 정의하였다. 확신성은 믿음과 확신을 주는 직원의 능력뿐만 아니라 그들의 지식과 호의를 의미하고, 주요 특징은 서비스 수행 능력, 친절성, 서비스에 대한 믿음, 고객에 대한 정중함과 존경, 서비스 제공자가 진심으로 고객에게 최선의 관심을 쏟는 것을 포함하고 있는 것이다.

⑤ **공감성** : 공감성은 제공기관과 이용자 간의 개별적인 관계 형성도라고 정의하였다. 고객에 대한 배려와 개별적인 관심을 보일 준비를 의미

하고 공감성은 고객의 요구를 이해하기 위해서 접근 가능성, 민감성, 노력을 주요 특징으로 포함하고 있다.

아래의 〈표〉는 일반적으로 적용될 수 있는 프로그램 만족도의 주요 내용이다. 여기에서는 만족도 영역을 프로그램 내용, 프로그램 방법, 프로그램 지도력, 프로그램 환경, 프로그램 전반 그리고 제언 의 6가지 대범주로 구분되어 있다. 그리고 각 범주별로 15개 항목을 개념에 맞도록 다시 재구성하였다.

〈표 13-3〉 품질관점에 기반한 만족도 조사 내용

영 역		내 용
만족도 영역	프로그램 내용	신뢰성, 적합성, 선호도
	프로그램 방법	인격성, 수행성(프로그램 일정), 전달성
	프로그램 지도력	친절성, 전문성, 배려성
	프로그램 환경	의사소통(프로그램 안내 및 정보제공), 안전성, 외관
	프로그램 전반	전반적 만족도, 도움정도, 재참여의사, 필요도
	제 언	좋은 점, 나쁜 점, 기타 · 의견

출처 : 우수명 · 강병노(2002), Martin & Kettner(1997)에서 수정보완.

또한 프로그램 만족도의 구성요인과 더불어 프로그램 만족도와 관련되어 조사내용을 구성할 때 프로그램 만족도에 영향을 미치는 주요 요인들은 성별, 연령, 학력, 소득수준 등 인구사회학적 특성 변수, 서비스 제공자와의 관계, 이용자와 제공자 간 친밀한 관계형성, 정보접근성(이용자가 서비스에 대한 '정보'를 충분히 제공받고 이를 바탕으로 합리적으로 선택한다), 사회서비스의 경우 이용자가 자신들의 서비스 선택권이 중요하다는 것을 인식하는 정도 등이다. 다만 이런 변수들은 관계가 있거나 영향이 없는 경우도 발견되므로 조사내용을 구성할 때 프로그램의 내부 및 외부적 환경에 따라서 구성해야 한다. 성과관리의 측면에서 이용자 만족도는 조직적 차원, 서비스 수준, 서비스환경, 서비스 인력의 전문성, 인구사회학적 특성 등을 반영하여 프로그램이나 서비스의 중요한 요인으로 작용하고 있다.

2) 만족도 조사의 방법

이용자 만족도를 조사하는 방법은 조사 대상, 조사시기, 조사수단, 조사지표, 조사일정, 문항구성, 측정오류, 조사결과 등에서 과학적인 방법을 활용해야 한다(강병노, 2008). 첫째, 이용자 만족도 조사는 조사방법 및 시기 그리고 결과 등이 민감하므로 충분한 사전준비와 홍보가 필요하다.

둘째, 조사에 있어서 철저한 비밀보장이 필요하다. 일정한 서비스 이용기간(3~6개월 이상)이 지난 이용자를 조사대상으로 하는 것이 응답의 신뢰도를 높일 수 있다.

셋째, 이용자 만족도에 대한 하나의 방법보다는 다차원적인 방법을 활용하여 비교검증하는 것이 요구된다. 예를 들면 양적인 설문조사이외에도 질적인 평가도 고려되어야 한다. 기존에는 시설평가 등에서 평가주체 등의 구분에 따라서 일회성 또는 단선적인 만족도 조사가 실시되었다. 따라서 다양한 만족도의 영역을 고려하여 만족도를 측정할 때 2가지 이상의 측정방법을 활용하는 것을 고려 할 수 있다.

넷째, 조사대상에서 가급적 이용자 전원을 대상으로 하며 노인의 경우 배포 후 수거조사보다는 면접조사가 효과적이다. 또한 사후보강조사도 고려할만한다.

다섯째, 만족도 측정에서 조사의 내적타당도를 높이고 신뢰도를 확보하기 위해서 측정과정에서 고려할 사항이 있다.

① **문항의 무작위 배치** : 만족도를 측정할 경우 경우에 따라서 리커트 5점 척도를 이용한 다수의 문항을 구성하게 된다. 이 때 문항간의 순서를

무작위를 통해서 배치한다. 무작위 배치 원리를 통해서 응답의 편향 등의 문제를 보완할 수 있다.

② **신뢰도 측정 문항 삽입 및 검사** : 만족도 측정에서 다수의 문항이 배치되는 경우 2개의 동일한 문항을 삽입한다. 동일한 문항에 대해서 동일한 결과가 나온다는 문항 간 일치도의 원리에 근거하여 응답의 신뢰성을 확보할 수 있다.

③ **역점수 문항 배치** : 만족도 측정 시 응답 편견이나 오차가 존재할 수 있다. 또한 자료수집과정에서 내적 타당도를 저해하는 요인이 발생할 수 있다. 따라서 긍정 문항이외에 부정문항(또는 역문항)을 배치하여 실제로 응답자가 정확하게 기입하였는지를 확인할 수 있다.

④ **무응답에 대한 주의** : 만족도 측정에서 문항이 많거나 의미가 모호할 경우 무응답이 발생할 수 있다. 전체 응답율에서 무응답이 현저하게 많을 경우에는 만족도 결과의 해석에 주의해야 한다.

여섯째, 이용자 만족도 측정에서 빈번하게 발생하는 측정오류의 방지와 보완이 필요하다(김용석 외, 2007: 104-105). 일반적으로 이용자 만족도 조사를 할 경우에 설문조사를 통한 자기보고식 형식이나 면접을 많이 하게 된다. 이 경우에 체계적 오류가 발생하여 타당도를 저해하고 만족도가 상당히 높게 나타나거나 만족도 점수들의 편포가 나타나기도 한다. 이 오류가 발생하는 이유는 예를 들면 사회적 바람직성의 편견(social desirability bias) 등의 때문으로 이해되고 있다. 사회적 바람직성의 편견은 설문조사 등에서 조사대상자들이 실제로 생각하고 있는 또는 느끼는 데로 응답하는 대신에 마땅히 응답해야 한다고 생각하는데 기초하여 응답하려는 성향을 말한다. 예를 들면 노인복지관에서 노인들이 서비스 질에 관계없이 만족한다고 응답한 성향을 보이는 것을 말한다. 이런 오류는 이용자 만족도의 정확한 측정을 방해하기 때문에 이용자 만족도만을 기관의 유일한 성과지표로 삼기에는 한계가 발생하게 된다. 따라서 이용자 만족도를 평가와 사정을 위한 하나의 도구 일뿐이라고 생각하고 다른 지표(예: 프로그램 사전 사후조사 결과 등)와 함께 프로그램에 대한 평가가 이루어져야 할 필요가 있다.

일곱째, 서비스 만족도는 그 서비스의 하부 내용을 자세하게 구분하여 측정하고 종합하여 서비스 만족도 지수를 구하여 측정하기도 하며, 이와 달리 전반적인 만족도 자체를 측정하기도 한다. 그러나 전자의 방식을 통해 만족도를 측정하는 경우 각 하위 영역을 어떻게 설정하느냐의 문제와 동시에 각 하위 영역별 만족도를 종합할 때 각 하위 영역의 가중치를 어떻게 두느냐의 문제가 중요하다(김현호, 2019).

프로그램이 성공적인 이용자 만족이 되려면 이용자(고객)만족 활동의 주체가 되는 해당 시설의 구성원들 사이에 이용자(고객)만족 경영은 어떠한 것이고, 달성하고자 하는 구체적 목적이 무엇이고, 구성원들이 하는 업무와는 어떠한 연관성이 있는가를 명확히 제시해 주는 비전과 사업방향이 제시되고 공유되어야 한다. 또한 복지기관에서 많이 발생하는 만족도 측정 오류를 최소화해야 한다. 예를 들면 재가복지서비스 이용자를 대상으로 만족도를 측정한 결과 체계적 오류가 발생 하여 만족도가 극단적으로 높게 나타나는 경우가 있다. 체계적 오류가 발생하게 되는 여러 이유가 있겠지만 이들은 제공되는 서비스가 자신들의 권리라고 생각하기 보다는 수혜라고 생각하기 때문이다. 이는 복지관으로부터 지속적인 서비스를 제공받아 온 재가서비스 대상자들에게 제공된 서비스 품질에 상관없이 무조건 만족한다고 응답하는 성향이 높다. 이런 상황에서는 이용자 만족의 정확한 측정을 방해받게 된다. 이런 오류를 최소화하기 위한 교차검증과 만족도 조사 결과의 정확한 해석이 필요하다(박영민, 2008).

[부록]

1. 2001년 서울시 종합사회복지관 평가사업에 대한 사회복지적 접근

〈총괄의견〉

복지는 단순한 욕구를 충족하기 위한 것이 아니라 전사회적으로 필요로 되는 삶에 대한 재생산을 위해서 실시되는 것이다. 따라서 기존의 빈민층이나 소외계층에 대한 서비스의 한계를 극복하여 사회적으로 필요로 되는 삶의 기본을 위해 요구되는 모든 물질적, 정신적 서비스를 포함한다고 할 수 있다. 한국의 사회복지의 역사가 50년이 지난 지금 사회복지분야에서 가장 최전방의 전쟁터에서 낮은 임금과 근로조건에 희생을 강요당해 왔던 사회복지관이 이제는 IMF이후 신자유주의라는 거대한 흐름에 밀려 오히려 제대로 서비스의 실시와 클라이언트의 욕구 충족을 하지도 못한 채 다시 정리대상 일순위로 자리매김당하고 있는 것이 현실이다. 금번 서울시 사회복지관 평가를 접하면서 결국, 이 평가를 왜 하느냐하는 것에 귀결된다는 의견이 지배적이라고 볼 때, 그것은 사회복지관의 발전, 민간사회복지제도의 개선, 시민서비스의 보완 등이라는 거창한 슬로건 뒤에 숨어있는 사회복지에 대한 억압과 통제, 그리고 감시를 위한 수단이라는 본질이 있다는 것이다. 이럴 때일수록 사회복지분야 내에서의 자생적인 추진력과 활동이 더욱 부각되는 이유는 평가를 통해서 질 높은 서비스를 실시할 수 있다는 맹목적인 이론을 뒷받침할 수 있는 실천현장의 근거가 되는 것이다. 현재 다양한 목소리들이 이 사회복지관 평가에 대해서 의견을 개진하고 있으며 나름대로의 입장과 논리를 견지하는 것이 사실이다. 이런 맥락으로 이전의 평가가 어떻게 되었다고 말하기보다는 앞으로 평가가 어떻게 되어야 할 것인가를 말하는 것이 더 설득력이 있을 것이다.

〈개별사항에 대한 의견〉

1. 시민복지에 대한 개념의 모호성

기존의 서울시 90여개 종합사회복지관의 사업과 업무를 파악해볼 때 이전까지 요보호자 서비스(이 말을 바꿔야 함, "수급권자 대상 서비스")와 아울러 일반 지역주민을 대상으로 하는 서비스가 혼재되어 실시되었음에도 불구하고 또한, 복지관 부담금 20% 에 대한 수익을 복지관 자체에서 해결하기 위해서 각족 지역주민 또는 시민을 대상으로 하는 사회교육, 문화예술프로그램이 지난 몇십 년간 실시되어 왔음에도 왜 지금 또 "생활복지형" 시민복지 서비스를 실시해야 하는지 모르겠고 그렇다면 이전에 실시되었던 것에 대한 평가가 어떻게 나왔는지 의문이 되고, 그렇다면 일반주민대상으로 강의료 및 수강료를 받는 시민복지 서비스를 늘려야 하는 한다면 복지관의 자체부담금 20%에 대한 삭제를 할 용의가 전혀 없는 것으로 파악된다.

2. 종합사회복지관과 단종복지관(장애인 복지관, 노인복지관등)의 사업배분에 대한 계획의 미비

종합사회복지관과 단종복지관에 대한 체계적인 업무조정없이(예를 들어서 복지관 실무자들에 의한 실무조정협의체를 통한 업무조정) 평가에 의해서 서울시가 일방적으로 지시에 의해서 소위 빅딜이 된다면 예를 들어, 종합사회복지관을 이용하던 대상층에 대한 접근성과 그것에 의한 혼란은 복지관 자체에서 해결하라는 것으로 볼 수 있다.

3. "전년도의 전문가평가 지표를 삭제하고 자체평가 지표 중 일부(프로그램영역 중 정성 평가지표)를 전문가 평가지표로 전환하여 활용한다." 그렇다면 전년도 전문가 평가가 잘못된 것인가,,잘못되었다면 평가에 대한 평가(메타 평가) 시 평가실무단과 그 평가에 대한 평가의 책임을 지고 있는 서울

시에 대한 평가는 어떻게 해야 되는지 의문시 된다.

4. "2001년 서울시 사회복지관 평가는 평가지표를 활용한 복지관 자체평가와 전문가에 의한 평가, 그리고 이용자에 의한 프로그램 만족도 평가 등 3가지 방식에 의해 이루어진다."

기본적으로 평가의 신뢰성을 확보하기 위해서 평가의 마지막 단계에 메타 평가를 실시하는데 그 한 방법으로 평가를 받은 기관의 실무자(팀장급이하)에 대한 평가에 대한 의견조사를 하는 것이 바람직하다고 생각한다.

5. "2001년 평가팀의 구성은 평가영역을 크게 2부분으로 구분하여, 운영관리·재정·지역사회관계는 교수와 공무원 또는 관장과 공무원으로 구성하고, 프로그램영역은 교수로 구성한다." 첫팀의 구성에서 지역사회관계를 보고자 한다면 교수, 관장, 공무원 이외에 지역사회 이해당사자를 대표하는 사람으로 시의원이나 구의원이 합류하여 "지역사회관계"를 평가하는 것이 타당하며, 둘째팀에서 프로그램 영역에 대한 평가에서 교수만을 구성한다면 프로그램의 현장 경험에서 미흡할 수 있으므로 현장성, 전문성 등의 고려를 위해서 각 사회복지분야에서 추천받은 프로그램 전문가 인력 POOL을 실시하는 것이 필요하다.

6. 〈표 1〉 2001년 사회복지관 평가지표의 구성체계

복지관이 국가의 사회복지 서비스 부문에서 민간복지를 담당한다면 이 또한 사회복지 서비스전달체계내에 포함되며 사회복지 서비스 전달체계의 8가지 특성 중에서 위의 구성체계내에 포함시켜야할 것을 제시해보면 먼저 운영주체 부문에서는 책임성을 포함시켜야 한다. 운영주체인 재단이나 법인에 대한 책임성에 대한 평가없이는 평가의 타당도가 확보되지 않는다. 재정분야에서는 노력성보다는 투명성을 평가해야 하며 또한, 후원금에 운영

에 대한 평가가 확실해야 한다. 프로그램에서는 효과성과 효율성과 함께 클라이언트의 변화에 대한 측면이 고려되어야 한다. 지역사회관계에서는 접근성을 평가할 때에 클라이언트의 거리적, 물리적 접근성과 함께 그 지역사회가 안고 있는 문제와의 접근성을 함께 고려해야 된다

7. 〈표 2〉 2001년 사회복지관 평가지표의 배점

[운영주체] 복지관은 일반적으로 서울시에서 매 3년이나 5년을 주기로 재위탁하는 것으로 하고 처음에 법인이나 재단이 위탁을 하게 된다. 운영주체에 대한 평가지표에서 재위탁시나 위탁심사시 시정사항에 대한 개선정도를 파악하여 이 부분을 평가배점에 첨부해야 된다. 지금 복지관을 처음에 위탁받을때도 문제이지만 재위탁할 때에도 정확한 평가나 체계적인 심사가 이루어지지 않으며, 따라서 복지관 평가 시에도 이 점을 반드시 포함시켜야 한다.

[가족복지, 재가복지 분야]에서 "사업의 실적과 투입액이 얼마인가"에 대한 평가문항에서 "실적"이라는 것을 단순한 참가인원으로 파악하지 말고 사업의 초기 계획에 부합하는 인원이 참여하였다면 그 이상의 참여인원의 달성에 중심을 두기보다는 참여한 클라이언트 중에서 과연 얼마나 그 사업의 목적에 맞게 변화하였는가, 그리고 사업의 세부목표에 맞게 생활하고 있는가의 정도를 평가하는 방향으로 배점과 문항을 보완해야 된다.

[지역복지 사업에서 복지관의 자원봉사활동] 이 상당히 중요한 만큼 "최소 월 1회씩 6개월 이상 자원봉사자의 수는 얼마인가?"라고 평가하는 것 보다는 청소년, 대학생, 주부, 성인 등 자원봉사인력을 세분화하여 프로그램에 대한 그들의 적정 배치 인원과 단순히 복지관에서 장기간에 자원봉사활동을 하는 것을 높이 평가하는 것이 아니라 그 프로그램에 배치된 자원봉사자

가 그 프로그램의 시작과 종결에서 얼마나 참여하였는가를 평가하는 것이 복지관 자원봉사인력 개발의 측면에서 도움이 될 것이다.

[지역사회봉사]에서 실습교육에 대한 평가뿐만 아니라, 자원봉사자에 대한 교육과 사회복지 현장 실무자에 대한 교육 등도 함께 포함되어야 할 것이다.

[프로그램 평가와 다음 년도 사업의 판단] 평가지표에서 당해연도 프로그램에 대한 평가(예를 들어, 만족도조사)를 통해서 내년도 사업계획서 그 반영비율을 평가해야 되며 이것은 단순히 계획을 수립하고 프로그램을 실시하는 과정이 과학적이고 합리적인 평가에 의해서 사업이 책정된다는 것을 보여줄 수 있다.

[관장의 전문성] 복지관의 관장을 이제는 "전문 경영인"으로 판단해야 하는 시점에 와 있으며 관장의 전문성을 평가하는 것과 동시에 재단이나 서울시와의 독립성을 평가해야 한다. 이전의 많은 비리와 폐해들은 관장이 서울시나 재단과의 관계에서 발생하는 경우가 있으며, 따라서, 독립성을 평가하기 위해서 공개적인 모집절차를 통한 모집에 대한 여부를 평가하기가 어렵다고 할지라도(실제로 이런 경우는 거의 없다), 재단이사회에서 선임하고 복지관 자문 및 운영위원회(지역사회주민, 전문가, 시의원, 구의원등)에서 심의 결정하는 제도를 도입해야 한다.

[중간관리자의 전문성]에 대한 평가에서 사회복지행정 분야에서 슈퍼비전과 함께 제시되는 것이 리더쉽이기 때문에 이 부분에 대한 평가도 함께 고려해야 된다.

[사회복지사의 업무부담] 사회복지사가 일일 업무부담에 대한 평가 시에

반드시 고려되어야 할 것은 1명의 사회복지사가 한 달이나 1년 동안 사례관리를 할 수 있는 클라이언트의 수가 확실히 얼마가 되는 것인가에 대한 과학적인 근거가 제시되어야 한다. 이것은 현장에서 사회복지사들의 실제 자체평가와 아울러 평가단에서의 전문가 평가에 의해서 확인될 수 있으며, 이것이 평가가 확실히 될 때 서비스의 양과 질, 그리고 예산의 적용에 대한 합리성이 담보될 수 있다. 만약 지금 현재 1명의 사회복지사가 사례관리하는 클라이언트의 수가 많다면 그것을 줄이기 위한 방법으로 사회복지사를 더 늘려야 한다.

[프로그램 지침] 기관의 전 직원이 이 평가지침을 작성할 때 역할분담을 확실히 해서 부문별로 작성하여 총괄 통합은 한사람(중간관리자)가 하겠지만, 평가지침양식이 약 p30가 되고 이것을 모두 기입하여 최종 평가보고서로 나오면 최소한 p60-70의 분량을 차지할 것이 확실하며 이것을 작성하는데 에 복지관에서는 기존의 업무를 보면서 실제로 업무이외의 시간에 까지 작성해야 되는 실정이 확실하고, 이런 서류작업(paper work)은 기존에 복지관의 업무 전산화나 정보화가 부족한 상황에서 최소한으로 줄일 수 있는 방안을 강구해야 되며 따라서, 앞으로 평가가 계속될 것이라고 보면 이런 평가모델을 시급히 개발하여 양식의 통일과 평가서류에 대한 정보화로 평가의 비능률성을 줄이는 것이 평가를 실시하는 주체의 과제로 남을 것이다.

8. 직원

직원의 전문성, 포상, 교육훈련, 공개채용여부의 네 가지 항목으로 평가를 할 경우에 첨가되어야 할 것은 직원의 직무만족도이다. 직원의 직무만족도는 업무에 대한 만족도, 기관에 대한 만족도, 지역사회에 대한 만족도의 세 가지 측면을 고려해서 평가해야 한다. 직원의 직무만족도를 첨부해야 되는 이유는 첫째, 복지관의 직원은 서울시나 국가에서 보면 동사무소 직원과 같이 민생의 최일선에서 일하는 민원창구의 역할을 한다. 이럴 경우 직원이 그 직무에 만족하지 않고서는 국가나 서울시가 지역주민들에게 실시하려고 하는 다양하고 좋은 서비스를 제대로 전달될 수 가 없다. 결국, 사회복지는 사람이 사람에게 보이지 않는 무형의 서비스를 제공한다고 할때, 서비스 전달자의 만족도는 지역주민이나 클라이언트의 국가나 서울시에 대한 이미지 또는 만족도와 직결된다고 볼 수 있다.

9. 프로그램 별 만족도 조사

[이용하는 프로그램(서비스)의 질에 충분히 만족하십니까?] 라는 것보다는 ₩"이용하는 프로그램(서비스)가 현재 귀하의 생활환경에서 더 나은 삶을 살도록 하는 데 도움을 주었는가?₩"라고 바꾸는 것이 더 바람직할 것이다. 이유는 클라이언트가 프로그램(서비스)의 질이라는 용어에 대한 모호함 때문에 답변의 일관성이 떨어지고, 프로그램의 질이라는 개념은 너무 포괄적이고 광범위한 개념으로 클라이언트가 인식할 수 있다.

10. 법, 조례, 지침, 방침

사회복지사업법, 서울시 복지관 운영규정, 사회복지관 설치운영규정, 복지관 운영 백서, 서울시장 방침, 서울시 복지관 평가규정 및 지침, 프로그램 지침 및 매뉴얼, 국민기초생활보장법, 자활후견사업관련 지침 및 규정, 복지관 내부 정관 및 운영규정, 재단 운영규정 및 지침, 서울시 복지관 감사 방침 및 규정, 등 일반사회복지기관이 알아야 하고 갖추어야 할 내용과 지침 등은 상당히 많다, 그만큼 철저한 실천과 규정이 있다는 순기능적인 측면과 동시에 해석에 있어서의 자의적인 측면이 강하다는 역기능이 항상 존재한다는 것이다. 평가에 관해서 과연 이런 법률들과 관련되어 구체적이고 세부적인 조항이 마련되어 의문이며 없다면 입법예고해야 함과 동시에, 그 시행에 있어서도 상급기관 자의적인 해석을 피해야 한다.

[참고자료 : 2001年 서울市 社會福祉館 評價指標 說明資料 (2001. 5. 22)]

강병노. 2001. 사회복지 프로그램 평가의 이론과 실제. 서울시사회복지협의회

강병노. 2006. 프로그램 개발의 이론과 실제. 한국보건복지인력개발원.

강병노. 2006. "사회복지 욕구조사와 평가조사." ≪2006 전문사회복지대학 사회복지조사통계 실무교육과정≫. 경기도사회복지협의회.

강병노. 2008. 『사회복지 욕구조사와 프로그램 평가』. 나눔의 집

강병노. 2009. "사회복지 프로그램 평가의 이론적 경향과 발전방안". 사회복지행정학회 추계 학술대회 자료집.

강병노. 2010. 사회복지 프로그램 평가. 경상북도사회복지협의회.

강병노. 2011. "사회복지에서 기획은 중요한가? 사회복지학 기획 연구 동향 탐색." 『사회복지행정학』. 13(1): 133-159.

강병노. 2012. 에피소드가 있는 사회복지 프로그램 기획과 프로포절 작성. 경상북도사회복지협의회.

강병노. 2013. 프로그램 개발과 평가. 반포종합사회복지관.

강현주 외. 2015. 경기도 사회서비스 이용자 만족도 비교분석연구. 경기복지재단.

강혜규 · 노대명 · 박세경 · 이상원 외. 2007. 사회서비스 확충방안 연구: 주요 사회서비스 수요 추계 및 정책과제. 한국보건사회연구원.

권순애 · 김두례. 2017. 사회복지사들은 어떤 프로그램 이론을 활용하는가? - 장애인복지관 프로그램 이론 및 오류 분석. 『한국사회복지행정학』. 19(2): 1-28.

권순애. 2009. "성과중심 프로그램 기획 및 관리를 위한 조직학습 적용 연구". 『사회과학연구』. 25(1), pp.145~165.

김경혜. 2000. 복지시설 민간위탁 운영평가 및 개선방안연구. 서울시정개발연구원.

김경화 · 조용하. 2005. 청소년활동 프로그램 평가시스템 개발 및 운영방안 연구. 한국청소년개발원.

김교정 · 김신열 · 권순애. 2008. 배분사업에 있어서 논리모델과 성과측정에 관한 연구. 사회복지공동모금회.

김미숙. 1999. 『사회교육 프로그램 평가론』. 원미사.

김봉원. 2008. 사회복지기관의 효율적인 재정운영에 관한 연구. 상지대학교 석사학위논문.

김영모 외. 2000. 사회복지관 평가지표. 한국복지정책연구소.

김영숙 외. 2002. 『사회복지 프로그램 개발과 평가』. 교육과학사.

김영종. 2002. 『사회복지행정론』. 학지사.

김영종. 2006. "프로그램 평가검토를 위한 논리모델과 성과측정", 〈사회복지공동모금회 배분사업평가지원단 워크샵〉. p.63

김영종 · 권순애. 2003. "논리모델(Logic Model): 사회복지 프로그램 기획에의 적용가능성". 『사회과학연구』 여름: 209-226.

김영종 · 민소영 · 김영미 · 김찬우 · 임정기 · 홍현미라. 2007. 『사회복지 성과측정기법』. 학지사.

김용석 · 이은영 · 고경은 · 민은희. 2007. 한국어판 사회복지서비스 이용자 만족도 척도(Client Satisfaction Inventory)의 신뢰도와 타당도 평가: 종합사회복지관을 중심으로. 『한국사회복지학』. 59(4): 83-109.

김원진. 1999. 지역사회중심 청소년수련활동 활성화 방안에 관한 기초 연구, 서강대학교 교육대학원 석사학위논문.

김지혜. 2004. "논리모델을 이용한 프로그램 이론 구축". 『한국사회복지학』. 18: 8-33.

김진우 외. 2017. 배분운영체계 매뉴얼 개발 연구-배분사업 신청 매뉴얼. 사회복지공동모금회.

김통원. 2005. 『사회복지 프로그램 개발과 평가』. 학지사.

김학주. 2004. 『사회복지 프로그램 평가』. 아산재단 연구총서. 집문당.

김현호. 2019. 사회서비스 이용 만족도에 미치는 영향 요인 분석 : 부산지역 산모신생아 건강관리 지원사업을 중심으로. 부산대학교 석사학위논문.

김형식. 1999. 『사회복지 프로그램 평가 - 이론과 실제』. 아시아미디어리서치.

노 혁. 2003. 공동모금회 배분신청서 및 결과보고서 작성 설명회 자료집, 사회복지공동모금회.

박영민. 2008. 사회복지시설 이용자 만족도 조사 체계 연구. 서울복지재단.

보건복지부. 2021. 2020년도 사회복지시설(1,745개소) 평가 결과 발표. 보건복지부.

사회복지공동모금회. 2013. 2013년 배분사업안내. 사회복지공동모금회.

사회복지공동모금회. 2012. "1318 Happy Zone 행복스케치", 2011년 배분지원사업 우수사례집. 사회복지공동모금회. 90-99.

사회복지공동모금회. 2018. 2018년 배분사업안내. 사회복지공동모금회.

삼성복지재단. 2013. 2013년 작은나눔 큰사랑 사회복지 프로그램 개발 신청서와 매뉴얼. 삼성복지재단.

서울복지재단. 2006a. “노인종합복지관 프로그램 매뉴얼”. 「서울복지재단 연구-9」.

서울복지재단. 2006. 제2회 사회복지 우수프로그램 공모수상작(최우수). 서울복지재단.

서울시. 2021. 참여예산 설명자료. 서울시.

서인해. 2002. “욕구사정의 이론 및 실제“. 〈한림대학교 욕구사정 workshop자료집〉.

서인해 · 공계순. 2001. “종합사회복지관 욕구사정결과보고서 실태분석: 이론적 접근에서 살펴본 욕구사정방법과 조사내용유형”. 『사회복지연구』. 17: 65-97.

__________. 2004. 『욕구사정의 이론과 실제』. 나남출판.

__________. 2008. “사회복지 프로그램 제안서에 나타난 프로그램 디자인 활동의 특성에 대한 연구.“ 『한국사회복지학』. 60: 103-125.

__________. 2013.” 한국 사회복지 프로그램 개발활동의 경향성에 대한 실증적인 연구: 참여주체, 정보수집, 개발과정을 중심으로.“ 『사회복지연구』. 44(4): 287-320.

성규탁 외. 1996. 『사회복지실천 평가론』. 법문사.

송건섭. 2004. 『기획관리론』. 대구대학교 출판부.

신원식 · 김민주. 2013. 『사회복지 프로그램 개발과 평가』. 공동체.

오윤섭 외. 2018. 사회복지시설평가제도 개선 방안 연구. 한국보건사회연구원.

오재인 외. 1997. 『경영과 정보시스템』. 단영사.

오정수 · 류진석. 2007. 『지역사회복지론』. 학지사.

우수명 · 강병노. 2002. 서울시 청소년 민간위탁 프로그램 평가연구. 서울시.

우수명. 2005. “2005년도 사회복지프로그램 욕구사정 및 평가조사 교육”. 경기도사회복지협의회 교육자료.

우수명. 2004. 『TP 사회복지 Program 개발과 평가』. 인간과 복지.

유삼희. 2004. “사회복지서비스의 품질 평가에서 SERVQUAL 척도의 검증”. 『문명연지』. 5(1): 177-223.

유주영. 2001, 조직운영과 사회복지프로그램 성과간의 관계에 관한 연구 : 사회복지관을 중심으로, 가톨릭대학교 석사학위논문.

유태균. 2000. “지역사회복지관의 욕구사정실태에 관한 연구: 서울시 소재 84개 지역사회복지관을 대상으로 한 탐색적 고찰“. 『사회보장연구』. 16(1): 109-141.

윤기찬. 2004. “서브퍼프(SERVPERF)를 이용한 사회복지서비스의 질 측정 및 만족도 영향 요인 분석“. 행정논총, 42(4), pp.133-162.

이민홍 · 정병오. 2012. 『사회복지 프로그램 개발과 평가』. 나눔의 집.

이번송 외. 1995. 서울시 사회복지관 단순평가모형 개발. 서울시정개발연구원.

이봉주 · 김기덕. 2008. 『사회복지 프로그램 기획의 이해와 적용』. 신정.

이익섭 · 이윤로. 2004. 『사회복지조사방법의 이해』. 학지사.

이윤로. 2005. 『사회복지조사론』. 학지사.

이영균 · 김동규. 2007. 지역주민의 삶의 질에 관한 연구. 『한국정책과학학회보』. 11(4): 223-250.

전준구. 2006. "사회복지서비스의 품질, 고객만족, 후속행동과의 인과모형에 관한 연구". 『한국사회복지행정학』. 8: 105-139.

정무성. 2000. 사회복지 프로그램 평가 매뉴얼. 사회복지공동모금회

정무성. 2001a. 사회복지 프로그램 평가 매뉴얼, 사회복지공동모금회 2001년 신년회의 자료집.

______. 2001b. "프로그램 기금확보를 위한 Proposal 작성 전략", 한림대학교 프로포절 workshop 자료집.

정무성. 2005. 『사회복지프로그램 개발』. 학현사.

정무성 · 정진모. 2001. 『사회복지 프로그램 개발과 평가』. 양서원.

정선욱 · 김진숙. 2000. 정신요양시설 평가에 대한 메타평가적 접근 - 유용성 기준을 중심으로. 『비판사회정책』, 1(8): 131-156.

정순둘. 2006. "노인복지실천 효과성: 연구동향 분석". 『노인복지연구』. 330: 177-195.

정은아. 2013. "사회서비스 이용자 선택과 선택의 중요성 인식이 이용만족도에 미치는 영향 －제공기관과 제공자 선택을 중심으로". 『사회서비스연구』. 4(1): 5-57.

조운희. 1999. 『사회복지관 운영관리 평가』. 아시아미디어리서치.

지은구. 2005. 『사회복지 프로그램 개발과 평가』. 학지사.

최순영. 2013. 프로그램 예산제도의 평가에 관한 연구 . 한국행정연구원.

최일섭 외. 1998. 사회복지관 평가모형 개발 연구. 한국사회복지관협회.

최종혁. 2001. "사회복지조직에서의 프로그램 질적 평가 연구-현상학적 자기평가의 활용을 중심으로". 『한국사회복지학』. 47: 334-368.

최종혁. 2002. 『질적평가방법론-사회복지실천프로그램 평가』. 청록출판사.

최일섭 · 이창호. 1993. 『사회계획론』. 나남

한동우. 2001. "사회복지 프로그램 평가의 방향과 실천". 『한국사회복지행정학』. 4: 117-146.

한상도. 2010. 성과 관리 예산 제도의 정착을 위한 국회의 역할 모색. 고려대학교 석사 학위논문.

황성철. 1998. "사회사업실천의 효과성에 관한 논쟁과 미국사회사업의 발전 - 임상적 실천을 중심으로", 『한국사회복지학』. 34.

Bailey, Sandra J. & Leslie N. Richards. 2001. "Challenges in Evaluation: Assessing Processes and Outcomes in Human Service Programs". *Journal of Teaching in Marriage and Family*, 1(4): 53-67.

Brawley, Edward Allan and Emilia E. Martinez-Brawley. 1988. "Social Programme Evaluation in the USA: Trends and Issues". *British Journal of Social Work*, 18(4): 391-413. (abstract).

Dempster, Martin; Michael, Donnelly. 2002, "Outcome Measurement and Service Evaluation - A Note on Research Design", B*ritish Journal of Social Work*, 32, 375-378.

Grand, Julian Le, Carol P.,& Robinson, R. 1992. *Economics of social problems*. Hong Kong: Macmllian.

Gibbs, Anita. 2001. The "Changing Nature and Context of Social Work Research". *British Journal of Social Work*. 31: 687-704.

Gilligan. P. 2007. "Well Motivated Reformists or Nascent Radicals: How Do Applicants to the Degree in Social Work See Social Problems, their Origins and Solutions?. *British Journal of Social Work*. 37(4): 735-760.

Hoefer, Richard. 1994. "A Good Story, Well Told: Rules for Evaluating Human Services Programs". *Social Work*. 39(2): 233-236.

John M. Bryson. 2004. *Strategic Planning for public and nonprofit organization*. Jossey-Bass.

Kallen,D.J.,Miller,D.,& Daniels,A. 1968. SOCIOLOGY, SOCIAL WORK, AND SOCIAL PROBLEMS. *American Sociologist*. 3(3): 235-241.

Kluger, Miriam P. 2006. "The Program Evaluation Grid: A Planning and Assessment Tool for Nonprofit Organizations". *Administration in Social Work*, 30(1): 33-44.

Kuechler, Carol F., Velasquez, Joan S., White, Mary S. 1998. "An Assessment of Human Services Program Outcome Measures: Are They Credible, Feasible, Useful". *Administration in Social Work*, V12(3): 71-89.

Leslie, Donald R.; Holosko, Michael J.; Dunlop, Judith M. 2006. "Using Information Technology in Planning Program Evaluation". *Journal of Evidence-Based Social*

Work. 3(3/4): 73-91.

Lewis, Judith A.; Lewis, Michael D.; Packard, Thomas' Souflee, Jr. Federico. 2001. *Management of Human Service Programs*. Wadsworth.

Martin L. L. & Kettner P. M.. 1997. *Measuring the Performance of Human Service Programs*. CA: SAGE.

Martin L. L. & Kettner P. M. 1997. *Measuring the Performance of Human Service Programs*. 정무성 역. 2000b. 『프로그램 성과평가』. 나눔의 집.

McMurtry, S.L., and W.W. Hudson. 2000. "The Client Satisfaction Inventory: Results of an Initial Validation Study". *Research on Social Work* 10(5): 644-633.

Mosley, Jennifer E. and Steven Rathgeb Smith. 2018. "Human Service Agencies and the Question of Impact: Lessons for Theory, Policy, and Practice." Human Service Organizations: Management, Leadership, Governance, 42(2): 113-122

Mudrick, Nancy R., Steiner, Joseph R., Pollard, William L., 1992. "strategic planning for schools of social work". *Journal of Social Work Education*. 28(3): 278-290.

Namkee, G. Choi. 2002. "Program Evaluation in the Human Service Organization". *2002 International Workshop*. Department of Social Welfare. Choong Ang University.

Neuman, Karen M. 2003. "Developing a Comprehensive Outcome Management Program: A Ten Step Process". *Adminstration in Social Work*, 27(1): 5-23.

Powell, Jackie. 2002. "The Changing Conditions of Social Work Research". *British Journal of Social Work* 32: 17-33.

Proctor, Enola K; Deborah Megivern; Catherine Woodstock Striley; Leopoldo J. Cabassa; Michelle R. Munson; Barbara Dickey. 2005. "Quality of care in the social services: research agenda and methods". *Social Work Research*. 29(3): 181-192.

Rapp, C.A. & J. Poertner. 1992. *Social Administration: A Client-centered Approach*. New York: Longman.

Savaya, Riki & Mark Waysman. 2005. "The Logic Model: A Tool of Incorporating Theory in Development and Evaluation of Programs". *Administration in Social Work*, 29(2): 85-103.

Singleton, Jr. Royce A.;Bruce C. Straits. 1999. *Approaches to Social Research*. Oxford University Press.

Siu, A.,& Shek, D. 2010. Social Problem Solving as a Predictor of Well-being in

Adolescents and Young Adults. *Social Indicators Research* 95(3): 393-406.

Skidmore, Rex Austin. 1995. *Social Work Administration: Dynamic Management and Human Relationships*. Allyn and Bacon.

Weinbach, Robert W. 2008. *The Social Worker As Manager - A Practical Guide to Success*. Allyn & Bacon.

Weiss, Carol H.. 1974. "Alternative models of program evaluation". *Social Work* 19(6): 675-681.

[주요 사이트]

사회복지공동모금회 http://www.chest.or.kr/

삼성복지재단. http://www.samsungfoundation.org/html/index.asp

서울복지재단 http://www.welfare.seoul.kr/index.jsp

[해외 사이트]

Foundation center(New York) www.foundationcenter.org

BTIC(Business in The Community) http://www.bitc.org.uk

저/자/약/력

■ 강병노

강병노 교수는 한신대학교 사회복지학과를 졸업하고 가톨릭대학교에서 사회복지전공으로 석사와 박사학위를 취득하였습니다. 현재는 서울한영대학교 재활복지학과 교수로 재임하고 있습니다. 〈사회복지조사론〉, 〈사회복지 윤리경영〉 등의 저서를 집필하였고, 최근에는 비영리조직, 사회적 경제의 사회의 질, 장애인 일자리, 지역사회보장계획, 사회적 경제 공동체, 복지마을 만들기 관련 논문과 연구를 수행하고 있습니다. 국제학술지인 *Health & Social Work*(National Association of Social Workers)의 객원편집위원, HARVARD BUSINESS SCHOOL, Columbia University, New York University 등에서 국제학회 및 세미나에 참석하였고 한국사회복지사협회 〈Social Worker〉에 사회복지사 칼럼을 게재하였습니다. 지역사회복지, 프로그램 개발과 평가, 사회적 경제, 사회복지조사와 통계, 사회복지 네트워크를 주요 관심분야로 하는 변두리 학자입니다.

사회복지 프로그램 개발과 평가

|저자| 강병노

|1판 1쇄| 발행 2022년 2월 25일

|발행인| 김 동 훈
|발행처| 공 동 체

|주소| 경기도 고양시 일산동구 호수로 358-39, 동문타워 I 905호(백석동)
|전화| 031) 814-3000(대표)
|팩스| 031) 814-3100
|홈페이지| http://www.compub.co.kr
|전자우편| compub@naver.com
|출판등록| 2005년 10월 6일
|등록번호| 제396-2005-36호

|ISBN| 979-11-6725-125-1
정가 18,000원